U0858134

丛书主编▸李 铁

中国城镇化2014年度报告

转型、改革与创新

2014 ANNUAL REPORT ON CHINA'S URBANIZATION

TRANSITION, REFORM AND INNOVATION

李 铁◎著

图书在版编目（CIP）数据

中国城镇化2014年度报告：转型、改革与创新/国家发改委城市和小城镇改革发展中心著．—北京：中国发展出版社，2015.12
（城镇化与社会变革丛书/李铁主编）
ISBN 978-7-5177-0447-8

Ⅰ.①中… Ⅱ.①国… Ⅲ.①城市化—研究报告—中国—2014
Ⅳ.①F299.21

中国版本图书馆CIP数据核字（2015）第315160号

书　　名：中国城镇化2014年度报告：转型、改革与创新
著作责任者：国家发改委城市和小城镇改革发展中心
出版发行：中国发展出版社
（北京市西城区百万庄大街16号8层　100037）
标准书号：ISBN 978-7-5177-0447-8
经　销　者：各地新华书店
印　刷　者：北京市密东印刷有限公司
开　　本：700×1000mm　1/16
印　　张：17.5
字　　数：278千字
版　　次：2015年12月第1版
印　　次：2015年12月第1次印刷
定　　价：45.00元

联系电话：（010）68990630　68990692
购书热线：（010）68990682　68990686
网络订购：http：//zgfzcbs.tmall.com//
网购电话：（010）88333349　68990639
本社网址：http：//www.develpress.com.cn
电子邮件：121410231@qq.com

“城镇化与社会变革”丛书

编委会名单

总　序

中央政府又一次把城镇化作为拉动内需和带动经济增长的引擎，使得城镇化问题再次成为社会关注的热点。巧合的是，两次提出城镇化问题都和国际金融危机有关，上一次是亚洲金融危机，而这一次是全球金融危机。作为长期从事城镇化政策研究的团队，我们的研究积累对于中国的城镇化问题应该有着清醒的认识，但是对于社会，对于各级政府、企业家、学者和媒体人来说，如何去理解城镇化问题，就涉及将来可能出台什么样的政策，以及相关政策如何落实。因此，我们决定把多年的研究成果公诸于世，以“城镇化与社会变革”系列丛书的形式出版。丛书之所以以改革为主题，就是要清楚地表明，未来推进城镇化最大的难点在于制度障碍，只有通过改革，才能破除传统体制对城乡和城镇间要素流动的约束和限制，城镇化带动内需增长的潜力才能得到真正释放。

丛书出版之际，出版社邀请我作序，一方面希望从宏观的角度来评价十八大以来的城镇化政策要点，另一方面希望对国家发改委城市和小城镇改革发展中心（以下简称“中心”）从事城镇化政策研究的历程做一个简要的回顾。毕竟我全程参与了中心的组建和发展，也基本上经历了从城镇化政策研究到一系列政策文件出台的过程。其实，我内心的想法，无论目前把城镇化政策提到怎样的高度，毕竟与可操作的政策出台以及贯彻落实都还有很长的距离。我能更多地体会到，这项研究，凝聚着许多长期从事农村政策研究和城镇化研究的领导和专家的心血，也汇集了一些地方基层政府的长期实践。我们只是作为一个团队集中了所有的智慧，利用我们的平台优势把这些成果和资料积累下来。

1992 年，我在国家体改委农村司工作，有一次参加国土经济学会在新华社举办的关于小城镇问题的研讨会，原中央农研室的老领导杜润生先生发言，提到小城镇对于农村乡镇企业发展和农村资源整合的重要意义，回来后感受颇深。在年底农村司提出 1993 年度研究课题重点时，把小城镇和城镇化问题作为六个重点研究课题的选题之一，报告给了时任国家体改委副主任马凯同志。我记得其他选题还有农村税费改革、城乡商品流通和土地问题等等。马凯副主任只是在小城镇这个课题上画了一个圈，要求我们重点进行研究。这一个圈就决定了我后半生的命运，至今已经20年了。当时马凯同志分管农村司工作，他之所以要求我们从事小城镇和城镇化问题的研究，他的基本论断是“减少农民，才能富裕农民”。

在后来的城镇化研究中，很多人不理解，为什么当时中央提出“小城镇，大战略”？特别是一些经济和规划工作者，他们认为城镇化政策重点不应该是积极发展小城镇，而应该是发展大城市，可是谁也不去追问。当时城镇化的提法还是禁忌，户籍问题更是没人敢提。几千年来确保农产品供给问题似乎成为一种现实的担忧；已经形成的城乡福利上的二元差距，更是各级城市政府不愿意推进户籍管理制度改革的借口。只有在小城镇，因为福利差距没有那么大，基础设施和公共服务条件没有那么好，与农村有着天然的接壤和联系，而且许多乡镇企业又直接办在小城镇，在这里实现有关城镇化的一系列体制上的突破，应该引起的社会波动比较小。1993~1995年，在马凯同志的直接领导下，我们开始了小城镇和城镇化的研究。马凯同志亲自带队到各部委征求意见，1995年4月，协调国务院十一个有关部、委、局制定并印发了《全国小城镇综合改革试点指导意见》，这是第一个从全方位改革政策入手，以小城镇作为突破口，全面实行综合改革试点的指导性意见。其中涉及的内容包括户籍管理制度、土地流转制度、小城镇的行政管理体制、地方财税管理体制、机构改革和乡镇行政区划调整、基础设施的投融资改革、统计制度等多方面。

1998年国务院机构改革，国家体改委和国务院特区办合并为国务院经济体制改革办公室，原来的16个司局缩编成6个司局，涉及大量的司局级干部重组和自寻出路。为了坚持小城镇和城镇化的政策研究，把试点工作持续下去，在各方面的支持下，我放弃了留在机关内工作的机会。1998年6月，经中编委批准，以原国家体改委农村司为主体成立了小城镇改革发展中心。从此我开始了漫长而又寂寞的城镇化政策研究之路。

1997年的亚洲金融危机，我国的外向型经济受挫，很多专家提出扩大内需的思路，城镇化和小城镇终于第一次走上了政府宏观政策的台面。

1998年十五届三中全会开始提出“小城镇，大战略”。1999年，时任国务院副秘书长的马凯同志和中农办主任段应碧同志，把起草向中央政治局常委汇报的“小城镇发展和城镇化问题”的任务交给了国务院体改办。之后，我们又在国务院体改办副主任邵秉仁同志的领导下，直接参与起草了2000年6月中共中央、国务院颁布的《关于促进小城镇健康发展的若干指导意见》。这个文件下达之后，户籍管理制度原则上在全国县级市以下的城镇基本放开，农村进城务工人员只要在城里有了住所和稳定的就业条件，就可以办理落户手续，而其在农村的承包地和宅基地仍可保留。根据中央有关文件精神，2000年第五次全国人口普查后，我国把进城务工的农民第一次统计为城镇人口，我国的城镇化率一下子从原来的29%提高到36%。

2002年，党的十六大报告第一次写进了有关城镇化的内容，其中把“繁荣农村经济，加快城镇化进程”写到一起，这充分说明了城镇化对于“三农”问题的重要性。值得特别提出的是，我们的城镇化研究也从小城镇开始深入到进城的农民工，中心全体研究人员就农民工问题进行了大量的调查研究。2002年，根据马凯副秘书长和段应碧主任的安排，由中心组织人员起草了2003年国务院办公厅1号文件《关于做好农民进城务工就业管理和服务工作的通知》。

2003年，中心被并入了国家发改委，城镇化的研究工作转向了深入积累阶段。原来曾经全方位开展的改革试点工作虽然还在进行，但是实质性内容越来越少。在这一阶段反思城镇化，站在农村的角度去推进城市的各项相关改革，看来是越来越难了。中国的体制，城市实际上是行政管理等级的一个层面，而不是西方国家那种独立自治的城市。中国城市管理农村的体制，使得从农村的角度提出任何问题都是带有补贴和扶助的性质。而实际上，由于利益格局的确立，城市仍然没有摆脱依赖于从农村剥夺资源，来维持城市公共福利的积累和企业成本降低的局面。原来简单明了的城乡二元结构，已经被行政区的公共福利利益格局多元化了，因此要改革的内容已经远远超出了20世纪90年代凸显的城乡二元结构的范畴。原来长期研究农村改革、试图解决农村问题，现在成为城镇化出发点的思路，肯定也要相应地转型，使我们的研究团队站在城市的决策角度考虑问题。2009年，我们开始把中心研究的重点彻底地转向城市，单位的名称也同时作出了调整，改为“城市和小城镇改革发展中心”。这种转型的最大效果就是可以更多地偏重于决策者的思维，了解决策阶层所更关注的城市角度，有利于提出更好的政策咨询建议。

中心成立15年来，我和同事们到20多个省（直辖市、自治区）的数千个不同类型、不同规模的城镇调研，积累了大量的材料，并为一批城镇特别制定了发展规划。

我们所理解的城镇化政策是改革，这也是我们长期和社会上的一些学者，甚至包括政府决策系统的部分研究人员在观点上的一些重要分歧。因为城镇化要解决的是几亿进城农民的公共服务均等化问题，关系到利益结构的调整，所以必须通过改革来解决有关制度层面的问题。仅靠投资是无法带动城镇化的，否则只会固化当地居民和外来人口的福利格局。只有在改革的基础上，打破户籍、土地和行政管理体制上的障碍，提高城镇化质量，改善外来人口的公共服务，提升投资效率才能变为可能。

幸运的是，从2012年起，中央领导同志对于城镇化的重视达到了前所未有的高度。在国家发改委副主任徐宪平同志的支持下，我们终于把多年的研究积累作为基础性咨询，提供给政策研究和制定的部门。虽然关于城镇化所涉及的改革政策的全面铺开还需要时日，还需要观点上进一步的统一，但无论怎样，问题提到了台面，总会有解决的办法，任何事情都不能一蹴而就，但毕竟有一个非常好的开始。

同事们提议，是不是可以把这些年我们团队有关城镇化的研究成果出版成书？我同意了。2013年是全国深入贯彻落实十八大精神的开局之年，是一个好时候，全社会都在关注城镇化进程。此举可以把我们的观点奉献给社会，以求有一个更充分的讨论环境，寻求共识，推进城镇化改革政策的持续出台。

国家发改委城市和小城镇改革发展中心主任

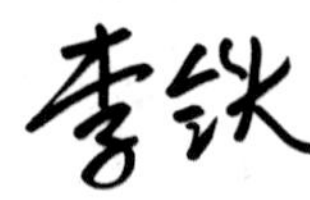

2013年3月

自 序

距上次“城镇化与社会变革”系列丛书出版已经三年了。我们对中国城镇化的认识在不断深化，对于中国城市的发展规律也不断地探索。总结下来有几点深刻的体会。

城镇化的红利期虽然尚未终结，但也取决于改革的深化。与发达国家城镇化进程已经出现饱和期不同，我们的城镇化率才刚过半。如果按照户籍口径计算，城镇化率还不到40%。农村人口向城镇转移还蕴含着巨大的消费和投资的空间。土地要素的流转也会推动人口的城镇化，甚至会释放出海量的潜力，既可以约束政府过度耗费土地资源的行为，也可以激发中小投资者的信心，还可以降低企业的发展成本。行政管理体制的改革，至少可以释放中小城市和特大镇的活力。因此，在推动经济增长方面，我们坚定不移地相信，城镇化红利期的释放还会为经济增长带来利好。

城镇化的行政推动所带来的收益已经走到尽头。各级城镇政府通过限制人口进城落户来降低公共服务成本的行为已经不可持续，因为没有消费人口的进入，很难去寻找新的替代要素刺激消费。继续通过土地出让的方式获得城镇基础设施建设资金来源的模式，也已经遭遇严峻的挑战。住房的过度供给导致土地出让的预期呈现断崖式下滑，致使城镇政府财政的压力加大，继续投资的能力严重下降，原有的债务负担得不到缓解，政府的执政能力面临挑战。

推进城镇化改革的难度在加大。长期以来形成的户籍、土地以及行政管理体制，在经济持续几十年增长的环境下，附加了太多的利益，而这种利益格局的固化，加剧了利益结构调整的困难。例如在经济发展越发达的地方，户籍管理制度改革越难以破除体制性障碍。最近，在一些一线城市实施的所谓户籍制度改革方案，明显与中央城镇化发展的文件精神相悖，但是仍然堂而皇之地进入了未来政策规划的篮子。在一些特大镇，我们试图进行设市的尝试，调查后发现，所有改革政策还停留在二十年前设计的综合改革试点的阶段，甚至还在倒退。土地制度改革更是切中地方政府财政来源的命根子，在打着耕地保护的旗号下，实行的指标分配的计划用地管理体制，对城市发展带来的负面作用也日益凸显。

对城市发展的规律认识严重滞后。仅仅三十年的城镇化高速发展期，城市管理者在现行干部管理体制下频繁的流动，所谓“铁打的衙门流水的官”，使得我们很难有时间思考自身对于城市的认识。同时，在赶超思想和追求政绩的双重影响下，城市管理者更希望在较短的执政期间内使城市面貌发生根本性的变化；而土地出让制度和强有力的行政推动机制，客观上也助长了短期行为，保障了其得到顺利落实。然而在各种短期行为和主观意志的支撑下，城市发展速度远远超出了世人的想象，并取得了惊人的成就。但资源配置效率的低下、粗放的发展模式、管理水平的严重滞后，也为未来城市资源再配置埋下了隐忧。所谓“重数量、轻质量”、“重短期、轻长远”、“重表面、轻内在”的各种城市发展弊病，已经浮出水面。我们看到的各种病态的城市发展结果，实际上也都是高速城镇化进程中的并发症。

传统的中国特色的城市发展路径已经影响到了未来的经济增长预期，例如房地产过热后，地方政府土地财政的断崖式下跌，从消费和投资两头遏制了国民经济增长的势头；以城市房地产为主导的产业链条的断裂，也引发了能源、钢铁、水泥等产业的下滑。我们注意到，宏观层面的政策研究者们往往把更多的焦点关注到货币、金融以及财政等政策，但对城镇化发展中微观层面出现的问题，并没有引起足够重视，因此开出的药方往往错位。

中国经济增长的重心已经在城市，因为农业创造的增加值占国内生产总值的比重仅有9.2%，农民收入的增长更依赖于非农就业带来的收益。特别是近期国际农产品价格的下跌，更加依赖于财政对农产品价格进行补贴，确保农民来源于农业的收入不致严重下滑。在当前的宏观经济格局下，只有认真地研究城市，研究以工业和服务业为基础的城市，才能深入了解中国城镇化发展的规律，才有可能对目前面临的困境得出相对准确的答案。但是，经济学家和政策研究者似乎是耻于微观问题的研究，往往把结论性的重点建立在宏观层面理论上的务虚。因此，虽然我们对城镇化问题的所谓重视已经达到了前所未有的高度，但是真正试图发现城镇化问题的本质，特别是研究中国制度条件下城镇化的演变规律，研究城市的运行机制会对经济产生什么样的影响等关键问题上，却往往被忽视。

我们的团队已经为城镇化问题辛苦耕耘了将近二十年。已经出版了一套系列丛书，试图去对中国城镇化问题进行解答，并尝试提出政策性的解决方案。但是，我们深深感觉到，研究还是不够深入，与宏观政策的结合度还面临着现实的挑战。特别是如何把城镇化问题和宏观经济决策问题有机地结合起来，对于城镇化进程中的规律性认识是否能够系统全面地剖析和解答，对于城市发展相关的问题是否能够进行整合研究，如何把改革和发展、传统和现代、制度层面和新技术层面等融合在一起，显然还有太多的事情要做，还有太多的课题等待研究。

我们的团队面临着研究的压力，既要完成政策咨询报告，还要等待决策者的认同，同时还要帮助地方城镇政府矫正发展思路和观念，这几点的难度几乎是同等。我们也在通过务实推动，力图在一些试点城市进行改革和发展的尝试，试图通过企业和市场的力量，从微观层面拉动城市发展模式的转变。当然，也在充分利用国家发改委的大平台和后盾，从宏观和国际两个方面尽全力地施展身手。目前的大背景已经提供了非常好的平台和机会，特别是国家发展改革委领导和有关部门的支持，使我们已经在一些研究领域和务实推动方面取得了有限的进展。但是我们看重的是预期，是未来对于共识和认可的预期。我记得一位领导同志曾经讲过，在中国很多事情是要靠倒逼才能实现转型。前些天在一个企业家交流的平台上，我听到了一个企业家说的实话：“如果两年前您讲这些发展理念，我们不可能听进去，因为那时候我们日子过得很好。但是现在我们要听进去，是因为形势逼得我们不得不转型。”最近，上到市长下到企业家，类似于这样的话经常被说起，但是实际的推动难度还是超出我们的想象。

我还是有很多遗憾，就是许多想法只是通过讲话、论坛发言的形式积累成册，并不能踏踏实实坐下来，系统性地整理和分析。所以展现出来的所谓著作，只是碎片化的灵光一现的组合。我期待着自己也要发生转变，能够有时间向所有关心城镇化的读者奉献出系统性的研究成果。

感谢我们团队中每一个成员所做出的努力，特别是政策研究和试点指导处在基础调查搜集资料方面所发挥的作用。特别要感谢的是徐勤贤和钟笃粮，徐勤贤女士在百忙之中，帮助我查询资料、编辑PPT，她和钟笃粮先生不辞辛苦地对我在各种不同场合的讲话进行了录音整理，耗费了大量的时间和精力。对他们在本书中所作的贡献，我表示充分的敬意。

每本书都是遗憾，虽然我总是希望可以做得更好。不过希望还是在未来，我将尽快把我关于中国城市发展和城镇化的系统的想法和思路呈献给读者。

李铁

2015年12月14日

引　言

中国城镇化年度报告，2014 年是开篇之作。如何撰写，我们面临两个选择：对三十年的城镇化进程进行总体评价，抑或针对2014 年有关城镇化的重大事件进行专项点评？随之而来的问题是，是面面俱到的描述，还是重点思路的清理？要讨论的问题很多，写法角度也各不相同。我们基本的想法是，年度报告一年一个主题，主题的确定紧密联系当年的城镇化工作重点，但不是年度政策文件和事件叙述的累积；重点在于创新，对已经明确的政策不再重复解读；着重深度和规律性研究，并在分析和判断未来趋势的前提下，提出可操作的政策意见，使研究报告更接地气。

作为开篇报告，我们选择这样的基点：对中国城镇化高速增长期进行总体评价，深度发掘在中国特殊制度背景下，城镇化取得的成就、演进的规律、约束的条件、存在的问题以及可能的后果。在此基础上，我们总结国际城镇化经验和发展规律，力图寻求破解中国城镇化难题的政策措施。在主报告之外，还就近些年城镇化发展进程中社会各界所关注的重大议题，分别撰写了十篇专题性的分报告。

开篇报告的主题，选择了“转型、改革与创新”。研究中国城镇化的难点，在于如何认识中国特殊的体制背景、所蕴含的制度优势，以及当矛盾积累到一定程度，如何通过体制转型来化解矛盾。当前社会上存在一种批判性意见，认为中国城镇化所面临的问题远远大于所取得的成就。我们认为这种观点严重地忽视了我国基本制度调动资源、压低经济和社会成本所具有的独特优势。实践证明，三十余年的中国城镇化高速增长进程，也得益于中国现行的体制特征和自我调节机制，并不一定会带来批评者认为的所谓“最坏的后果”。

我们也注意到，批判性的观点更多的起源于国际比较，比如国际比较中的时空错位，以及教科书理论的刻板诠释。其实，在做国际比较时，选择的样本和发展阶段不同，经常会得出不同的结论。如果选择不当，很容易把人引入误区。更有甚者，把问题和教科书的理论简单结合到一起，并对我国的体制优势进行全盘否定。还有一类研究者，在利益关系的影响下，坚持维持原状而放弃改革。上述极端的思路都难以全面真实分析巨大的人口规模下城镇化如何取得史无前例的成就。

如何分析中国城镇化发展的模式也是主报告重点阐述的内容。中国城镇化的发展路径与其他国家有差异，也有共同可遵循的规律。但是，分析中国城镇化发展路径的制度原因，可能要突破我们对以往国际城镇化发展规律的认识范畴。研究中国城镇化的规律，是要探寻出一种符合中国国情的现实发展路径，而不是对国外经验的照抄照搬。我们试图说明，在中国特殊背景下，要素的流动、利益结构的格局与其他国家并不相同。仅就户籍制度来讲，其对中国高速城镇化进程中的影响，其特殊性可能在全世界也很难找出同样的例子。而中国的土地制度，就更具有特殊性。既然中国具有如此特殊的制度背景，它不同于国际普遍规律，为什么还能实现城镇化的高速增长呢？而且是在如此大的人口基数和规模下实现的高速增长？这些问题，我们无法在传统的计划经济和西方经济教科书里找到明确的答案。既然如此，寻找所谓的规律，我们必须尊重中国的特色。

在本报告的撰写过程中，对中国城镇化高速增长是否可持续的判断一直困扰着我们。经济增长的低成本红利是否能够长期维持是个关键问题。在研究中国的低成本红利时，许多经济学家按照教科书理论更多地关注人口红利，而严重忽视了土地红利在推动增长中所发挥的作用。低成本本可以继续作为城镇化增长的巨大推力，但是在现有体制机制下，由于一些地方政府对城镇化理解的偏差，大大地浪费了低成本维持增长的有利时机，已经成为城镇化发展的严重障碍。因此，分析要素低成本是本报告一项十分重要的内容。低成本在特殊的管制条件下，从正能量转向负能量的积累，还有没有继续释放潜力的空间？对这个问题，不仅需要对制度层面进行深入分析，还要考虑到利益结构调整过程中，可能遇到的障碍以及政策的选择性和出台的时机。

城镇化对于中国来说，不仅仅是人口在空间上的迁徙，其牵扯到的体制背景深入社会各个领域，是一次全面深刻的社会变革。目前来看，至少这一点并没有得到共识。因为在城镇化政策背景下，许多关注点更注重顶层的设计、宏观的数据以及空间的表象。事实上，庞大的社会利益结构的固化、体制的僵滞，已经使得城镇化的研究甚至包括一些政策的出台停留于表面。

城镇化如果按照改革的方式来实施，可能出现的趋向、会对社会带来怎样的影响，是本报告的重点所在。但是限于认识上的反差，决策和咨询层面上的看法不同，宏观和微观层面、决策导向和利益取向之间的严重错位，甚至包括传统的技术工程层面的计划方法和完全市场化的经济学思维模式之间的严重对立，我们很难求得思想和观念上的完全共识。因此，这也决定了报告研究的角度，恐怕需要一段较长的时间才能获得各方面的赞许；甚至只有通过倒逼的结果，才能感受到报告的价值所在。

我们希望这个报告能够为学术界和决策者提供参考依据。在国际化的大背景下，中国作为国际社会的成员之一，其独特的城镇化道路也应该成为国际社会普遍规律的一个重要组成部分。毕竟，中国的城镇化有助于占世界五分之一的人口受益，因此，剖析中国的城镇化进程，研究其规律，提出好的政策咨询建议，不仅仅对中国，对世界也有十分重要的意义。

在撰写主报告的同时，我们还组织研究人员对2014年的一些热点问题进行研究，形成系列专题研究报告，现将部分专题报告同时编辑出版，供各界参考。

目录 CONTENTS

主报告

专题报告一：京津冀协同发展的思路与对策

专题报告二：我国新城新区发展现状、问题与建议

专题报告三：中国智慧城市发展之路

专题报告四：多规融合势在必行

专题报告五：城镇化视角下的治霾对策

专题报告六：城镇化国际合作的现状与展望

主报告

国家发改委城市和小城镇改革发展中心课题组

主 持 人：李 铁

课题组成员：李 铁 范 毅 魏劭琨 徐勤贤 黄 跃 张惠强

孔翠芳 李 可 石 磊

执 笔 人：李 铁

主报告概要

中国的城镇化是人类历史上在一个国家内最大规模的人口城镇化进程。2014年我国城镇常住人口达到7.5亿，比欧盟总人口还要多2.2亿。自2000年以来，我国平均每年转移人口达2000多万。如果未来我国经济每年保持在6~8个百分点的增长速度，城镇化增长可维持在1个百分点左右，每年约有1600万农村人口进入城镇生活和就业。到2020年，中国的城镇化率可达到60%，城镇总人口将超过8亿人。

研究中国的城镇化进程，不能忽略中国特殊的制度条件。如户籍管理制度、土地管理制度、等级化的城市间行政管理体制等等。虽然中国有着与国际上大多数国家完全不同的管理制度，但是并没有约束中国城镇化进程，而且还实现了长达30多年的高速增长。需要特别指出的是，除长期受益于人口红利之外，土地低成本的红利也长期支撑着我国城市和产业的发展。特殊的体制条件，使得各级政府可以通过人为手段压低企业的成本，提高企业的竞争力，这也是中国成为世界工厂最重要的原因之一。

然而，中国特色的制度条件在取得了30多年经济和城镇化高速增长的同时，也必须承受着改革滞后带来的很多问题。中国的城市一方面通过压低工业用地价格来进行招商引资、促进就业和GDP的增长，另一方面则通过发展房地产实现对工业用地的补偿，并支持城市基础设施建设。中国城市的发展路径，在被无数任官员复制后，出现了城市空间的无限放大和对房地产发展预期的无法遏制，导致了房地产出现严重的结构性过剩，抬高了城市发展成本和服务业发展成本，进而放大了地方政府的债务。地方政府目前尚未找到根本的解决办法，只有通过压低外来人口的公共服务成本，抵制户籍管理制度改革，试图进一步降低城市发展成本，并维持现有城镇户籍人口的公共福利，以减少社会矛盾。

由于各级政府过度依赖于以压低要素成本来实现经济增长的目标，由此引发的另外一个后果就是政府对于资源的浪费。城市粗放型的发展模式，不仅仅对土地资源造成了严重浪费，也对城市的空间资源造成了严重的投资性浪费。城市的发展在空间恶性扩张下，随着成本的提高，变得越发不低碳。与房地产高端化相匹配的城市外在形象高端化，严重地耗费了城市资源，也不得不寄希望于房地产的进一步扩张。2013 年以来的经济增长严重受挫，房地产萎缩是十分重要的原因。而造成这一问题的根本原因在于，中国式的城市发展模式已经走到了低成本红利的尽头。

压低土地和劳动力要素价格的历史几乎已经成为了过去，当前中国劳动力价格已经超出了南亚和东南亚数倍，而土地价格的红利也在逐渐丧失。如何在中国特有的制度条件下，通过改革的手段，促使城市发展模式的转型，并实现管理和治理的创新？综合分析中国现状可知，如果把希望完全寄托于高新科技还需要时间。当前中国城镇化仍然表现为农民大规模地进入城镇，如何通过他们启动消费和增长，更需要的是促进与他们就业和受教育水平相近的产业发展。因此当前在鼓励科技创新的同时，更应从现实出发，继续保持低成本的发展路径，至少在很长一段时间内不能完全放弃世界工厂的功能，毕竟我国待转移的农村人口数量巨大，其受教育水平也无法支撑如此大规模、快速的转型。

通过改革实现转型发展，目标是以人为本和实现可持续的城市发展。重点要解决以下几个方面的问题：提高资源配置效率；继续保持低成本发展路径；激发各经济主体的活力；推进城市管理和治理的创新。

提高资源配置效率，就是要遏制各级政府的短期行为和政绩冲动。首先要从政府的宏观政策入手，调整干部管理和任用的体制机制。其次要通过土地管理制度改革，促进城乡统一的土地市场的建立，从土地制度上遏制政府低价拿地的行为，提高拿地成本，减少政府的利益冲动；并通过民间投资的注入，提高基础设施管理的效率和水平。

降低发展成本，重点要在土地上做文章。鼓励利用集体建设用地兴办产业园区，减少征地的社会成本；通过建立集体经济组织成员在土地上的收益分配和管理机制，大大压缩征地补偿的经济成本，并调动集体经济组织投资兴办产业园区的积极性；政府可以通过规划来约束集体经济组织的无限制地占地动机。

激发各类经济主体的活力主要包括以下几个方面：一是通过城镇间行政管理体制的改革，对城区达到 5 万人口以上的建制镇，可以批准设市，释放中小城市发展的活力；二是减少管理环节，尽快实现中央、省、县的三级地方管理体制，切断城市间和城镇间管理的乱象，释放各类城市的活力；三是鼓励土地小块拍卖的模式，可以吸引一部分中小企业投资者通过购买土地兴办服务业，释放他们投资的活力，并分流对房地产和股市投资的过度依赖；四是通过加快户籍管理制度改革，更新城市人口结构，释放进城农民和城镇间流动人口消费和就业以及兴办产业的活力。

实现城市管理和治理的创新，是要充分运用我国互联网的优势，提升城市管理水平；推动互联网和其他产业在城市的高度融合，鼓励跨界整合进行城市开发；带动高科技技术和传统城市的融合，推动智慧城市和低碳城市的建设；促进智能电器等制造业产品在新城新区和房地产开发中的应用，培育新的增长点；并鼓励相关产业进行产品更新换代，通过科技创新推动产业的升级改造。

一、中国城镇化的现状和趋势

（一）中国城镇化发展现状

中国城镇化是世界上规模最大的人口城镇化进程，史无前例。从2000年到2014年，中国城镇化率从36.22%增长到54.77%，平均每年有2072万农村人口进入城镇。截至2014年底，中国统计上的城镇人口已经达到7.49亿。虽然世界上一些国家特别是东亚国家和地区，也经历了人口城镇化的高速增长过程，但是其城镇化的人口规模远远无法与中国相比（见图1-1）。因此，在如此庞大规模的人口基数下，中国城镇化面临的问题、所取得的成绩、对世界产生的影响，都应该引起特殊的重视。即使在国际比较上，若分析中国的城镇化规律时忽视了其人口规模，往往也会导致偏差和认识误区的出现。

1. 统计意义上的城镇化和户籍城镇化

中国城镇化的统计数字和实际上的城镇户籍人口的数字有较大的偏差。2013年①统计上的常住人口城镇化率为53.7%，而户籍城镇人口占全国人口的比重则为36%，两者之间有近18个百分点的差距。转换为人口数字是7.3亿城镇常住人口和4.8亿城镇户籍人口的差距，问题在于这2亿多常住城镇的农村户籍人口是否应该被统计为城镇人口。常住人口和户籍人口之间的一个重要区别是，没有户籍的人口无法享受在就业所在地与户籍人口同等的公共服务。从统计学意义上看，在城镇就业生活超过半年的人口就应被统计为城镇人口，因为公共服务的差别、在农村是否有财产、是否享受农村集体经济组织成员的待遇，并不能改变他们在

① 由于户籍人口的数据目前只能到2013年，所以此处采用2013年数据。

城镇居住的事实。

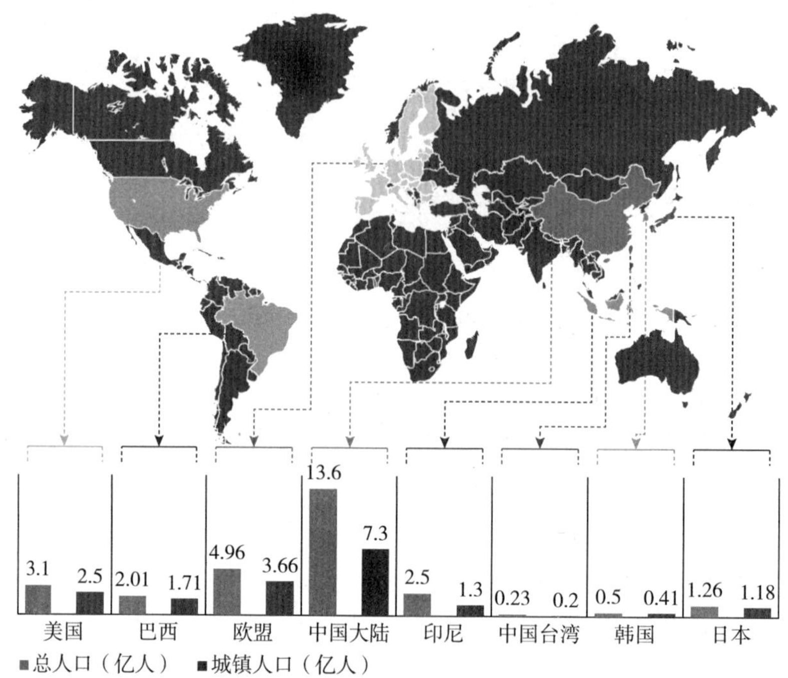

图1－1　2013年部分国家和地区总人口、城镇人口对比

数据来源：世界银行数据库。

2. 区域间城镇化水平差距较大

2013年，我国东中西部地区城镇化率分别为63%、49.7%和46%，东部地区城镇化率分别较中部、西部约高了13.3和17个百分点（见图1－2）。从比较的角度看，东部地区的城镇化水平已相当于日本20世纪60年代的水平，中西部则处于日本20世纪50年代的水平。

图1－2　中国东中西部地区城镇化情况

数据来源：历年中国统计年鉴。

近几年，东中西部地区的城镇化差距呈现缩小趋势。2010 年以来，东部地区城镇化年均增长 1.02 个百分点，而中西部地区分别达到 1.45 和 1.51 个百分点；同时，东部地区城镇化增速放缓，中西部城镇化增长速度明显快于东部地区。从城镇化角度来看，导致中西部城镇化速度加快的因素有以下几个。

（1）东部地区劳动力、土地成本相对较高

2013 年，我国东部地区城镇单位就业人员和城镇私营单位就业人员年平均工资分别达到 57620 元和 35650 元，比中部地区高 15018 元和 8952 元，比西部地区高 10692 元和 5467 元。东部地区劳动力工资高于中西部地区，促进了产业从东部向中西部转移，推动了中西部城镇化速度加快（见图 1－3）。另外，中西部地区土地成本较低，也是其未来城镇化快速发展所依赖的重要低成本条件之一。2012 年，东部发达省份如浙江、广东、江苏的国有建设用地出让价格已达到 115 万元/亩、81 万元/亩、77 万元/亩；而中西部省份土地出让价格仅为发达省份的一半左右，如陕西、河南、贵州三省的土地出让价格分别为 49 万元/亩、42 万元/亩、39 万元/亩[①]。

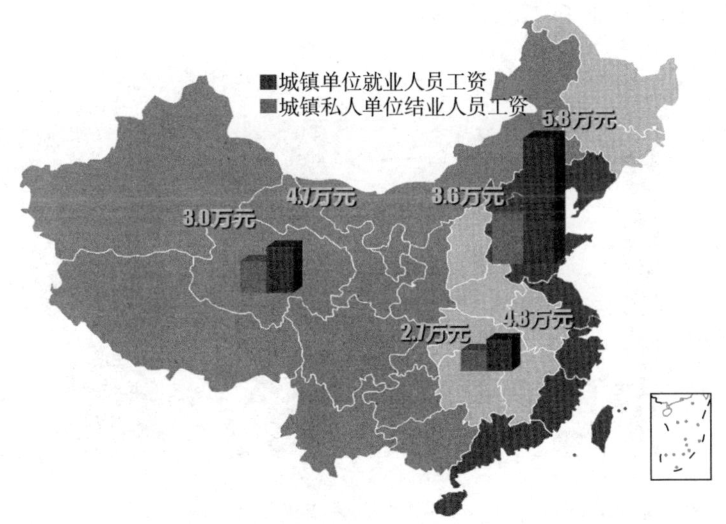

图 1－3　2013 年中国东中西部劳动力成本对比

数据来源：《中国统计年鉴 2014》。

① 根据《中国国土资源年鉴 2013》国有建设用地出让数据计算得出。

（2）中西部特别是西部地区资源型产业发展较快

中西部地区是我国主要能源资源生产区域，石油、煤炭等能源资源储藏量分别占全国的41%、90%①。随着近年来对能源资源需求的加大，中西部地区能源资源产业快速发展。从全国能源工业投资来看，2004年，我国能源大省山西、内蒙古、陕西和新疆的能源工业投资占全国比重分别为6.57%、6.36%、3.12%和4.11%，到2013年已经分别提高到7.23%、8.03%、6.16%和7.24%。中西部资源型产业吸引了大量劳动力就业，促进了城镇化水平的提高。

（3）中西部劳动力向东部地区转移的趋势下降

近年来，一些大型企业纷纷在中西部布局，比如富士康、三星电子等，使得中西部吸纳非农就业总量在不断增多。自2011年开始，中西部的农民工输出大省如河南、四川等省份，在省内就业农民工的数量已经开始超过向省外转移的数量。国家统计局农民工监测数据也显示，近年来中西部地区农民工总量在迅速增加，吸纳农民工的比重也在持续提高（见图1－4）。从2009年到2014年，中西部地区吸纳农民工总量增加了3549万人，比重上升7.8个百分点。

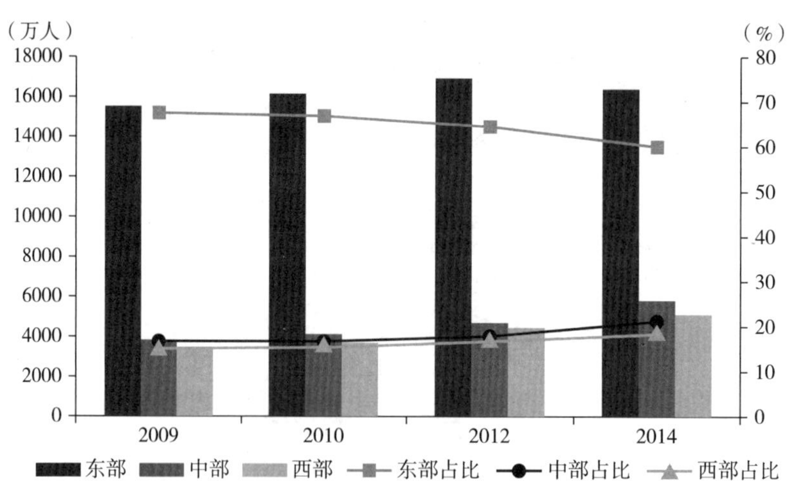

图1－4　2009～2014年中国各地区农民工数量与比例变化

数据来源：历年国家统计局农民工监测数据。

① 根据《中国统计年鉴2014》分地区主要能源基础储量计算得出。

（4）中西部一些大城市和特大城市发展较快，吸引了大量人口

2013 年成都、西安的城镇人口总量达到 992 万和 618 万，分别比 2000 年增长了 395 万和 210 万人①，增长了 66% 和 52%。中西部一些大城市吸纳人口的数量也增长较快，例如，郑州城镇人口从 2000 年的 366 万增长到 2013 年的 617 万，增长了 69%；南宁 2000 年城镇人口仅为 179 万，到 2013 年增至 395 万，增长了 120%②（见图 1-5）。

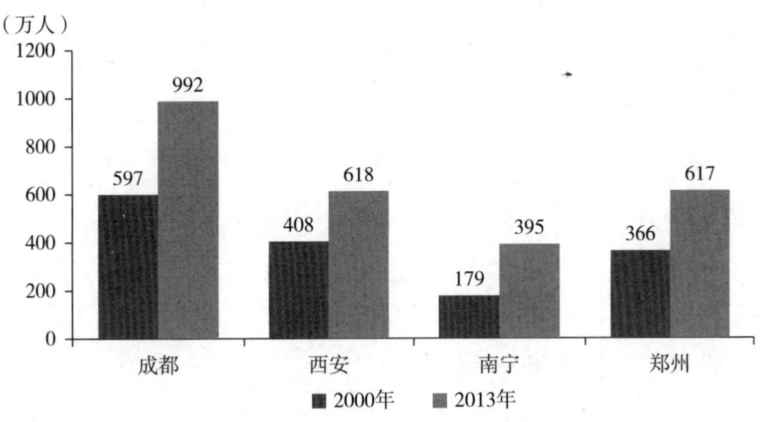

图 1-5　部分中西部大城市城镇人口增长情况

数据来源：各城市统计局。

3. 超大以上城市和小城市辖区人口增长速度较快③

中国城镇化进程中，人口空间变动趋势的另一个表现是在不同人口规模城镇之间的分布。我们按照 2014 年颁布的最新城镇规模标准选择了不同人口规模的城镇进行分组分析，结果表明：处于城镇规模两头的城镇吸纳城镇人口增长速度较快。如表 1-1 所示，从各类城镇吸纳城镇人口数量来看，在第五次人口普查到第六次人口普查 10 年间，处于城镇规

① 成都 2013 年数据来源于《四川统计年鉴 2014》，西安数据来自于《2013 年西安市经济社会发展统计公报》，2000 年数据来自于统计普查数据。

② 2000 年各城市人口数据来源于第五次人口普查分区县数据。2013 年，郑州城镇人口数据来自于《河南 2014 年统计年鉴》，南宁城镇人口数据来自于《广西 2014 年统计年鉴》。

③ 为减少县（市）改区等城市行政区划变动的影响，本文将佛山、哈尔滨等 16 个在“五普”、“六普”期间进行行政区划调整的城市，按照“六普”时的行政区划相应地调整了“五普”数据。

模两头的城镇，即1000万以上的超大城市和50万以下的小城市①（包括下辖建制镇）辖区吸纳城镇人口的增长速度最快，增长速度都超过了50%；而人口规模在50万以上各类城镇中，随着城镇规模的扩大，其吸纳城镇人口的增长幅度也呈现加速状态。但是需要特别注意的是，50万～100万规模城镇的人口增长速度最慢，而绝大部分地级城市在这一人口规模区间。

表1－1　　各规模城镇吸纳城镇人口及增长状况

城镇规模②	“五普”（万人）	“六普”（万人）	增长幅度（%）
1000万以上	4867.80	7334.59	50.68
500万～1000万	4127.45	5951.83	44.20
300万～500万	3025.94	4254.38	40.60
100万～300万	6606.91	9290.08	40.61
50万～100万	7436.62	9866.39	32.67
50万以下	19857.70	30323.18	52.70
合计	45922.42③	67020.44	45.94

数据来源：第五次和第六次全国人口普查。

这个规律说明了，在中国城镇化进程中，人口向大城市和特大甚至超大城市地区的聚集仍是主要趋势（见专栏1－1）。这里特别要说明，由于我国有2万多个建制镇，大多在小城市管辖范围，平均每个镇的镇区人口在1.1万人，而目前并没有在统计上和县城以及县级市进行区分，虽然这里人口占的比重较大，增长速度较快，但是并不能证明小城市自身在吸纳城镇人口中的作用。从各类城镇人口的占比看，应该注意到小城市及辖区以内的建制镇在未来城镇化进程中吸纳人口的重要作用。

---

① 包含相应规模的县城。

② 按照最新城市规模划分标准，是采用城区人口作为城市人口规模标准的依据，由于相关统计中缺乏城区常住人口数据，对于设区的市，我们使用市辖区城镇人口规模作为替代，对于未设区的市和县我们使用全市（县）城镇人口规模作为替代。分组是依据“六普”城镇人口数量。

③ 根据“五普”、“六普”分县数据加总城镇人口结果会与普查公告中的城镇人口数据略有差异，特此说明。

专栏1－1 中国各类城市人口增长分析

在中国城镇化进程中，不同人口规模的城市在吸纳外来流动人口的数量上呈现出明显的分化趋势。

一是外出人口①倾向于流入人口规模较大的城市。“五普”到“六普”期间，我国城市吸纳的外来人口总量从5734万人增长到1.1亿人。如表1－2所示，从外出人口的流向来看，接近80%的人口流向了人口规模超过100万的城市，“六普”时接近1/4的外出人口是流向1000万人以上的超大城市，500万～1000万的特大城市吸纳的外来人口比重也超过了20%，特大城市和超大城市合计吸纳了接近一半的外出人口。以上规律说明，外出人口向大城市和特大城市，甚至超大城市地区的聚集仍是主要趋势。

表1－2 各规模城镇吸纳外来人口及增长状况

城镇规模	“五普”		“六普”		期间变动	
	数量（万人）	占比（%）	数量（万人）	占比（%）	增量（万人）	占比（%）
1000万以上	1198.26	20.90	2675.97	24.23	1477.71	27.84
500万～1000万	1412.90	24.64	2347.60	21.26	934.70	17.61
300万～500万	531.98	9.28	1220.52	11.05	688.54	12.97
100万～300万	1311.63	22.87	2472.90	22.39	1161.26	21.88
50万～100万	490.94	8.56	1194.76	10.82	703.82	13.26
50万以下	788.53	13.75	1131.03	10.24	342.5	6.45

数据来源：第五次和第六次全国人口普查。

二是大城市、特大城市和超大城市的城镇人口增长主要依赖于外来人口。如表1－3所示，超大城市外来人口增长占城镇人口增长的比重达59.9%；随着城镇规模的减小，外来人口增长占城镇人口增长规模的比重也在下降，其中300万～1000万规模城市的比重也超过50%，

① 外来人口使用常住人口减去户籍人口来测算，实质上是净流入人口的总量，为了分析方便，我们使用净流入人口替代外来人口。

100 万 ~300 万的大城市比重已不足 50%。

表 1-3 "五普"、"六普"期间各规模城镇吸纳城镇人口及外来人口增长状况

城镇规模	城镇人口增量（万人）	外来人口增量（万人）	外来人口增长占城镇人口增长的比重（%）
1000 万以上	2466.78	1477.71	59.90
500 万 ~1000 万	1824.38	934.70	51.23
300 万 ~500 万	1228.44	688.54	56.05
100 万 ~300 万	2683.17	1161.26	43.28
50 万 ~100 万	2429.77	703.82	28.97
50 万以下	10465.48	342.50	3.27

数据来源：第五次和第六次全国人口普查。

三是小城市和辖区内的小城镇是吸纳就近城镇化人口的主要载体。根据第六次人口普查数据，我国生活在小城市（包括辖区内小城镇）的人口达 3 亿，占我国城镇人口总量的接近一半，比第五次人口普查时增长了 52.7%，是各规模城镇中增长最快的，甚至超过了超大城市的增长速度。如图 1-6 所示，从城镇人口增长的来源来看，小城市和小城镇人口的增长主要得益于农业转移人口[①]就近转移，第五次人口普查到第六次人口普查农业转移人口增长占到小城市城镇人口增长的 76.3%。

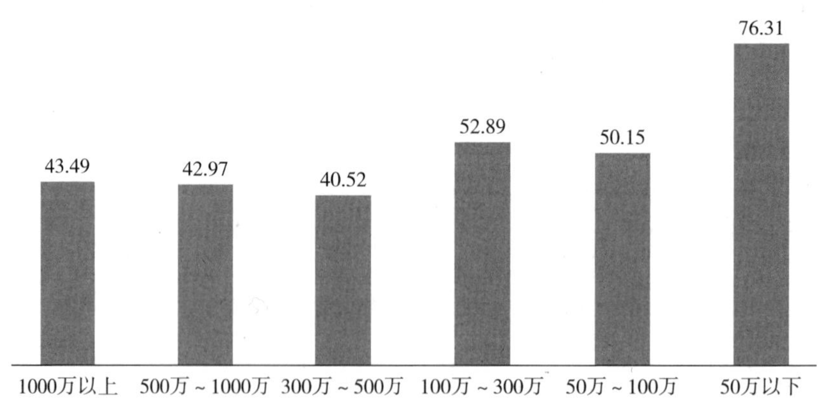

图 1-6 "六普"农业转移人口增长占城镇人口增长的比重（%）

① 农业转移人口是用城镇人口减去非农业人口进行估算。

这里要特别说明的是，中国的城市统计还存在着较大的缺陷，城市实际上也包括了其行政管理的辖区，城市的边界难以界定。再者，大城市也管辖着许多中小城市和建制镇，因此现行的城市统计的规则使得我们没有办法按照国际通行的标准来准确地界定我国城市的人口规模。

（二）中国城镇化的趋势分析和判断

1. 中国城镇化未来的增长趋势

近十几年，随着宏观经济的稳步增长，中国城镇化水平也在稳步提升。尽管在2000年前，关于城镇化的数字没有明确统计[①]，但是根据2000年的普查结果把数据倒推到1996年，数字分析结果显示，宏观经济形势的变化对于城镇化的影响是直接的。1996～2014年，我国人均GDP从5846元增长到4.65万元，年均增长8.9个百分点；同期我国城镇化率从30.48%提高到54.77%，年均提高1.35个百分点。随着我国经济总量和经济发展水平的不断提高，我国城镇化水平呈现不断提高的态势（见专栏1－2）。

专栏1－2　中国经济增长对城镇化的影响分析

对我国2000～2014年经济发展和城镇化发展的速度进行对比，可以发现GDP增长与城镇化增长变动趋势非常相似，即在GDP增长速度较快的年份，城镇化率提升的速度也相对较快，GDP增速回落的年份，城镇化增长速度也会有所回落，而且这一趋势在2005年以后特别明显（见图1－7）。这种现象说明，2000年以来我国城镇化与经济增长之间关系非常密切。

---

① 2000年之前的城镇化是按照户籍人口进行统计，“五普”时开始采用了常住人口口径，这一口径延续至今。

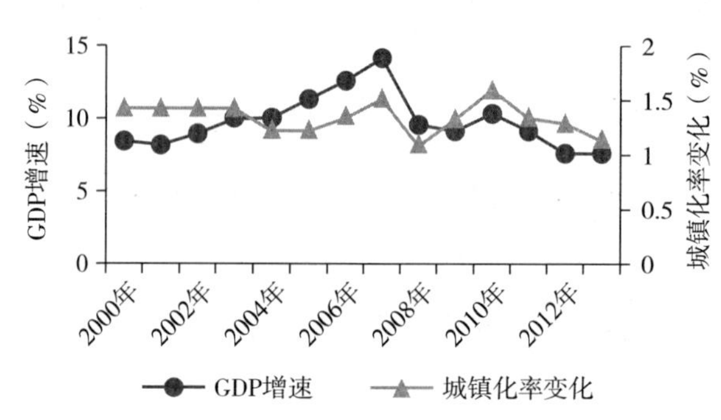

图1－7　我国GDP增速与城镇化率变化

那么，经济增长与城镇化之间到底呈现的是什么样的关系？为此，我们将每年城镇化增长速度与GDP增长速度进行相除，从而可以得出经济增长1个百分点对应的城镇化率的变化情况（见图1－8）。通过数据分析，可以发现，2000～2014年，我国城镇化率变动与GDP增速的比值在0.11～0.17之间波动，相对稳定。

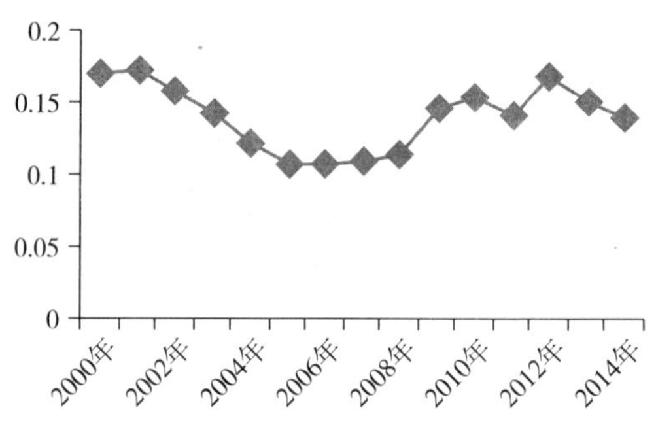

图1－8　城镇化率变动与GDP增速的比值

国际经验表明，在各国城镇化的快速增长阶段，往往伴随着经济的快速增长，我国过去十多年来的发展历程也验证了这一点。当前我国仍然处于城镇化快速增长阶段，经济增长与城镇化之间仍然存在非常密切的关系。需要注意的是，在城镇化快速增长阶段，短期的经济下滑并不一定会直接导致城镇化速度的大幅下滑。国际经验还表明，在城镇化进入成熟阶段以后，经济增长与城镇化率变动之间的关系相对减弱（见专栏1－3）。

专栏 1-3 城镇化与经济增长的国际经验

"二战"以后，一些发达国家也经历了一段城镇化快速增长时期①，这段时间也是这些国家经济增长速度较快的时期②（见图 1-9）。法国 1954③～1970 年城镇化率年均提高将近 1 个百分点，GDP 年均增长 5.3%，远高于此后 40 年的增速（2.33%）；日本 1950～1975 年城镇化率年均提高 1.56 个百分点，GDP 年均增长 8.6%，此后 15 年增速下降一半；韩国 1960～1991 年城镇化率年均提高 1.5 个百分点，GDP 年均增长 8.63%，而 1992～2008 年均 GDP 增速下滑至 5.08%。

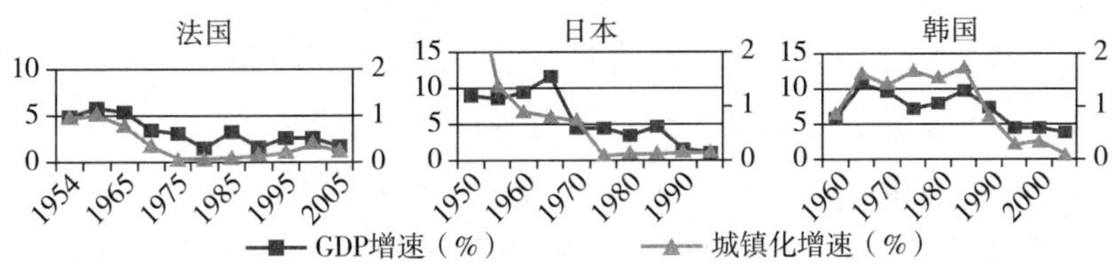

图 1-9 "二战"后，法、日、韩城镇化增速与 GDP 增速比较

在城镇化进入成熟阶段以后，经济增长与城镇化率之间的关系并不明显。比如：英国 1950 年的城镇化率④为 79%，2005 年为 79.9%，城镇化率提高有限。然而，这段时间的 GDP 仍保持年均 2.51% 的增速。德国 1960 年城镇化率是 71.4%，一直到 2000 年才提高到 73.9%，此间 GDP 年均增长 2.6%。美日韩等国在城镇化成熟阶段也是如此。

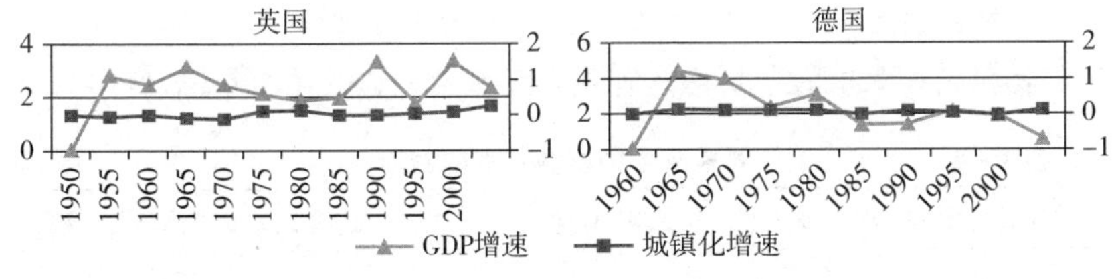

图 1-10 "二战"后，英、德城镇化增速与 GDP 增速比较

---

① 1960 年以后的城镇化率数据来自 World Development Index，World Bank。

② GDP 数据来自 Historical National Accounts，按照 1990 million Geary - Khamis Dollar 计算。

③ 法国 1954 年城镇化率来自 1966 年法国人口普查摘要。

④ 英国 1950 年与德国 1950 年城镇化率来自 world urbanization prospects（2005 version）。

而且，需要注意的是，短期内经济出现下滑，并不一定会直接导致城镇化速度的大幅下滑。日本与韩国在 20 世纪 60 年代末都经历了经济增速下降一半，但却仍分别保持年均 0.8 和 1.75 个百分点的城镇化增长速度。

尽管本报告的重点不是论证我国宏观经济形势的变迁，但是从以往的变化规律看，我国经济增速在 30 年内一直保持两位数增长是一个世界奇迹。但是从近两年的数字看，经济增长的速度不容乐观，从两位数的增长开始下滑，到 2014 年已经下滑到 7.4%。未来增长率的变化应该维持在多少，到目前为止，经济学家也没有过一致的意见。但是至少在一点上意见应该是统一的，就是不可能再继续保持两位数的增长速度。按照最近几年的可能性趋势进行分析，到 2020 年，如果宏观经济增长能保持在 6 ~ 8 个百分点，对应的城镇化增长速度应该是 1 个百分点左右（见专栏 1 – 4）。

专栏 1 – 4　对中国未来城镇化的判断

根据国际经验及我国当前所处的发展阶段，可以预见，在未来一段时期内我国经济增长与城镇化率之间的关系仍旧会继续保持一个相对稳定的波动态势。因此，我们认为未来几年我国城镇化增长与经济增速之间可能会保持在 0.14 左右的比值并上下波动。到 2020 年，我国经济增长速度可能在 6 ~ 8 个百分点的区间，据此可以预测出未来几年我国城镇化率的年均增速可能在 1 个百分点左右（见表 1 – 4）。

表 1 – 4　对未来中国城镇化率的判断

城镇化增速/GDP 增速	GDP 增速（%）	城镇化率年均增速（%）
0.14	8	1.12
	7	0.98
	6	0.84

当然，需要说明的是，这是一个在不涉及其他变量情况下的理想数值，例如经济危机、社会动荡、国际形势出现巨大变化等特别事件发生

所产生的影响不在我们的判断之内，也未考虑中国的改革进展是否顺利等因素。

2. 中国城镇化空间分布变动的趋势

（1）地区间城镇化变动趋势

当前，东部地区已经进入工业化成熟阶段，经济增长主要依靠服务业带动和技术升级创新；中西部仍然处于粗放发展阶段，制造业与资源能源行业在短期内仍然是经济增长的重要支撑。产业结构的差异导致就业与城镇化进程的差异，这一点往往被研究者与决策者所忽略。

当前，我国东部地区城镇化率已经超过60%，城镇化速度已经有所放缓，而中西部地区城镇化仍处于加速时期；同时，从经济增长的角度来看，东部地区经济增速已经低于中西部地区。在保持常规增长的情况下，我们可以推断出未来东中西部地区城镇化变动的基本趋势：到2020年，我国东部地区城镇化率预计在69%左右，中部地区城镇化率预计在58%左右，西部地区城镇化率预计在56%左右（见专栏1－5）。

专栏1－5　未来东中西部地区城镇化发展趋势判断

从现状来看，我国东部地区城镇化增速从2000～2010年的1.56个百分点下降到2011～2013年的1.02个百分点，而中部地区则从1.27个百分点提高到1.45个百分点，西部地区则从1.27个百分点提高到1.51个百分点。在宏观经济、城镇化等其他因素都保持常规增长的情况下，我们可以按照高、中、低三种方案来对未来各地区城镇化率进行预测，即按照常规下城镇化发展速度，到2020年，我国东部地区城镇化率将达到69%左右，中部地区城镇化率可能达到58%左右，西部地区城镇化率可能达到56%左右（见表1－5）。

表1－5　对未来各地区城镇化率的判断　　单位:%

	东部地区			中部地区			西部地区		
	高方案	中方案	低方案	高方案	中方案	低方案	高方案	中方案	低方案
2020年	70.1	69.4	68.7	59.5	58.8	58.1	56.5	55.8	55.1

需要注意的是，上述分析都是基于2013 年以前经济增长数据的判断，而 2013 年以来经济出现下滑，对就业和城镇化的影响已经发生变化，东中西部城镇化差异化的现象将会更加突出。从东部地区来看，城镇化的速度已经放慢，未来经济发展的重点在于产业结构的调整，特别是服务业将是东部地区未来吸纳农业转移人口的主要渠道。因此，东部地区产业转型的效果将决定未来城镇化的速度与质量。从全国来看，无论是东部城市还是中西部地区的城市，在城市发展过程中都已经出现成本过高的问题，这会影响到对劳动力的吸引。因此，对于未来我国城镇化的空间分布和变化，还需要结合各地区相关制度改革和发展方式转变的进程来进行更深入的分析。

（2）不同城市人口规模的空间分布变化

中国城镇化在空间上的另一个表现形式是在不同规模的城市间人口聚集的变化。当前我国外出人口流入人口规模大的城市的趋势是明显的，但是随着未来宏观城镇化政策的变化，特别是在对特大城市发展限制的政策影响下，是否会改变人口向特大城市、超大城市聚集的趋势呢？今后如果通过实施改革政策，中小城市发展活力进一步得到释放，是否会增加它们吸纳人口的能力呢？而且还要注意的是，在一些行政等级较高的城市，由于过去的城市发展路径，导致城市成本增加，吸纳人口的能力下降，是否会影响到人口在不同规模城市间流动的变化？对于这些问题，目前还无法做出精准的预测。但是，根据国际城镇化规律和对我国的分析，我们可以有以下初步的判断。

判断一：城市越大，吸纳人口的能力越强。联合国对全球各规模城市吸纳人口的比重进行分析，如表 1 - 6 所示。1970 年到 2011 年，生活在 1000 万人以上城市的人口占全部城市人口的比重从 2.88% 提高到 9.88%，提高了 7 个百分点。与此同时，生活在 100 万 ~500 万人、50 万 ~100 万人规模的城市的人口所占比重也分别提高了 3.34 和 0.5 个百分点。而生活在 50 万以下人口的城市的比重却在持续下降，总计下降了 10.66 个百分点。

判断二：1000 万以上规模的城市人口将增长最快。联合国也对未来进行了展望，在各组城市中，1000 万人口以上城市所占的比重还将进一步上升，预计到 2025 年将达到 13.57%。

表 1-6　各规模城市吸纳人口和比重（中国与世界）

城市规模	1970 年		1990 年		2011 年		2025 年		中国“六普”	
	数量（百万人）	占比（%）	数量（百万人）	占比（%）	数量（百万人）	占比（%）	数量（百万人）	占比（%）	数量（百万人）	占比（%）
1000 万人以上	39	2.88	145	6.33	359	9.88	630	13.57	73	10.94
500 万~1000 万人	109	8.06	142	6.20	283	7.79	402	8.66	60	8.88
100 万~500 万人	244	18.03	465	20.30	776	21.37	1129	24.32	135	20.21
50 万~100 万人	128	9.46	206	8.99	365	10.05	516	11.11	99	14.72
50 万人以下	833	61.57	1333	58.18	1849	50.91	1966	42.34	303	45.24

资料来源：世界数据来自于 United Nations，World Urbanization Prospects：The 2011 Revision，New York，2012。

从典型国家的超大城市发展过程来看，超大城市所吸纳的人口与其所在国的城镇化呈同步状态①。在这个过程中，虽然我国存在一定的行政引导，但是人口同样呈现向大城市以上的城市聚集的趋势。基于以上分析，对我国各规模城市吸纳人口状况做出以下基本判断。

一是特大城市和超大城市吸纳外出人口的总量还将持续增长。二是特大城市和超大城市行政辖区还有较大的人口增长空间。在我国的特大城市和超大城市周边，也有较多的中小城市和小城镇，随着主城区人口的饱和以及相关道路等基础设施配套条件的完善，未来它们在吸纳城镇人口方面的作用将会加强。三是小城市和下辖的小城镇是实现就地城镇化的主要载体。四是中等城市如果降低发展成本后可增加吸纳人口的潜力。

二、中国城镇化及相关影响因素分析

（一）城镇化与非农就业

在中国的特殊国情条件下，城乡就业结构和城镇化之间的关系可能与其他国家有很大的区别，最大的影响因素是户籍制度。研究中国城镇化对非农就业劳动力总量的影响，依据的最大变量是农民工群体。从两

① 李铁、范毅等，《我国流动人口和北京市人口问题研究》，中国发展出版社 2013 年版。

个方面的数据来判断非农就业总量的变化：一是就业的年龄结构，二是农村劳动力未来可能释放的劳动就业空间。研究非农就业劳动力总量还有多大空间，主要目的在于判断中国城镇化发展还有多大潜力。

在传统的城镇化研究中，更多采用的是刘易斯的方法。但是在中国，由于劳动力没有完全释放，到了45岁以上就出现大量的返乡现象。所以我们认为，对“刘易斯拐点目前在中国已经到来”的判断值得商榷。理想的判断方法应该是，农业劳动力的释放是否使得农村的土地经营达到了规模化的标准。然而在中国由于土地和户籍管理制度改革的滞后，并没有导致人均土地经营规模发生根本的变化。在中国的所谓城镇化进程中，大部分农村劳动力尚无法实现最终的转移，制度性的原因导致了在所谓“拐点”还没有达到的情况下，就出现了中低端劳动力供应不足的状况。从就业总量上看，农村劳动力的潜力没有完全释放，因此不能得出中国总体上劳动力供给不足的结论，过剩仍然是长期趋势（见专栏2-1）。

专栏2-1　从耕地规模角度判断剩余劳动力总量

按照户籍人口计算，我国农村人口总量为87810万人，根据中国统计年鉴中农村居民家庭基本情况中的数据可以推算，农村户籍劳动力的总量为6.25亿，其中2.29亿劳动力已转移到城镇就业①。我国人口众多的基本国情决定，农业发展不可能走美国式大规模经营的道路，东亚日本、韩国的农业经济规模对我们国家才有借鉴意义（见表2-1）。即使是与日韩相比，我国的农业经营规模还是较小。据日本、韩国数据显示，2011年日本的农民户均经营规模已经超过2公顷，韩国在2012年农民户均经营规模为1.5公顷，而目前我国农户户均经营规模仅有8.96亩②，还不足1公顷。如果我国农村户均经营规模能

① 《中国统计年鉴2014》中，提供的是2012年农村居民家庭基本情况的数据，因此我们使用2012年户籍人口数据进行测算。

② 根据《2013中国国土资源公报》，我国2012年耕地数量为20.27亿亩，同年我国乡村总人口为87810万人，据此计算我国农村人均耕地面积为2.31亩，按照农村户均规模3.88人计算，可得农村户均经营规模为8.96亩。

够达到韩国的1.5公顷，按照2014年人口数据计算，大致能够转移的农村劳动力总量为1.92亿。

表2－1　　典型国家农户平均经营规模

国家	美国①	德国②	法国③	日本④	韩国⑤
农户平均经营规模（公顷）	169	38	70	2	1.5

就业年龄结构也说明，中国劳动力还有很大的潜在空间有待释放（见专栏2－2）。例如培训可能带来的变化，及其对劳动力提高技能的长期影响；45岁以上农民工如果能够延长在城镇的就业年限，按照现有的城镇就业年龄仍有15年的利用期。如何判断就业年龄结构对未来城镇化进程的影响，实际上也涉及到城镇化进程中的人口更新问题（见专栏2－3）。

专栏2－2　中国农民工的年龄结构特征

农民工并非一个整体概念，其流动特征与年龄结构之间存在明显的关联。

一是农民工随着年龄的增长外出比重在不断下降。如表2－2所示，农民工的主体在20～45岁之间，在该年龄段农民工的比重在70%左右，随着年龄的增长，农民工退出非农就业的比例越来越高。虽然近年来40岁以上农民工的比重呈现上升趋势，但是并未改变农民工年龄结构的总体趋势。

① 夏英、周忠丽，“看发达国家如何经营家庭农场”，《中国国土资源报》，2013年9月27日。

② 《欧盟、德国农业政策和农业预算管理》，财政部农业司，内部报告。

③ “关于法国农业及农村商业发展问题的调查”，驻法国使馆经商参处，http://www.mofcom.gov.cn/aarticle/i/dxfw/jlyd/200606/20060602431174.html。

④ 数据来源于日本农林水产省《2011年度日本农业白皮书》。

⑤ 数据来源于《韩国统计年鉴2013》。

表 2－2　　农民工年龄构成　　单位:%

年龄阶段	2008 年	2009 年	2010 年	2011 年	2012 年	2013 年
16～20 岁	10.70	8.50	6.5	6.3	4.9	5.3
21～30 岁	35.30	35.8	35.9	32.7	31.9	33.8
31～40 岁	24.00	20.6	20.5	22.7	22.5	23.3
41～50 岁	18.60	19.9	21.2	24	25.6	24.5
50 岁以上	11.40	12.2	12.9	14.3	15.1	13.1

资料来源：国家统计局历年农民工监测调查数据。

二是外出农民工年龄结构与本地农民工年龄结构存在着明显的差异。如图 2－1 所示，外出农民工的年龄集中在 21～40 岁之间，该年龄段的外出农民工占总量的 73.1%；而本地农民工则集中在 40 岁以上，该年龄段的本地农民工占总量的比重达 56.3%。

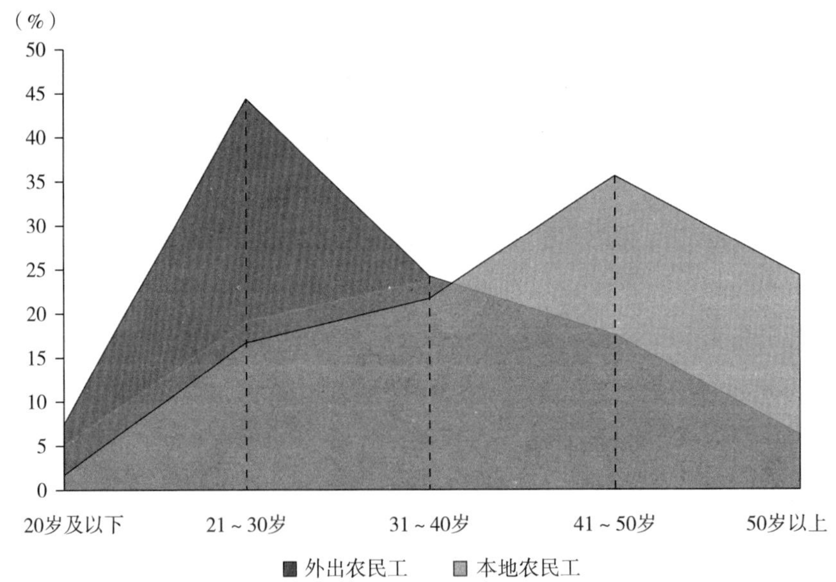

图 2－1　2013 年农民工年龄结构图

资料来源：国家统计局历年农民工监测调查数据。

专栏2-3　对我国农民工总量的判断

当前我国农民工在45岁以后开始大量返乡，而国际劳工组织将工人的黄金年龄界定为25~54岁[①]，按此标准我国返乡农民工大多还处于工人黄金年龄。如果通过新型城镇化政策的落实，使农民工返乡年龄拖后，或者能够完全融入城市，那么对城市劳动力供给将会产生较大的影响。如果能够将农民工返乡年龄延长到60岁或者以后，那么到2020年仅存量农民工可减少返乡3700万人。

到2020年我国农民工总量可能的最高值是多少，主要取决于农村劳动力的转移比例。由于农民个体的差异，即使实现充分转移也不可能百分之百都转到非农产业。我们使用"六普"数据分年龄段人口数据进行分析，为了对应同时使用2010年农民工数据。如表2-3所示，21~30岁农村劳动力转移比重达53.58%，在各年龄段中转移比重最高。

表2-3　各年龄段农民工及占比情况　单位：万人

年龄段	农民工总量（A1）	外出农民工（A2）	乡村人口（A3）	乡村人口+外出农民工 A4=A2+A3	农民工占比 A5=A1/A4
16~20岁	1518.35	1349.48	4915.88	6265.36	24.23%
21~30岁	9188.22	7606.16	9541.7	17147.86	53.58%
31~40岁	5736.85	3603.73	9888.29	13492.02	42.52%
41~50岁	4916.83	2054.89	11316.15	13371.04	36.77%
50岁以上	2862.75	720.75	9089.22	9809.97	29.18%

资料来源：农民工数据来自于国家统计局农民工监测数据，乡村人口数据来自于"六普"数据。

到2020年，如果基期[②]31~50岁农民工能够达到基期21~30岁农民工的转移比例53%，那么此年龄段农民工将会增加2873万人。

基期20岁以下的农村人口将作为新增劳动力进入市场，这部分人口可分为两部分：一部分是基期在11~20岁的人口，到2020年将

① 数据来源于"国际劳工组织18项劳动力市场主要指标"，《劳动力市场主要指标体系》，中国劳动社会保障出版社2002年版。

② 为分析方便，我们利用人口普查数据，因此以2010年为基期。

达到21~30岁，假定他们的转移比例为53%，这部分人口转移将增加4175万。另一部分为基期6~10岁的人口，到2020年将进入16~20岁年龄段，假定这部分人口的转移比例与基期该年龄段的比例相同，该年龄段转移人口为964万。两部分合计为5139万。

基期50岁以上劳动力到2020年将超过60岁，我们假定其完全退出非农就业市场，这一部分人口将减少2863万。

综上，到2020年我国农民工总量峰值在3亿。当然这一峰值的测算是建立在理论分析基础上的乐观估计，难点在于当前30岁以上各年龄段人口的转移比重能否提高，这取决于城镇化布局能否优化和改革进程能否深化。

（二）城镇化对就业结构的影响

判断就业结构影响的最大变数是未来资本和技术对劳动力的替代。在这个基础上，我们才能对随着城镇人口增长而不断变化的就业结构进行判断。

2014年我国城镇化率为54.77%，距离70%的城镇化成熟阶段，城镇人口还要增加2.7亿左右，对应的新增非农就业人口大约在1.5亿[①]。按照目前的“二产”、“三产”就业比例来看，需要新增“二产”就业6500万，这相当于2013年二产就业总量的30%。按照国际城镇化经验，随着经济发展水平的提高，以及资本和技术替代劳动力的趋势不断加强，工业接纳劳动力的数量会大大减少。我国已经出现了这一趋势，2005~2013年，我国“二产”就业总数从1.78亿增长到2.3亿，增长了30%，但是每亿元工业投资吸纳的劳动力从0.46万人下降到0.13万人[②]，下降了73%。根据我们对过去15年城镇化进程中工业吸纳劳动力数据的演变

① 根据国家统计局数字，2000~2013年我国新增城镇人口对应新增非农就业人口比为1:0.56。

② 根据国家统计局年度分产业固定资产投资和就业数据计算。由于2004年以前没有公布分产业固定资产投资的数据，故从2005年开始计算。

分析，可以看出，资本和技术在工业上对劳动力的替代现象已经逐渐发生。未来随着新型工业化进程的深化，通过工业吸纳劳动力，以改变农村人口转移的格局正在产生变化。

如果劳动力无法持续向工业转移，替代的产业是什么？国际经验表明，随着城镇化水平的提升，人口在城镇集中，服务业就业比重将同步提高。2010 年，世界城镇化率为 51.7%，服务业就业比重约为 44.4%①，服务业是最主要的就业渠道（见专栏 2－4）。可以预见，服务业也将成为吸纳我国城镇人口增长的主要渠道。

专栏 2－4　中国与典型发达国家和地区服务业就业情况对比

从 2012 年的数据来看，欧美发达国家的服务业就业占比基本都在 70% 以上，东亚地区的日本、韩国和中国台湾地区的服务业就业比例也分别为 69.7%、76.4%、58.8%②（见图 2－2）。而中国大陆 2013 年仅有 38.5%，远远滞后于日、韩和中国台湾地区。

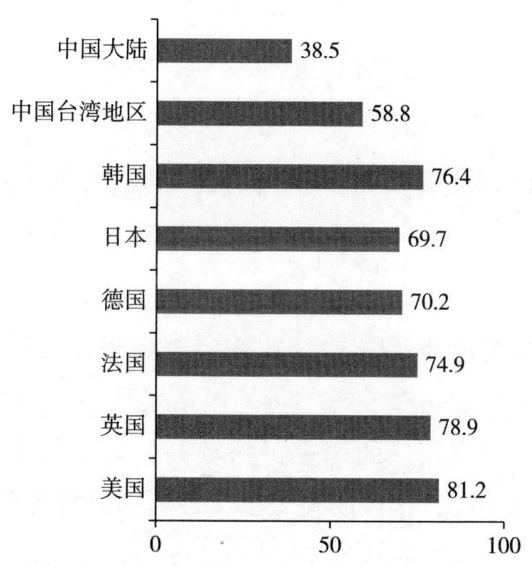

图 2－2　各个国家和地区服务业就业比例（%）

① 根据世界银行 2013 年度报告数据计算得出。

② 数据来源于《中国统计年鉴 2014》。

从服务业与工业就业的比值来看，欧美发达国家服务业就业与工业就业的比值基本都在 3.5 以上，日、韩和中国台湾地区也都分别为 2.75、4.49、1.63，而中国大陆这一比例仅有 1.19，比上述各国和中国台湾地区都要低很多（见图 2－3）。

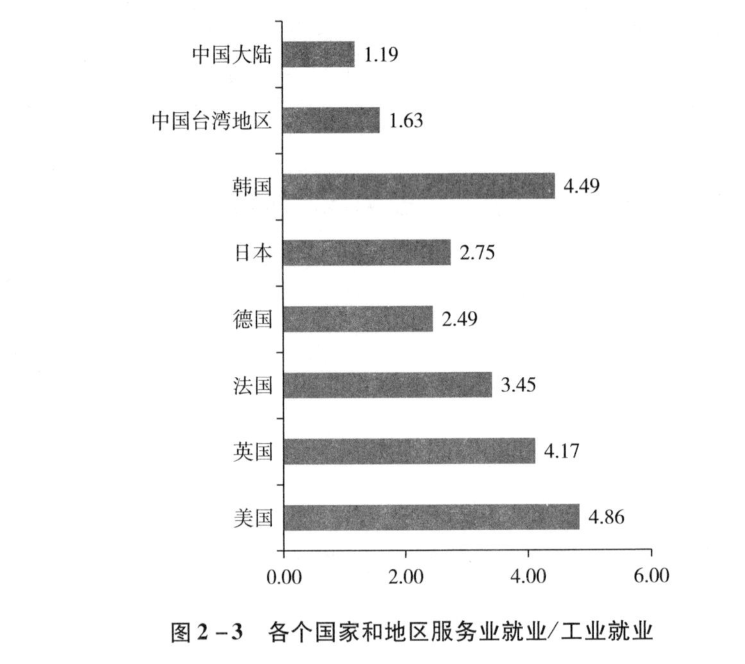

图 2－3　各个国家和地区服务业就业/工业就业

特别要指出的是，当前在信息科技等现代化要素不断植入的条件下，不断衍生出新的服务业业态，服务业的门类增多，也带动了服务业就业比重的全面提升。但是需要注意的是，根据典型发达国家和地区的经验，传统服务业①占总就业人口的比重仍然较高，典型国家和地区占比都在 30% 以上（见图 2－4），这说明在城镇化进程中对传统服务业的认知和包容仍十分重要。

---

① 传统服务业是在日常生活中为人们生活提供服务的行业。在本文中，基于统一的考虑，传统服务业包括批发零售业、住宿餐饮业、交通运输与邮电通讯业、居民服务等。

图2－4　美、日和中国台湾地区传统服务业占总就业的比例

数据来源：美国数据来源于美国经济分析局（BEA），日本数据来源于2013年劳动力调查年报，中国台湾地区数据来源于《台湾统计年鉴2014》。

根据上述判断，可以得出结论：未来工业吸纳的劳动力人数将逐步下降，服务业比重会明显上升；但是，服务业上升的速度也取决于城镇化策略以及财政、行政管理体制改革的进程。

（三）城镇化发展对内需的拉动

一是对住房的影响。农村人口进城定居可能带来的住房需求拉动了房地产发展，进而影响到GDP增速。从投资角度来看，自2001年以来，我国房地产固定资产投资占全社会固定资产投资的比重在17%～20%之间，房地产业对GDP的直接贡献在10个百分点左右。长期来看，城镇化发展对房地产的拉动作用是明显的，但是在短期内，由于改革政策没有全面展开，购房的主要群体还是城镇户籍人口，农业转移人口的消费并未得到充分释放。

二是对消费的影响。农村人口进入城镇就业和定居带来消费结构的变化直接影响到消费需求的变化。农民进城后，随着就业状态的转变，收入水平也在提高，由此带来消费能力的提升。根据国家统计局的数据，2012年我国城镇居民人均现金消费支出为16674.32元①，而农民的人均现金消费支出为5414.47元，前者是后者的3.08倍。在现有水平下，城镇化率每提高1个百分点，可带来消费支出增加1500亿。另一方面，征地拆迁补偿促进城郊农民收入的增加也会转换为投资和消费。根据财政部决算数据，2010～2013年，我国征地拆迁补偿款总额达6.45万亿元，占同期我国GDP的比重达3.28%，其中2013年占比最高，达到3.98%

① 《中国统计年鉴2014》中提供的农村家庭消费支出数据为2012年的数据，因此我们使用2012年城镇居民收入和消费数据进行分析。

(见图2－5)。与此同时，如果市民化政策得到有效落实，对农民工消费支出的影响将达到万亿规模（见专栏2－5）。

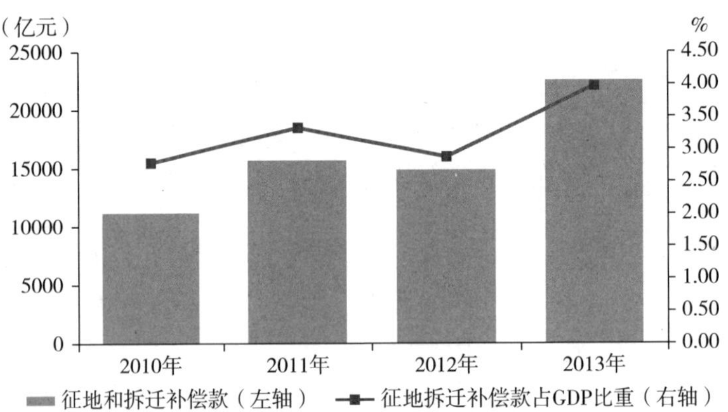

图2－5　我国2010年以来征地拆迁补偿款总额及占GDP比重

数据来源：历年中国统计年鉴。

专栏2－5　城镇化对农民工消费需求影响的判断

2013年我国外出农民工人均月收入达2609元，但是月均生活消费支出892元，支出占收入的比重仅为34.2%，远低于城镇居民(61%)。如果通过户籍管理制度改革和农民工市民化政策，使农民工的消费行为转为城镇居民的消费行为，农民工月均消费支出将增加699元。按照2013年外出农民工年从业时间平均为9.9个月计算，那么每个农民工全年将增加消费支出6924元。据此测算，全部外出农民工当年将增加消费支出1.15万亿元，占我国2013年居民消费支出的4.3%，占GDP的1.96%。

专栏2－6　城镇化对市政基础设施建设影响的判断

长期以来，我国城镇在基础设施等方面的建设还有较大的提升空间。根据联合国的建议，发展中国家城镇基础设施投资占GDP的3%～5%，而过去十多年我国平均还不到3%。如果我国城镇基础设施投资占 GDP 的比重达到 4%，以 2013 年为基数，还需要增加投资 6295 亿元，当年城市市政基础设施投资总额将超过 2 万亿元。假定到 2020 年，我国 GDP 增长维持年均 7 个百分点，在不考虑价格因素前提下，那么城市市政基础设施的累计投资将达 20 万亿元，这必将成为推动中国经济增长的重要动力所在。

三是对市政基础设施建设投资的影响。从城市基础设施投资来看，城镇化发展可以带来巨大的投资需求。2000 ~ 2013 年我国城市建成区面积增长了 113.3%。城市面积的扩大，必然带来城市市政公用设施建设和维护投资的增多。同期城市市政公用设施固定资产建设投资增长 7.65 倍，累计投资已达 11.1 万亿元，占同期我国 GDP 的比重达 2.86%。与此同时，我国市政公用设施运行维护支出增长了 6.49 倍，累积已达 1.1 万亿元[①]（见图 2 -6）。综合两方面因素，仅城市市政公用设施建设维护支出占 GDP 的比重可达到 3.18%。从城市基础设施建设的角度，城镇化可以带来巨大的投资需求（见专栏 2 -6）。

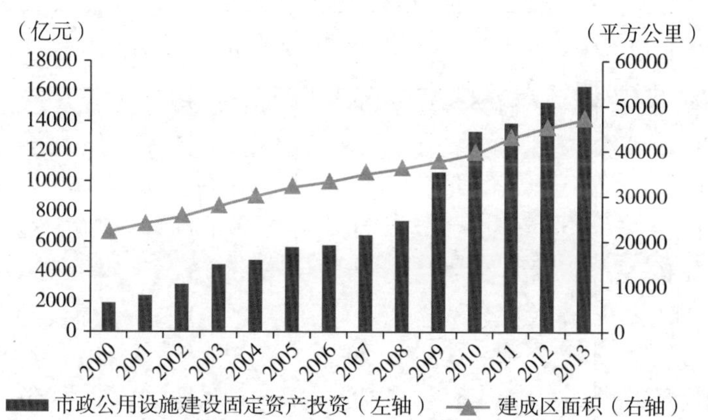

图 2 -6　我国 2000 年以来建成区面积与市政设施固定资产投资

数据来源：历年中国统计年鉴。

① 由于 2013 年市政公用设施运营维护支出数据还未公布，此处数据为 2000 ~ 2012 年的增长变动和累计数据。

三、中国城镇化的制度特征：基于国际比较研究下的制度分析

仅从数字上看，中国城镇化同样也经历了高速发展阶段，而且与大多数经历城镇化高速增长国家相比，中国1990年以后城镇化速度要更快（见专栏3－1）。但是制度的差异性，使得中国在城镇化具体路径上有着很大的不同，也直接影响到未来的长期发展。城镇化意指农民进城，在国际上是要素自然的空间流动和集聚过程。在大多数国家，人口在国内自由迁徙是法律赋予的基本权利。伴随着人口要素的迁徙和流动，土地要素的流动也遵循着市场的规律——买卖自由，只是在用途管制上，各个国家有着不同的规则限制。城市从欧洲中世纪以来沿袭的向所有外来人开放的自治体系，已经成为大多数国家普遍遵循的制度性模式。因此

专栏3－1　城镇化发展速度的国际比较

表3－1　城镇化发展速度的国际比较

国家/地区	城镇化率（%）	所花时间（年）	年均提高百分点	当前城镇化率（%）①
英国	25～50.2	100	0.25	79.8
德国	25～54.4	57	0.52	74.2
法国	25～53.2	95	0.30	86.8
美国	28.2～56.5	60	0.47	82.9
日本	32.7～56	10	2.3	92.3
韩国	27.7～57	20	1.47	83.7
巴西	25～54	50	0.58	85.1
中国台湾地区	24.1～63.8	28	1.42	87.4
中国	26.9～53.7	22	1.22	54.77

① 数据来源：英国、德国、法国、美国、日本、韩国、巴西当前城镇化率为2013年水平，数据来源于世界银行WDI数据库。中国台湾地区当前城镇化率为2012年水平，根据台湾2012年统计年鉴中农户人口数计算。中国当前城镇化率为2014年水平，数据来源于中国《2014年国民经济和社会发展统计公报》。

在欧洲甚至世界上绝大部分国家的城镇化进程中，从未有过对国内人口迁徙的制度约束问题发生。评价这些国家的城镇化进程，主要是试图从空间迁徙的规律上，判断人口流动的空间选择以及与增长之间的关系等。而在中国研究城镇化问题时，我们不得不更多地考虑制度性约束的问题。原因在于，无论是人口迁徙还是土地流转，或者是城市的管理模式，我们与世界上其他国家有着根本性的制度区别。

（一）城市管理体制的区别

1. 中国的城市实际是行政区，与国际通行的“城市”有区别

研究中国的城镇化进程，应了解中国城市管理体制的独特性。中国的城市与国外的城市有着根本的差别：大部分国家中城市的明确概念是人口密度达到一定规模后的特定的空间区域；而在中国，城市不仅仅包括了这个特定的空间区域，还要包括更为广泛的辖区，既包括所辖的农村，还包括下辖的中小城市和建制镇（见专栏3－2）。

专栏3－2　中国城市是行政区

中国的城市是行政区，既下辖中小城市和建制镇，还包括所辖农村。以苏州市为例，苏州行政辖区内既包括苏州主城6区，还包括所辖昆山、张家港等4个县级市，即使是在主城区6区中，也包括22个小城镇和部分农村区域①。

表3－2　苏州行政辖区

苏州市		
主城区	6区	姑苏区、吴中区、相城区、工业园区、高新区（虎丘区）、吴江区
		其中下辖：22个镇
县级市	4县	张家港市、常熟市、太仓市、昆山市
		其中下辖：33个镇
合计		6区、4县、55个镇

① 资料来自于《苏州统计年鉴2014》中的《苏州行政区划和土地面积（2013年末）》部分。

> 由于城市为行政区，在统计城市人口、计算城市人口密度时，我国的城市概念就比较模糊。比如在《中国统计年鉴2014》中，以城市市辖区面积计算的北京城市人口密度仅仅为1498人/平方公里，甚至比中西部地区的一些城市的人口密度都要低。实际上，北京市辖区内既有城市也有农村，用城市人口除以辖区面积计算人口密度，会造成对北京人口密度的极大误解。但是如果使用建成区面积计算，那么北京的人口密度将高达1.4万人/平方公里。

2. 城市在中国是有行政等级的，区别于国际上无行政级别的自治城市

中国城市设置了行政级别，按照行政等级的高低可以分为直辖市、副省级城市、地级市、县级市和镇，不同行政级别的城市拥有的行政资源配置权力也不相同（见图3－1）。

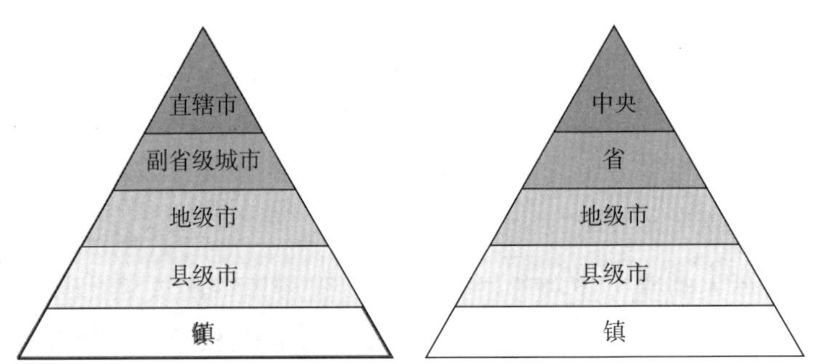

图3－1 中国城镇行政等级和行政管辖关系图

我国原来的区域管理分为中央、省和县三个层次，地区行署和乡公所是派出机构。随着20世纪80年代“地改市”和“县改市”工作的推进，我国行政区域的等级管理从之前的三级加两个派出（地区和乡）变为做实了的五级管理，并进一步强化了城市的行政等级。而世界上大多数国家的城镇是没有行政级别的，市镇无论大小，在法律上一律平等；经济实力虽相差悬殊，但在法律上拥有同样的权利，不存在领导与被领导的关系（见专栏3－3）。而在中国等级化的城市管理体系下，其中一部分城市对于低级别的城市有管辖权限。如副省级城市还要管辖行政区域

内的其他城镇（见专栏3－4），地级市也要管理着县级市和建制镇等。这种区域管理和城市管理的界限不清，也是中国城市管理和区域管理体制区别于国外大多数国家的一个重要特征。

专栏3－3　典型国家的城市管理体制

美国城市几乎没有等级可言。世界著名的大都会纽约跟只有数万人的小城市在行政等级上没有什么差别，在法律地位上完全平等，在经济上则独立自主地发展。美国城市和乡村治理，则采用“城乡分治”的模式。美国的基层行政区划分为农村型政区和城市型政区，它们都由高一级的县管辖，城市与农村之间没有任何隶属关系，城市也不管辖农村。

日本的“市町村”与“都道府县”在法律上没有上下隶属关系，地位平等；而市和“町”（即小城镇）同属一个层级，“町”相比城市，仅仅是管辖地域范围较小、人口较少的地方政府而已。

法国实行地方自治体制。在“大区、省、市镇”三级地方行政区划中，市镇是最基层的行政单位，与省、大区之间没有行政隶属关系；无论规模大小和范围大小，所有市镇都享有很大的自主权。

专栏3－4　等级化的审批机制

在等级化的行政管理体制下，各级政府部门在经济社会发展很多领域的项目建设、投资等的审批也都是按照传统的、等级化的模式来进行操作，当然，这其中也包括公共服务和基础设施建设项目的申报、审批。这种等级化的审批机制主要有两个特征。

一是下级政府要逐级向上进行申报。在等级化的行政管理体制下，项目的立项和审批权限一般都在高等级政府，下级政府要想获得相关的项目，必须要逐级向上申请、汇报。例如，青海省在《关于规范民政基础设施建设项目申报工作的通知》中明确规定“各地申请民政基础设施建设项目，必须逐级上报。县（市、区、行委）负责上报到州（地、市），再由各州（地、市）民政局统一报省厅。省厅不直接受理县（市、区、行委）的项目申请。”

二是不同级别政府的审批权限不同，级别越高政府在审批中的权限更大。比如，根据山西省发改委《关于做好下放行政审批项目审批权限承接工作的通知》，山西省各市、县投资项目中省政府投资500万元以下、企业总投资5亿元以下的项目由本级政府审批、核准；省政府投资超过500万元、总投资5亿元以上的企业投资的审批、核准权力在山西省。市、县之间的投资审批权限也不相同。

3. 相对自给自足的城市公共服务体系和基础设施投入机制

由于当前的城市行政管理体制具有来自农业社会的传统惯性，中国城市的财政收入机制和投融资机制，基本是服务于本辖区内户籍居民的。虽然基础设施在辖区内不可避免地服务于外来人口，但是投资、运营以及管理，主要还是按照计划经济的方式以行政区的名义来申请和获得审批，因此带有强烈的区域色彩。这也决定了中国城镇化进程中城市作为一个区域，所担当的责任和压力。正是这种特殊的资源供给方式，使得中国城市的开放度大大下降，要素的流通受到了极大的体制制约。

（二）户籍管理制度：从城乡分割到区域之间的分割

中国城镇化进程中受到诟病最多的就是户籍管理制度，这是区别于世界上绝大多数国家的一种特殊的人口管理制度（见专栏3－5）。实行户籍管理制度的初衷，是在20世纪50年代末国民经济遇到严重危机时，为了确保工业化的实现，通过行政制度、户籍制度人为地、强制地把农民束缚在土地上，低价提供农产品，同时压低城市工人工资，以限制城乡消费水平，来完成国民经济积累。这种制度虽然满足的是工业化发展的理想预期，但是采用的方式是传统农业国的治理手段。在20世纪80年代，由于担心农产品的供给不足以及受城市就业吸纳能力的限制，未能及时放开户籍管理制度，演变成现在制约城镇化发展的最大限制性因素。

专栏3－5 我国户籍制度的演变

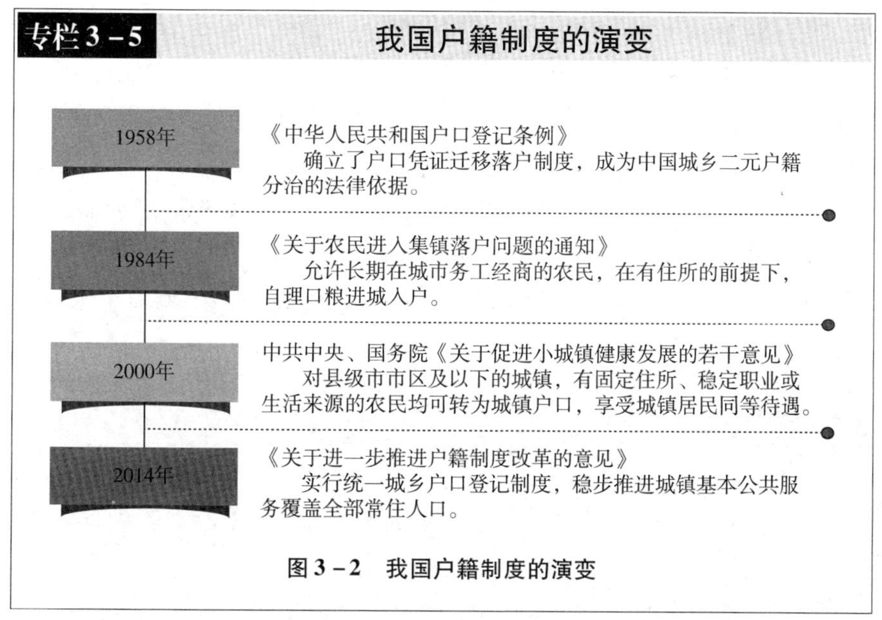

图3－2 我国户籍制度的演变

户籍管理制度主导的城乡分割体制，逐渐演变成了区域分割体制。到目前为止，更多的研究停留在户籍管理制度对于城乡关系的制约上。实际上到了21世纪，随着经济高速增长，城市区域化的利益格局相对固化，原来在户籍管理制度下主导的城乡关系分割体制，逐渐演变成了区域分割体制。区域内的城乡户籍管理已经基本上不是改革的障碍，而区域间的户籍管理制度却成为限制未来改革的最大变局。户籍制度改革难以突破的根本原因在于，城市作为区域管理的重要载体，其所提供的公共服务具有很强的封闭性，外来人口的增多给城市政府提供公共服务带来巨大的财政压力，这使得城市政府不愿意放开户籍管理。

本地农民进城落户已经不是主要矛盾。近些年中央政府户籍管理制度改革政策的逐步出台，使得城市近郊区的农民进入城市或者建制镇，已经几乎没有了多大阻力。本地农民面对土地升值预期、各项集体经济组织福利等各项优惠条件，在与城镇居民公共服务的对比下，相反却面临着是否要选择城市户籍的问题。从各地户改的经验看，当地农民大多并不愿意转为城镇户口，特别是城市近郊区的农民。因为他们有土地升值预期，集体经济福利较好，享受计划生育二胎政策，且有自己的宅基地和住房等。他们可以通过非农就业享受到较高的收入，还可以因为城镇基础设施的逐步覆盖，享受到城市的好处。

户籍改革的难点集中在城市辖区内的外来人口。对外来人口来讲，选择在就业所在城镇落户，还是要面临很多附加和苛刻的条件（见专栏3－6）。由于户籍制度保障并固化了城镇居民获取公共服务的利益，城镇居民与外来人口之间所形成的福利差距随着城镇人口规模的增加而拉大。对那些外来人口比重较大且增速较快的城市来讲，户籍制度带来的福利壁垒更为坚固，因此，放开外来人口落户限制的难度无疑是非常大的（见专栏3－7）。

专栏3－6　外来人口落户条件

从各地公布的户籍改革文件来看，外来人口的落户条件是有选择性的。

积分落户：积分倾向于人才，并存在较高门槛。比如天津的积分主要面向较高文化程度和职业技能水平，对紧缺职业也有照顾。上海规定积分落户人员必须被评聘为中级及以上专业技术职务或者具有技师以上职业资格。广州市在设置积分条件时，针对不同文化程度和技能设置了不同分值，门槛相对较高。

外来人口直接落户：外来人口直接落户门槛也较高。比如杭州的落户要求需满足“人才引进”政策，落户要求本科及以上学历、全日制专科紧缺专业、中级以上职称及拥有发明专利的人员，同时苏州、杭州等城市，还有投资落户、购房落户等政策，门槛都相对较高。

专栏3－7　外来人口比重越大，放开落户限制越难

2013 年上海、北京外来人口总量达到 983 万和 803 万①，分别比 2000 年增长了 3.4 倍和 3.1 倍。“六普”数据显示，深圳、东莞的外来人口总量超过 500 万，天津、广州、佛山等城市的外来人口在 200

① 上海外来人口数据来自于《上海统计年鉴 2014》，采用常住人口总量减户籍人口总量得出。北京外来常住人口数据来自于《北京统计年鉴 2014》。

万以上，这些大城市的外来人口一般占户籍人口的40%以上①。与此同时，我国还有一批小城镇，外来人口要远远超过本地人口，存在严重的人口与户籍倒挂现象。其中最突出的是广东省东莞市长安镇，外来人口622605人，本地户籍人口只有46608人，外来人口是本地人口的13.35倍。据国家统计局建制镇的统计资料，2013年全国建成区人口5万人以上的镇中，有132个镇的外来人口超过本地人口，形成倒挂；外来人口与户籍人口比值在50%~100%的共有63个。在这些城镇放开落户限制，因外来人口太多，形成过大的经济和社会压力，政策同样难以落实。

（三）中国城镇化进程中土地管理制度的特点

中国的土地分别为国家所有和农村集体经济组织所有，不存在私有产权。中国土地的公有制是区别于世界上其他国家的重要制度。国家和政府的政策和意志也重点表现在耕地的保护、对农民的保障性分配、大规模的基础设施建设用地和战略性用地以及城镇政府的工业和开发用地持续低价供给。土地的公有特性，可以使土地在交易和使用性质转换过程中，首先保证国家或政府意志的实现。中央政府的土地管理政策之所以能够在各级政府得到落实，源于土地所有权的公有特征。

城镇政府基于土地征收制度的城市主导开发权。按照20世纪80年代出台的《土地管理法》，农村集体土地转为城镇用地，必须先征为国有建设用地，才能取得开发的权利。征地的主体只有一个，那就是城镇政府，私人和社会组织没有这样的权力。城镇政府独享土地征用权，即土地使用性质变更的垄断权，使得在中国城镇化过程中，农村集体经济组织在土地开发过程中的谈判权被严重压制了。因此，30年的城镇化进程基本可以概括为：通过农村集体土地被低价征用，完成了工业化积累和城镇基础设施供给的过程。这种土地征收制度构成了中国特色的城镇化进程

① 天津除外，天津只有30.4%。

最重要的基本特征。

农村集体土地开发权自20世纪90年代后期被逐步限制。研究中国城镇化的历史，不能回避20世纪80年代农村乡镇企业的发育过程。农村集体土地转为经营性用地，带动了农村的非农就业和农村工业的发展，间接推动了建制镇的发展。但是随着90年代耕地保护形势的严峻，以及对于“村村点火、户户冒烟”的乡镇企业发展的诟病，农村集体经营性土地的开发和利用受到了严格限制。由于用地政策对县以下城镇的约束，工业的发展权逐渐向中等以上城市集中，也改变了城乡经济发展的空间格局（见专栏3－8）。与此同时，各地县级以下的开发区在历次清查整顿中被关闭、整改（见专栏3－9），农村集体土地开发权最终被市、县政府所垄断。

专栏3－8　农转用审批权上收导致工业发展权转移①

1998年以前，县、乡两级政府均拥有不同程度的农用地转为建设用地的审批权，按1987年1月颁布的《土地管理法》规定，县级政府有权审批征用3亩以下耕地、10亩以下非农用地用于建设，使用农用地以外用地则只需乡政府批准。

可以说，用地门槛低是整个80年代到90年代中期，乡镇企业在全国轰轰烈烈发展的重要制度基础。但后来的政策却朝向不断收权的方向转变。1998年修订出台的《土地管理法》可谓是一个重大的转折点。按照规定，土地利用总体规划的审批权、农地转用和土征用审批权、耕地开垦监督权、土地供应总量的控制权等集中至中央和省两级政府；占用基本农田的审批权作为中央政府的专有权力；市、县政府无权批准征地或农用地转为建设用地。

1998年以后，随着改制、兼并、破产、重组的大面积推广，大批乡镇企业消失或者转为民营企业，后者通过搬迁进入了各级政府设立的工业园区或相关开发区，由政府开发区管委会进行统一管理。至此，低成本的工业发展完成了空间转移，从乡镇转到县级及以上的城镇。

① 资料来源于1998年的《中国国土资源年鉴》。

专栏 3-9　我国开发区的整顿[①]

20 世纪 90 年代初，中国各地兴起开发区热，据当时的国家土地管理局统计，1991～1996 年间，全国共设立各级、各类开发区多达 4210 个，其中省级以上设立的仅有 1128 个，其余都是市、县甚至乡镇自行设立。截止 1996 年底，全国各类开发区实际占地 2322 平方公里，闲置土地 407 平方公里，其中撂荒耕地 215 平方公里。

鉴于此，1997 年 4 月 15 日，中发【1997】11 号文《关于进一步加强土地管理切实保护耕地的通知》出台，冻结非农业建设项目占用农地审批一年，直到《新土地管理法》1998 年 8 月 29 日修订通过后才取逐步解禁。1997 年 9 月 18 日颁布《国家土地管理局关于非农业建设用地清查有关问题处理的原则意见》，开始对开发区违法违规占地及闲置用地进行清查整顿。结果显示，截至 1996 年底，全国共清查出闲置土地 1165 平方公里，其中开发区闲置土地 407 平方公里，占三分之一强。

2003 年开始第二次开发区整顿。到 2006 年底，全国各类开发区由 6866 个核减至 1568 个，每个县原则上只保留一个开发区，小城镇开发区几乎完全被撤销。

中国采用不同于不动产税的土地出让金制度。与国际上普遍采用的不动产税制不同，中国因土地公有并没有建立相应完善的税收征用机制，而是在土地征用过程中，采用由城镇政府一次性征收土地出让金的办法来平衡开发主体和政府的收益（见专栏 3-10）。随着开发收益的剧增，城市政府以“招、拍、挂”的形式大幅度抬高了征收额度，并成为政府预算外财政的主要来源。2001-2013 年，国有土地出让收入占地方财政收入之比从 17%提高到 60%，2010 年曾经达到 69%，在 2013 年仍高达 60%（见图 3-3）。

---

① 资料来源于 1998 年的《中国国土资源年鉴》；国家发改委新闻办，《全国开发区清理整顿工作取得初步成效》，2007 年 4 月 19 日。

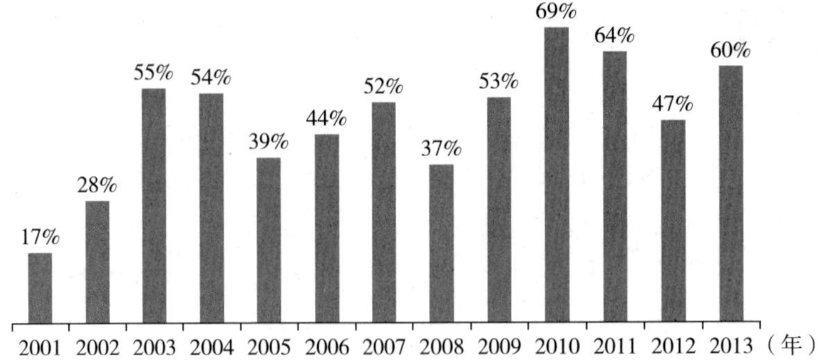

图3-3　2001~2013年全国土地出让收入与地方政府财政收入之比

数据来源：根据相应年份《中国国土资源统计年鉴》整理。

专栏3-10　中国土地出让金制度的变迁①

土地出让金制度的形成经历了从土场划拨到有偿使用再到全面推行经营性用地“招、拍、挂”等阶段。

（1）国有土地从无偿划拨到有偿使用

1987年以前，中国城市土地实行单一行政划拨制度，其主要特征为：城镇土地实行无偿、无限期使用，由政府使用计划手段进行配置。

1987年，深圳开创国有建设用地有偿出让的“第一拍”，随后修改《宪法》和《土地管理法》的相应条款，建立国有土地有偿使用制度。

1990年，国务院颁布《中华人民共和国城镇国有土地使用权出让和转让暂行条例》，改变了过去单一的行政划拨供地制度，初步打开了国有土地使用权有偿出让和转让的口子。

1994年，全国所有省（区）、市全面试行土地有偿出让制度，国有土地实现从无偿、无期限到有偿、有期限的转让。

（2）从协议出让为主到全面推行经营性用地“招、拍、挂”

2002年之前，不论是工业还是商业用地，其出让方式仍以协议为主，地价随意性大、信息不透明、缺乏市场竞争，协议出让占比高达80%，真正实行招拍挂的不到20%，出让金的收取随意性很大。

① 根据历年《中国国土资源年鉴》相关内容整理而成。

2002 年 5 月，国土资源部第 11 号令叫停沿用多年的协议出让经营性用地，规定商业、旅游、娱乐、商业住宅，同一宗地有两个以上用地者，必须以“招、拍、挂”方式出让。

2007 年 4 月，国土资发【2007】78 号文落实工业用地必须以“招、拍、挂”方式出让，结束了 2007 年以前，工业用地多以协议、划拨方式出让的历史。

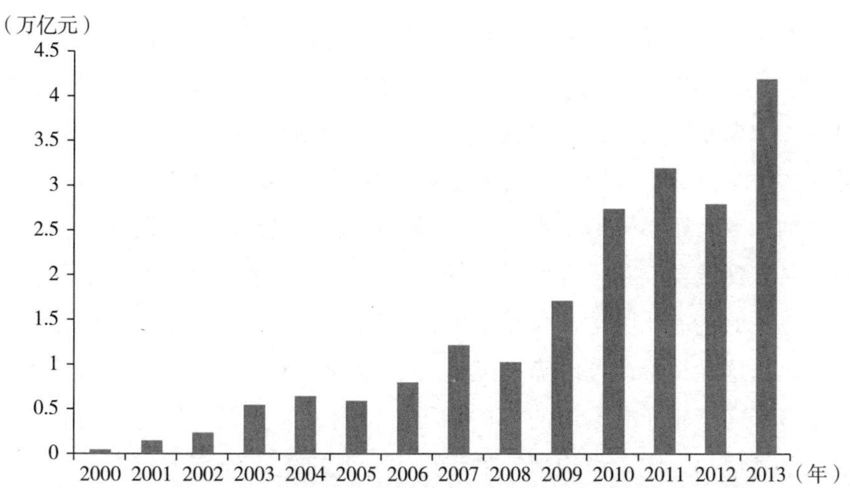

图 3－4　2000～2013 年全国土地出让合同总价款

数据来源：历年《中国国土资源统计年鉴》。

农村集体建设用地的流转仍受到严格限制。2014 年 11 月，中共中央办公厅、国务院办公厅印发《关于引导农村土地经营权有序流转发展农业适度规模经营的意见》，坚持农村土地集体所有，实现所有权、承包权、经营权三权分置，明确允许农用地的流转限制在使用权范围之内。但是，碍于对农村集体经济组织和农民开发农村集体建设用地和宅基地失控的担心，对于涉及到集体建设用地和宅基地的流转，特别是与集体经济组织外部进行流转的限制约束非常严格。这种限制性政策等于长期以来为国有低价征用农民的土地打开了绿灯。中国政府在集体建设用地如何参与城镇化进程中进行了一系列制度性的探索，例如在 2005 年颁布了“国有建设用地增加与集体建设用地减少挂钩”政策意见。这些探索虽然满足了中央政府耕地保护的基本方针，也提高了对农民的补偿条件，但是由于各地对于政策的理解不同，也在一定程度上加剧了城镇化进程中土地征用过程的矛盾，导致了农民被强迫迁徙到新居，增加了农民的建房成本等负担，招致农民的反对。

宅基地流转的探索止步不前。中国的城镇化政策，最大的变数在于户籍改革和宅基地流转。前者虽然在稳步推行，预计困难重重，但是有关宅基地流转政策在理论上的纷争导致政策难以出台。

首先是对宅基地法律上的认定，是属于社会福利性的保障性权益，还是明确为财产权？前者意味着流转一定要受到严格的限制，而且必须限制在村集体组织内的流转，而后者则意味着完全可以进入市场流通。其次，如果允许流转，如何解决涉及财产的物权问题，是否可以抵押？是否要缴纳税费？这与以往对于农村的福利性保障和供给性政策发生了根本的冲突。如果缴纳税费，是否和城市住宅有着本质上的区别？这也直接牵涉到城乡权利平等的后续问题。再次，则是历史遗留问题如何处理。以往的土地征用是否会导致低价被征用土地的农民索要历史上的补偿不足？这种现象在各地确实发生过。第四，涉及到财产权的界定，是否也等于完全放开宅基地的流通范围？城镇人口是否可以到农村任意地购买宅基地和集体建设用地？如果可以，既打乱了原有的村庄社区组织架构，也会加大农村内部的不平等。最后，对于以往违法的小产权房用地如何处置？国家税收的损失，由于规划失调增加了政府基础设施建设的负担。更重要的是，违法的成片开发的小产权房一旦宣布合法，是否会导致农村建房的失控？若是，则很可能严重影响农地保护的大政方针。从最根本的政策考虑出发，农村宅基地一旦进入了市场流动，在城镇打工的农民工的根就会被断绝，一旦经济出现危机，会不会诱发城市的不稳定？

当然，关于宅基地流转的争议很多，但是如果不流转同样会带来问题，更会影响城镇化的根本进程。这是一个两难的问题，要素的合理流动，既包括财产的流动也包括人口的合理流动，如果找不到解决这两个问题的办法，很难想象中国的城镇化政策能够有大的突破。我国一部分地区已经开始了这方面的探索（见专栏 3－11）。

专栏3-11　天津华明镇："宅基地换房"[1]

"宅基地换房"的具体模式为：高水平规划适于产业聚集和百姓聚居的新型小城镇，农民以其宅基地按规定标准无偿换取小城镇中的住宅，农民迁入小城镇居住后，其原有的宅基地统一整理复耕，实现耕地占补平衡，农民集中居住集约出来的集体建设用地出让，收入用以平衡小城镇建设资金。

华明镇原有12个村庄，宅基地共计12071亩，新城镇建设占用耕地8427亩。拆旧建新后，可以复垦实现耕地平衡。东丽区政府成立滨丽公司，作为华明镇的投融资和建设主体，以小城镇建设中集约出来的宅基地出让收益权质押获得国家开发银行20亿元贷款授信。

2006年4月，华明镇动工建设农民还迁房。2007年9月，华明新市镇建设完工，包括5.618平方公里的基础配套工程，农民还迁住宅162.54万平方米、公建房屋20多万平方米。

四、中国城镇化的传统路径

（一）工业化是城镇化发展的重要支撑

中世纪城市的兴起和工业革命是世界城镇化的重要推动力。没有持续几百年的工业化运动，很难想象世界今天会有如此大规模城镇化。欧美发达国家以及一些东亚国家的发展经验已经充分证明了这一事实（见专栏4-1）。

专栏4-1　典型国家工业化和城镇化

欧美发达国家的发展经验表明，工业化是城镇化发展的重要支

① 资料来源于城市中国网，"天津华明镇：以'宅基地换房'方式进行城镇建设"，http：//www.ccud.org.cn/2013-12-02/113634245.html。

撑。英国1788～1850年工业和建筑业占国民经济的比重由不到21%上升到35%①；而1801～1851年，英国2500人以上城市的人口占总人口之比由33.8%提高到50.2%②。

美国1850～1900年工业产值占工农业总产值的比重由39%提高到73%；而同时美国城镇化率由1850年的不到10%提高到1890年30%多，到1920年，城镇化率迅速达到51%③。

19世纪70年代到20世纪初，德国的工业年均增长接近6%；与此同时，城镇化也得到了快速的发展，1871～1900年，城市人口的比重也提高了18.3个百分点（见表4－1）。

表4－1　　德国工业化与城镇化关系

工业年平均增长率[1]		城镇化率[2]	
1870～1880年	4.1%	1871年	36.1%
		1880年	41.4%
1880～1890年	6.4%	1890年	42.5%
1890～1900年	6.1%	1900年	54.4%

数据来源：

[1] 樊亢、宋则行：《外国经济史》（第2册），人民出版社1981年版，第110页。

[2] 肖辉英："德国人口流动与经济发展"，《世界经济》，1998年第8期。

东亚国家在城镇化高速增长期工业化的拉动作用也是显著的。1956～1973年是日本的工业发展黄金期，工业生产年均增长率达20%④；而与此同时，1950～1975年城镇化率提高了39个百分点，年

---

① 米切尔，《欧洲历史统计》，pp. 799～800。转引自：王章辉，"英国和法国工业革命的比较"，《史学理论研究》，pp. 111～124。

② 王章辉、黄柯可，《欧美农村城市化的转移与城市化》，社会科学文献出版社1999年版。转引自：纪晓岚，《英国城市化历史过程分析与启示》。

③ 资料来源于王旭著的《美国城市史》，中国社会科学出版社2000年版。

④ 日本统计局，《日本历史统计资料》之"经济活动别国内总生产"，http://www.stat.go.jp/english/data/chouki/index.htm。推算说明：工业生产增长率按矿业和制造业生产产值计算，1956年矿业、制造业生产分别为2018亿日元、29559亿日元，1973年则分别为8223亿日元、295681亿日元。

均提高1.56个百分点。韩国从1960～1980年城镇化率提高了29.3个百分点，平均每年提高1.45个百分点，到1990年城镇化率达到73.8%；而“二产”占比在1960～1980年间提高了21.3个百分点，到1990年达到43.4%①（见表4-2）。

表4-2 日本和韩国在城镇化快速发展时期的“二产”占比与城镇化率

指标	日本		韩国（1960～1980）
“二产”占比	1956～1973年	37.5%～45.4%[1]	20%～41.3%[3]
城镇化率	1950～1975年	37%～76%[2]	27.7%～56.7%[4]

注：

[1]“二产”比重根据日本统计局《日本历史统计资料》中矿业、制造业和建设业生产占总生产的比重推算：1956年和1973年建设业生产分别为4154亿日元和98536亿日元；总生产分别为89726亿日元和1087630亿日元。

[2]数据来源：日本统计局《日本历史统计资料》。

[3]数据来源：李东华，“韩国的产业集聚与城市经过程”，《当代韩国》，2003（春夏合刊），pp. 40～45。

[4]世界银行WDI数据库。

中国也并不例外，从1949年开始的工业化之路，到20世纪80年代体制的释放，工业化几乎伴随了整个城镇化高速增长的全过程。特别是1982年到2013年间，工业化进程加快，非农比重显著提高，同时也拉动了城镇化的快速发展；从国内地区发展情况来看，工业化发展快的地区，其城镇化水平也高（见专栏4-2）。

专栏4-2　中国非农比重和城镇化率的关系

1982～2013年中国工业增加值年均增长率达15.92%；非农业增加值占GDP的比重在1982～2013年间提高了23.38个百分点，同时期城镇化率平均每年提高了1.05个百分点。从图4-1中可以看出，城镇化率与非农比重之间有着显著的正相关关系。而国内江苏、浙江、广东等省，2013年非农比重分别为93.8%、95.2%和95.1%，其

① 李东华，“韩国的产业集聚与城市经过程”，《当代韩国》，2003（春夏合刊），pp. 40～45。

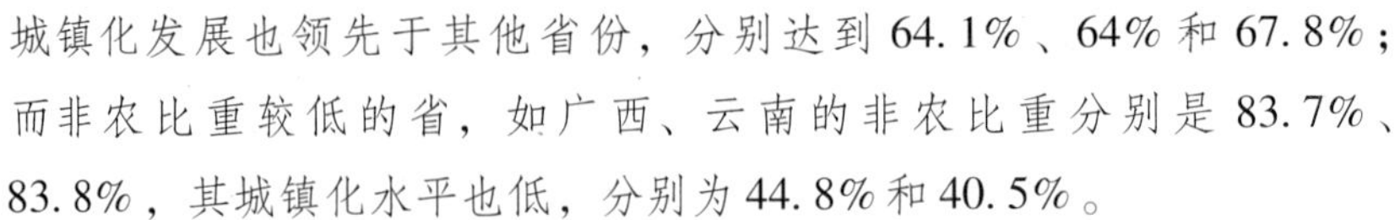
城镇化发展也领先于其他省份，分别达到64.1%、64%和67.8%；而非农比重较低的省，如广西、云南的非农比重分别是83.7%、83.8%，其城镇化水平也低，分别为44.8%和40.5%。

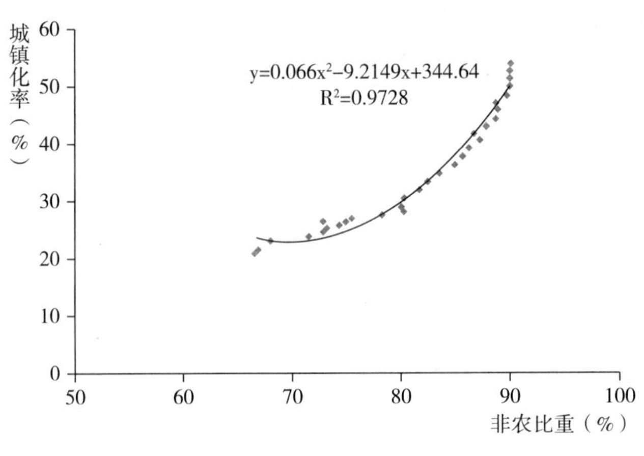

图4-1　1982~2013年中国非农比重和城镇化率的关系

（二）工业化进程中劳动力低成本是必要条件

中国经济高速增长的30年几乎是与城镇化同步的。工业化在支撑城镇化进程期间，国际上公认中国为制造业的"世界工厂"。所谓"世界工厂"并不代表中国的工业通过技术创新来实现，劳动力成本低是十分重要的原因。根据对农民家庭人均纯收入结构的分析，20世纪80年代初到21世纪初，从事非农产业的收入越来越成为农民家庭的重要收入来源。1981~2002年，从事农业的生产收入占农民家庭人均纯收入的比重从76.3%下降到47.1%；而从事非农业的生产收入占比却从10.7%提高到46.8%（见图4-2），到2012年占比已经达到53.7%，而2013年仅工资性收入占比就达到45.3%①。这也是促使农业劳动力大量外流的主要原因。

① 说明：国家统计局《中国农村统计年鉴2014》中，统计口径发生变化，不再以产业来划分家庭收入，故难以区分农业和非农业的生产性收入，故相关数据只能到2012年。

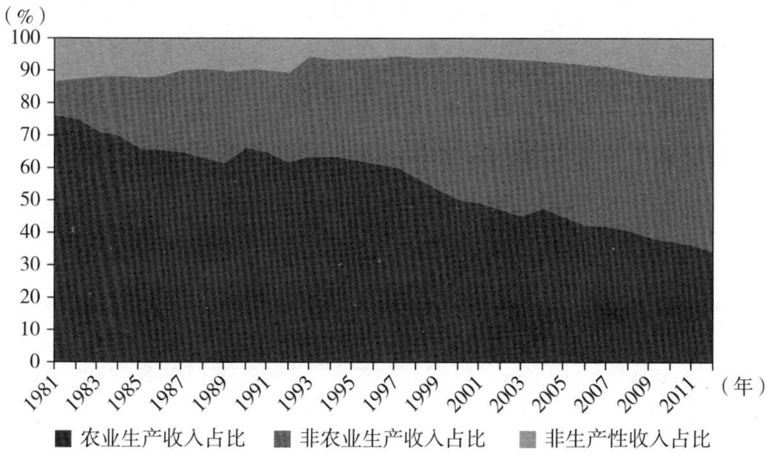

图4-2 1981-2012年中国农民家庭人均纯收入结构

农村劳动力转移为工业发展提供了大量廉价劳动力，也是中国成为“世界工厂”的关键原因。在20世纪90年代到21世纪初，农民工工资上涨缓慢，如珠三角地区的农民工工资在1992~2004年间只提高了68元（不考虑物价上涨因素）①。虽然2004年以来，我国农民工工资快速增长，但是相对城镇居民收入水平还不高。到2013年外出农民工人均月收入2609元，也仅为城镇单位就业人员平均月工资的61%②。

东亚日本、韩国和中国台湾地区在工业化城镇化快速发展时期也同样有着劳动力低成本的发展优势（见专栏4-3）。

专栏4-3 日本、韩国和中国台湾地区城镇化快速发展时期的劳动力成本

日本在1955年前后的城镇化率为56.3%，当时的月平均工资为58.58美元，而美国1960年非农业职工月平均工资约为310.2美元，是日本的5.3倍。

---

① 国务院研究室课题组，《中国农民工调研报告》，中国言实出版社2006年版。

② 外出农民工收入数据来源于国家统计局《2013年中国农民工监测调查报告》，城市单位就业人员平均月工资根据《中国统计年鉴2014》城镇单位就业人员平均工资除以12计算得出。

韩国1980年左右城镇化率约55%，非农部门的月平均工资为220.12美元，仅为1980年美国非农部门月平均工资的1/4。

1975～1980年中国台湾地区城镇化率为65.3%～70.3%，而1978年台湾制造业职工月平均工资为148.38美元，仅分别为美国1975年和1980年非农业部门平均工资的25%和16%（见表4－3）。

表4－3 日本、韩国、中国台湾地区在城镇化同期的劳动力价格

指标 \ 年份	日本	韩国	中国台湾地区
	1955	1979	1975～1980
城镇化率（%）	56.3	54.98	65.3～70.3
月平均工资（美元）	58.58[1]	220.12[2]	148.38[3]
同时期美国月平均工资（美元）	310.2[4]	940.39[5]	639.64[6]

资料来源：

[1] 1955年数据。日本统计局，《日本历史统计资料汇编（1868～2002）》；1955年7～12月日本北海道常用劳动者的月平均现金给予额为21088日元，按当时日元与美元汇率360：1折算。

[2] 1980年数据。《国际统计年鉴1995》：韩国1980年非农部门工资为176.1千韩元/月，按1美元＝800韩元折算。

[3] 1978年数据。按《中国劳动工资统计年鉴1990》，中国台湾地区1978年制造业职工月平均工资为5416新台币元，按1美元＝36.5新台币元折算。

[4] 1960年数据。按《中国劳动工资统计资料1949～1978》，1960年美国非农业职工平均货币工资为2.09美元/小时，按《国际统计年鉴1995》非农部门每周平均实际工作时数，其中美国1970年每周付薪时数为37.1小时计算。

[5] 1980年数据。按《国际统计年鉴1995》，1980年美国非农业部门工资为6.66美元/小时，且美国1980年非农部门每周平均实际工作时数（付薪时数）为35.3小时/周计算。

[6] 1970年数据。按《中国劳动工资统计资料1949～1978》，1975年美国非农业部门工资为4.53美元/小时，且按《国际统计年鉴1995》美国1980年非农部门每周平均实际工作时数（付薪时数）为35.3小时/周计算。

然而，最近几年来中国劳动力价格不断提高，2014年中国农民工的月平均收入已经达2864元①。与印度、菲律宾、越南、泰国等亚洲发展中国家相比，中国劳动力低成本优势已经消失（见专栏4－4）。

① 国家统计局于2015年1月20日公布的2014年国民经济运行数据。

专栏4－4　中国与部分亚洲发展中国家的劳动力成本比较

中国劳动力成本已数倍于部分亚洲发展中国家（见图4－3）。

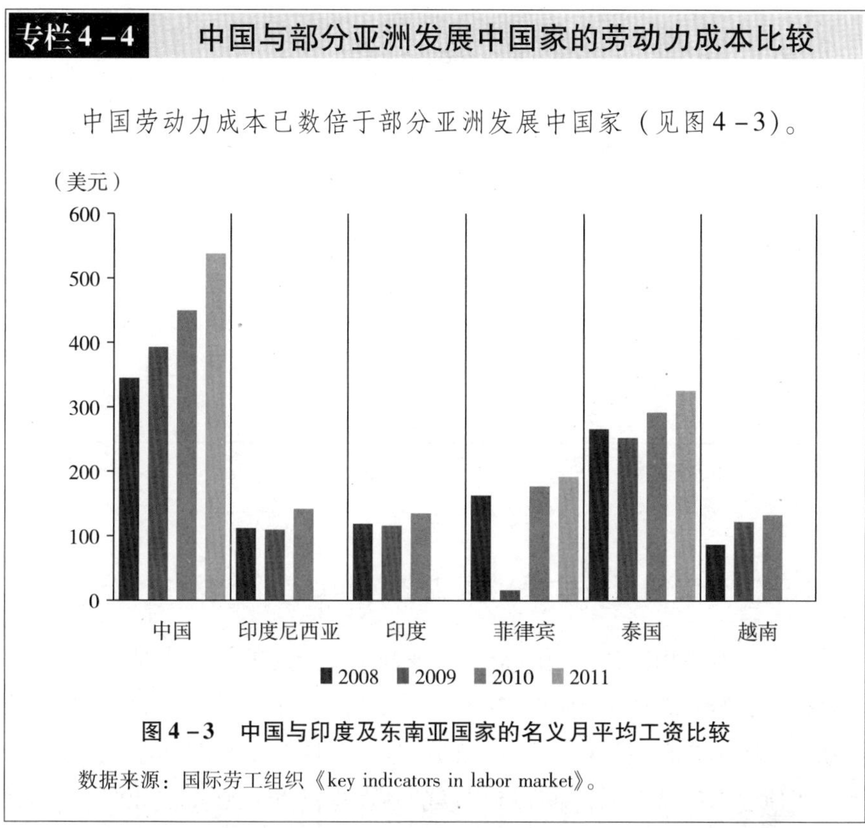

图4－3　中国与印度及东南亚国家的名义月平均工资比较

数据来源：国际劳工组织《key indicators in labor market》。

劳动力价格的提高，也使得一些产业向劳动力成本更具优势的南亚和东南亚转移（见专栏4－5）。由于劳动力成本的低廉，在20世纪80年代大量劳动密集型企业向中国迁入，而到了21世纪初，由于劳动力成本的上升，工业企业向东南亚和南亚国家转移的速度加快。

专栏4－5　产业向南亚和东南亚转移

从2001～2013年外国直接投资（FDI）的年均增长率来看，柬埔寨、缅甸、菲律宾、越南等东南亚国家以及印度均快于中国；而2008～2013年，柬埔寨、缅甸和泰国的FDI年均增长率分别是中国的2.8倍、3.3倍和2.25倍（见表4－4）。

表4－4　外国直接投资年均增长率（%）

	2002～2007	2008～2013	2002～2013
中国	9.6	2.7	8.1
柬埔寨	43.0	11.4	22.9
缅甸	30.0	24.9	26.9
菲律宾	13.6	23.6	8.7
泰国	27.6	8.9	13.1
越南	37.9	－1.5	18.3
印度	35.1	－9.8	15.8

数据来源：联合国贸易和发展会议，《世界投资报告2014》。

（三）土地的低成本是中国工业化和城镇化进程的主要特色

与国际经验相比，在中国城镇化进程中，土地的低成本是一大特色，也是被所有经典教科书理论所忽视的重要内容。区别在于在土地要素的流动过程中，公有制与私有制土地的产权人，拥有极不相同的谈判权。

用地成本低是乡镇企业迅速发展的基本支撑点。20世纪80年代，中国的工业化起步于农村的乡镇企业，农村集体经济组织在自己的土地上发展工业基本没有成本。因为在村庄的集体建设用地上修建厂房、兴办工业，不需要和农民以及政府进行谈判。而对于私营和个体企业发育的地区，农民在自己的宅基地上兴办前店后厂的私营企业，也是不需要额外的成本负担，甚至税收都可以忽略不计。在没有征收不动产税的中国，企业利用自己土地的使用权，以较低的土地成本发展工业，已经成为中国工业化进程中最大的红利。这种红利至少到目前为止，仍然在降低工业发展成本和城市发展成本中发挥着至关重要的作用。

90年代以后，中国城市的工业发展开辟了园区的模式，但是园区的开发必须承担土地的征用、农民的补偿以及基础设施供给等费用。虽然园区的发展使得吸引工业的规模和水平比乡镇企业时代有了大幅度的提高，但是成本的增加也是必然的过程。

工业用地成本上升需拉高房地产收入以弥补损失。进入21世纪房地产开发成为城市发展的主轴，工业用地征收的成本、补偿费用和基础设施成本越来越高，2003～2008年期间，政府每取得1亩可供在市场上出让的熟地，其成本从2003年的12.47万元上升至2008年的26.72万元，累计上升了114%[①]。尽管在满足预算内财政收入增长和GDP增长的压力下，各级政府仍纷纷在压低土地出让价格，但是对农民的补偿费用的增加已经大大抬高了土地成本，基础设施供给也要由政府来提供，而且基础设施建设的成本在大幅增加，不得不依靠从房地产开发获得的土地出让金来弥补工业用地的支出。仅从工业发展的角度看，土地的直接征收成本目前仍维持在较低水平，也是保持着工业投资增长的基础性原因。从土地成本变化的规律看，中国经济增长依赖于工业化的进程，土地的低成本应该是近些年维持工业投资的重要基础性原因之一（见专栏4－6）。

专栏4－6　工业用地“零地价”、“倒贴”出让实例[②]

2007年以前，中国地方政府多以协议出让的方式，零地价或“倒贴”供应工业用地。比如，2001年江西省南丰县提出，亩均一次性固定资产投资50万元的，即可在县工业园区免费获得1亩工业用地。2003年江苏省涟水县规定，对到工业新区固定资产投资规模超过2000万元的项目，只需每1万元价格获得省级政府批准的合法用地手续。2005年，湖南省吉首市规定，亩均固定资产投资达到50万元、亩均综合纳税10万元以上的项目实行零地价。2006年，江苏省泗洪县经济开发区规定，一次性固投1000万元以上的工业项目土地免费。

2007年，国土资源部出台规定，所有工业用地必须通过“招、拍、挂”的方式公开出让，出让价格不能低于省级国土部门核定的成本价，试图阻止地方政府以低于成本价的方式供地竞争引资。但是，地方仍然有很多低于成本价出让工业用地的变通办法。

---

① 根据相应年份《中国国土资源统计年鉴》整理。2009年以后国土资源部不再公布相应数据，故无法计算。

② 数据及案例来源于各地《地方志》，中部某县情况来自实地调研。

以中部某县为例。

①根据创税能力地价递减。2014年，工业地价收取办法是，亩均增值税超过7万元、6万元、5万元、4万元、3万元、2万元，地价分别为零、0.5万元/亩、1万元/亩、2万元/亩、3万元/亩、4万元/亩。亩均增值税低于2万元的，则缴全价5.8万元/亩。

②具体补偿方式先交后返。企业先按省里统一给某县定的基准价5.8万元/亩交钱，然后按实际完税额度，以财政奖励新产品新技术开发等方式返还给企业。比如有家香料企业承诺建成投产后每亩缴纳增值税能够达到5万元，则地价免费。实际操作时，先按5.8万元/亩价格交钱，然后在挂牌成交后15天内先返4.8万元，一年后承诺的税收标准达到了再返1万元。

③工业地价实质上“倒贴”。由于政府提供的是“六通一平”的熟地，据测算，一块工业用地，包括征地拆迁补偿、报批走程序、六通一平等在内，某县需要投入10万元。对一个创税7万元以上的企业来说，免费使用土地，实际上是政府给这家企业每亩地倒贴了10万元。

④工业用地综合成本大增。2007年，某县取得一块成熟工业用地综合成本约5.6万元，含1万元给农民的补偿，4.6万元用于报批、平整、修路、电、水等；2014年综合取得成本已经超过每亩10万元，含3万~5万元给农民（山地、荒地、农田价钱不同），5万~7万做报批、“六通一平”、污水管网。

大量企业因工业用地的成本补贴得以迅速积累和成长，促进了大规模农民工进城从事非农产业，同样土地公有特征也使城市建设享受较低的土地成本，推动了城市的发展。这充分地体现了中国城镇化人口高速增长的独特体制优势。

（四）环境的低成本对中国工业化和城镇化的推动

在中国城镇化发展初期也就是工业化初期，环境保护几乎没有得到任何企业和政府的重视。可以说在20世纪80年代，中国基层政府和乡镇企业是不惜以环境恶化为代价来换取发展收益的（见专栏4－7）。在20世纪90年代中期，环境问题得到了各级地方政府的重视，也是对农村工业的“十五小”进行“关停并转”的重要起因。

专栏4－7　我国改革开放早期的污染和环保相关资料

改革开放以后，我国工业化和城镇化进程的加速，付出了环境恶化的代价。到1988年，我国废水处理率仅为27%，大部分废水是未经处理而直接排放。1988年对30个城市地表水水质进行调查，受到不同程度污染的占85%，严重污染的达44%。其中，乡镇企业虽然取得了巨大的成绩，但是由于设备落后、布局不当、结构不合理和管理不善，也给生态环境带来污染和破坏。全国乡镇企业环境污染防治对策研讨会提供的资料表明，在1750万个乡镇企业中，污染较重的企业约占5%～18%，重污染的占1.2%。排放的废水、废气、工业粉尘和固体废物，分别占全国这几类污染物排放量的8.52%、16.41%、33%和9.5%①。

随着环境问题的日益严重，在20世纪80年代末期，我国也制定了环境领域的相关法律，先后颁布实施了《环境保护法》、《大气污染防治法》等法律法规。进入到90年代，国务院加大环保力度，1990年发文开始对浪费资源和能源、严重污染环境的企业，特别是小造纸、小化工、小印染、小土焦、土硫黄等乡镇企业开始进行治理。1996年又进一步扩大到“十五小”。从此，加大了对环境保护管理的执行力度。

虽然随着环保体系的完善，我国环境治理逐步走上正轨，但是即使到现在，一些地方为了发展工业，仍然存在着对环境问题严重漠视的现象。环境问题已经成为地方政府保持低成本经济发展模式的严重制约，地方政府不得不在环境保护和招商引资之间面临着艰难的选择。城乡居

① “乡镇企业污染防治”，《1990年中国环境年鉴》，中国环境科学出版社1990年版。

民对环境问题的关注已经成为影响当前地方经济发展的重要因素，近年来因招商引资发展重化工业等所引起的社会不稳定现象越来越多。环境问题已经成为城市工业发展的硬约束（见专栏4－8）。

专栏4－8 近年来重大环境污染问题及带来社会影响案例①

（1）PX事件

近年来，全国多个城市发生抵制PX项目的群体性事件。2007年厦门海沧区建设PX化工厂的项目，引起数万厦门市民上街“散步”抵制。2011年8月8日，大连福佳大化PX工厂因台风影响防波堤发生溃坝，虽未发生泄漏等连带事故，却引发当地居民严重不满；最终大连市决定让该PX项目立即停产，并尽快搬迁。

此后，PX项目导致的群体性事件不断上演。2012年10月，宁波镇海湾塘等村数百名村民因PX项目距离村庄太近，到区政府集体上访。2013年3月，茂名市区一些群众为反对拟建的PX项目，在茂名市委门前聚集游行。5月，昆明近3000名市民在南屏广场聚集，抗议PX炼油项目在当地落户。几乎同时，成都彭州石化项目也遭到了民众的强烈反对。

（2）腾格里沙漠污染事件

近年来，内蒙古和宁夏分别在腾格里沙漠腹地建起内蒙古腾格里工业园和宁夏中卫工业园区，引入大量化工企业。为降低成本，园区企业将未经处理的污水源源不断地排入沙漠，经过自然蒸发，再将沉淀下来的黏稠的沉淀物，用铲车铲出，直接埋在沙漠里。2014年9月6日，《新京报》报道了腾格里工业园区环境污染问题，引发全社会和党中央高度关注。习近平总书记就此问题做出了重要批示，国务院也专门成立了督察组，敦促腾格里工业园区进行大规模整改。

环境的低成本主要在于工业化进程和城镇化进程中不可避免的短期

① 根据PX事件根据新华网、南方网、凤凰网等相关新闻报道整理；腾格里沙漠污染事件根据《新京报》相关新闻报道整理。

利益和长期利益的选择问题，也是世界上所有国家在完成工业化和城镇化进程中所必须经过的历程（见专栏4－9）。中国是否能在城镇化进程中实现跨越式发展的同时防止环境问题进一步恶化，最主要的挑战仍然是所要面临的治理成本。可以预计的是，当城镇化发展到一定阶段，必然会告别环境低成本的历史。

专栏4－9　西方发达国家发展中的污染

西方发达国家在工业化进程中，也曾经走过一条“先污染后治理”的发展道路。从18世纪下半叶起，经过整个19世纪到20世纪初，首先是英国，之后是欧洲其他国家、美国及日本相继经历了工业革命。伴随煤炭、冶金、化学等重工业的发展，以及城镇化的推进，出现了很多烟囱林立的城镇，并发生烟雾中毒事件，伦敦在很长一段时期是著名的“雾都”。20世纪初，西方发达国家煤炭的产量和消耗量逐年上升，酿成多起严重的大气污染事件，如1930年比利时的马斯河谷事件和1948年美国的多诺拉事件等。20世纪50年代起，西方大国经济持续高速增长，环境污染事件频繁发生，不仅影响经济发展，而且污染人居环境，损害了人们的身体健康。1972年联合国召开“人类环境会议”，把环境与和发展联系在一起。会后，西方发达国家制定和实施了一系列政策措施，发达国家的环境由此逐渐好转。

（五）乡镇企业与小城镇的发展

在很长一段时间内，有关中国小城镇的发展引起了学术界广泛的争论，很多人认为应把未来城镇化发展的重点放到大城市。根据国际经验，人口向大城市和特大城市集中是必然的趋势。但是在20世纪80～90年代，小城镇的发展确实十分引人注目（见图4－2）。原因在于，乡镇企业的发展形成的税收和乡镇企业在小城镇的集聚支持了建制镇所在地小城镇的基础设施建设。

相关统计数据和事实表明，凡是曾经乡镇企业发达的地方，原来建制镇所在地的小城镇都形成了一定的规模。即使到如今，如果不按照行政等级而是按照城市人口规模划分标准来看，一些较大规模的建制镇人口已经达到了小城市的水平，甚至个别的达到中等城市规模标准。

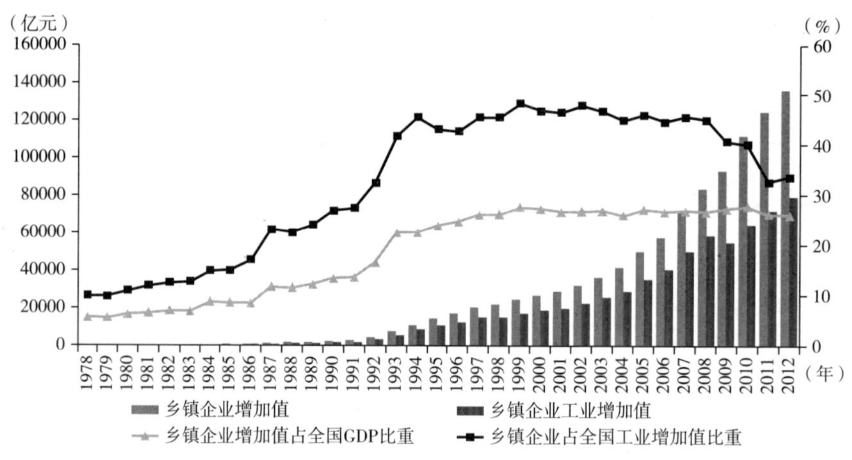

图 4－4　1978～2012 年全国乡镇企业发展情况

数据来源：1978～2010 年数据来源于历年《中国乡镇企业年鉴》和《中国乡镇企业及农产品加工年鉴》；2011、2012 年数据根据《中国农业年鉴》2012、2013 相关数据计算得出。

长期以来，关于城市规模的表述基本上是以城市等级作为评判依据，即使小城镇达到了很大的人口规模，在管理体制上仍然处于最低等级，管理权限受到严重制约，财政大部分要上缴到上级县级城镇的所在地（见专栏 4－10）。

专栏 4－10　小城镇的财政留成和用地指标分配

2013 年我国财政收入千强镇，创造的财政收入达 5573 亿元，约占全国小城镇财政收入的 54%，但是留成比例很低，一些典型特大镇留成比例甚至不足 10%。例如浙江省温岭市大溪镇财政支出占财政收入的比例仅为 5.9%，湖州市吴兴区八里店镇、义乌市佛堂镇财政支出占财政收入的比例分别为 7.8% 和 8.1%。在土地指标方面，镇一级也是少之又少，比如，浙江省诸暨市店口镇工业总产值占诸暨市的 1/4，但用地指标却不足 1/10。

虽然乡镇企业曾经占据了半壁江山，小城镇的发育在长三角和珠三角都已经形成了一定的规模，但是囿于中国等级化的管理体制特征，使得原本具有强烈活力的小城镇的发育受到了严重的制度性约束，失去了可以按照市场方式发展壮大的机会。

（六）城市规模和等级对城镇化的影响

改革开放以来，中国政府有关部门颁布的城镇发展体系的政策主要导向是，控制大城市发展，适度发展中小城市和积极发展小城镇（见专栏4－11）。但是这种政策的颁布基本没有影响到中国的城市按照一种特定的规律聚集要素和人口，大城市的发展不仅没有得到遏制，反而在原有的基础上扩展成为特大城市和超大城市。

专栏4－11　改革开放以来中国城镇发展政策方针的演变

中央关于城市体系的政策导向是明确的，就是控制大城市，发展中小城市和小城镇。

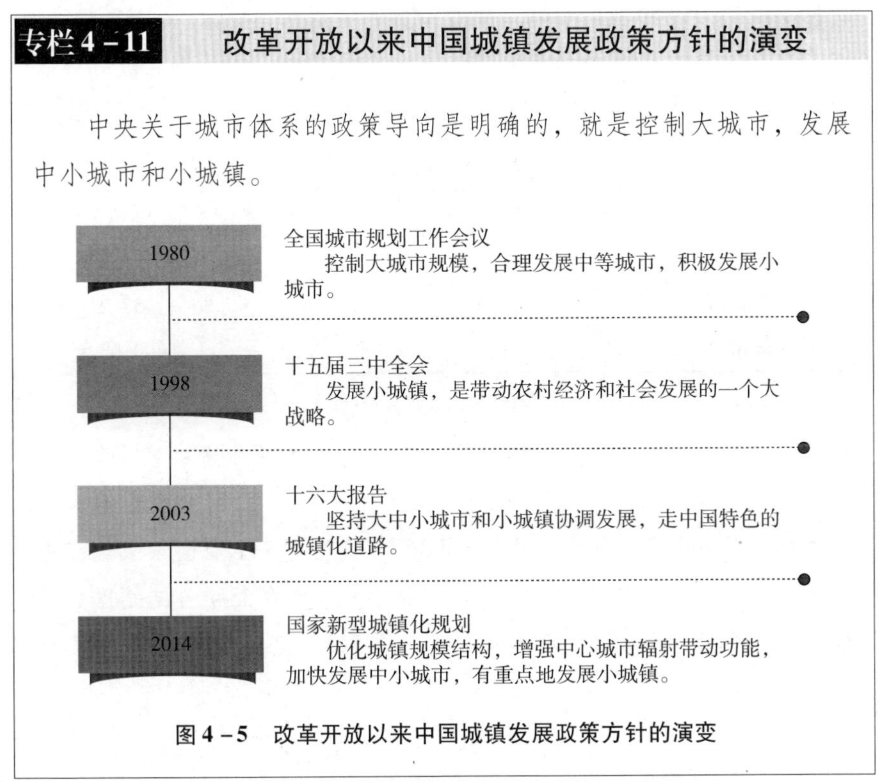

图4－5　改革开放以来中国城镇发展政策方针的演变

我们也看到，在政策目标和实际效果之间出现了较大的差异，造成这种现象的重要原因之一在于中国的城市是有等级的，要素的流动和行政资源的再分配取决于等级化的配置关系（见专栏4－12）。

专栏4－12　等级化城市管理体制下的要素资源配置

在我国等级化的城市管理体制下，一部分行政资源向高等级城市集中，特别是财政和土地等计划指令性资源。

土地方面，以贵阳市为例，其人口仅占全省的12.5%，但获得的土地指标却达到了全省的35%。成都市人口占全省的比重不足20%，但获得的土地指标占全省的一半左右。

在财政方面，2012年我国地级城市市辖区按预算内收入占全国财政收入的29.5%，而一般预算内支出占到40.9%；与高等级城市能够获取下级政府的财政资金相反，我国小城镇则要为上级政府贡献自己的财政。2013年我国小城镇财政支出占收入的比例为52.91%。

结果，导致高等级城市集聚更多、更优质的公共服务资源行政级别越高的城市，公共服务水平越高（见表4－5）。

表4－5　不同层级城镇的公共服务状况

城镇层级	万人医生数	万人床位数	人均教育支出
地级以上城市①市辖区	41.2	76.8	2638.3元
地级市市辖区	29.0	60.8	1457.2元
县和县级市②	13.2	31.2	989.05元

资料来源：根据《2013年城市统计年鉴》计算整理。

同时，优质资源集中于高等级城市。一是教育资源。在全国116所985、211院校中，直辖市、省会城市和计划单列市这些高等级城市共集中了108所，占全国总数的93%。在全国231所国家级重点中学中，有127所集中在高等级城市，占全国总数的55%。二是医疗卫生资源。全国705所三级甲等医院中，有342所坐落在35个高等级城市，占全国三甲医院总数的48.5%。

理论上希望中国的大城市可以回避开其他国家特大城市由于人口和

① 包括直辖市、计划单列市和省会城市。

② 县和县级市为2013年数据，市辖区为2012年数据。

要素的过度聚集产生的城市病。而事实上，在中国高等级城市掌握着更多资源配置的前提下，作为制度的受益者，其在吸引要素方面具有绝对的优势。这种管理体制和分配方式的结果就是鼓励发展的小城镇至今仍然受到强烈的体制束缚，而越高等级的城市无论是县级市还是地级市，特别是省会城市和直辖市，成为了中国特色的城市等级管理体制的受益者，并得到了优先发展的机会。

国际上城镇化发展的普遍规律是，市场引导着人口和要素向大城市集聚。与之不同的是中国的大城市或者特大、超大城市，还充分享受行政资源供给的优惠。这种发展机制带来的后果，则是由于优质资源的过度集中，造成既得利益关系的固化，导致这些城市一方面无法控制外来人口的流入，另一方面在户籍政策上对人口结构有着严重的洁癖。城市政府由于担心大规模外来人口在当地落户会摊薄当地城镇居民所享受的社会福利，因此也就充分利用了中国特色的户籍管理制度对外来人口的落户采取了严格限制或排斥政策（见专栏 4 - 13）。

专栏 4 - 13 户籍人口可享受的福利内容与非户籍人口的区别

表 4 - 6 北京不同人群福利待遇差异一览表

公共服务内容		户口	工作居住证	暂住证
购房	商品房	√	√	√（需出具纳税 5 年证明或社保证明）
	保障性住房	√	√（可按有关规定购买经济适用房）	×
子女教育	可参加高考	√	×	×
	北京高校优先录取本地学生	√	×	×
就业	体制内企事业单位优先聘用	√	×	×
购车	参加摇号、购车及上牌	√	√	×
老年优待	老年优惠政策	√	×	×
低保	享受低保政策	√	×	×

五、中国城镇化进程中的城市经营模式

世界上存在着两种城市形成方式：一种是在某一个空间位置上由于商业交易而形成人流和物流的聚集，达到一定人口密度和规模后形成的城市。另一种是国家对地方进行控制和管理，为保障行政中心的运转而聚集要素，进而形成城市。前者需要完善的税制来保证城市的运转，后者则更多地依赖于行政资源的配置和供给。中国的城市行政色彩远远大于市场机制，在改革开放后虽然强化了市场的功能，但是并没有摆脱行政配置资源的方式。在中国城镇化进程中，城市发展的资源配置方式有其独特的特征，很大程度上依赖于现行的土地管理制度、等级化的行政管理体制和户籍管理制度，确保城市资源的获取和城市功能的运转。

（一）城市政府的利益导向

1. 通过招商引资解决预算内收入的增长

任何一个城市维持其正常的运转都需要解决资金来源。运转主要确保三项功能的实现：行政人员的开支、公共服务的支出和基础设施的投入。与国际上其他国家不同的是，在我国的财政体制下，市政府仅靠公共财政预算收入无法完全实现这些功能。在对中国地方政府进行调查的过程中可以发现，我国地方政府行政经费支出[①]占公共财政预算支出比重较高，有的城市政府多年平均占比甚至高达80%以上（见专栏5－1）。也就是说，政府的税收仅仅能够维持人员的行政开支，即行政事业单位人员的费用，甚至在中西部欠发达地区，需要上级政府财政转移支付才能维持政府的行政运转。因此在改革开放后很长一段时间内，各级政府最大的困惑是如何增加税收来源，确保政府运转的需要。增加税收来源就必须要促进工业的发展，地方政府预算内收入的主要来源是工业税收。因此，从20世纪90年代起，各级城镇政府最大的工作动机就是如何通过

① 行政经费包括基本支出和一般行政管理项目支出，其中基本支出包括人员经费和公用经费；一般行政管理项目支出主要指一般行政管理事务方面的项目支出。

招商引资来增强政府的财政能力。

专栏5－1 地方政府行政经费占公共财政预算支出的比重——以A市为例

按照支出的经济科目分类，可以看出财政支出的使用去向，根据支出的经济科目分类，可以按其资金用途将地方财政支出分为行政经费、基础设施和公共服务支出、其他支出等（见表5－1），其中行政经费即政府履行行政管理职责、维持机关运行的"保运转"的支出，基础设施和公共服务支出反映了政府进一步履行其城市建设和公共服务职能的支出。

表5－1　地方政府按经济分类科目划分的财政支出所对应的资金用途

按资金用途进行的分类	包含内容	涉及经济分类科目名称
行政经费（"保运转"支出）	行政经费包括基本支出和一般行政管理项目支出，其中：基本支出包括人员经费和公用经费；一般行政管理项目支出指一般行政管理事务方面的项目支出	工资福利支出（工资、津贴及奖金、医疗费、住房补贴等）、商品和服务支出（印刷费、水电费、邮电费、取暖费、交通费、差旅费、会议费、福利费、物业管理费、日常维修费、专用材料费、一般购置费、出国费、招待费、会议费、办公用房维修租赁、购置费、干部培训费、执法部门办案费、信息网络运行维护费等）、离（退）休费
基础设施和公共服务支出	用于基础设施建设和医疗、教育、社保等公共服务设施建设的支出；公共服务相关政策补贴；债务还本付息	基本建设支出和其他资本支出中的基础设施建设支出和大型修缮、土地拆迁补偿、对个人和家庭的补助、对企事业单位的补贴、债务还本支出、债务利息支出等
其他支出	其他相关财政支出	贷款转贷及股权参股、转移性支出、赠予、其他支出

以中部地区某县级市A市为例。2014年该市财政总收入5.84亿元，其中地方本级收入3.93亿元，另外还有上级转移支付收入15.15亿元，公共财政收入共计19.08亿元，公共财政预算支出共计19.16

亿元[①]。可以看出，A市财政支出在很大程度上依赖于上级补助的财政转移支付。通过对2000～2014年A市按经济分类项目进行统计的财政支出的分析结果来看，A市的行政经费支出远高于地方本级公共财政预算收入，在得到上级政府的财政转移支付收入之后，A市行政经费支出占该市公共财政预算支出的平均比重仍高达86%[②]。由此可见，A市公共财政收入主要用于维持其行政事业单位的正常开支，即“保运转”支出（见图5－1）。

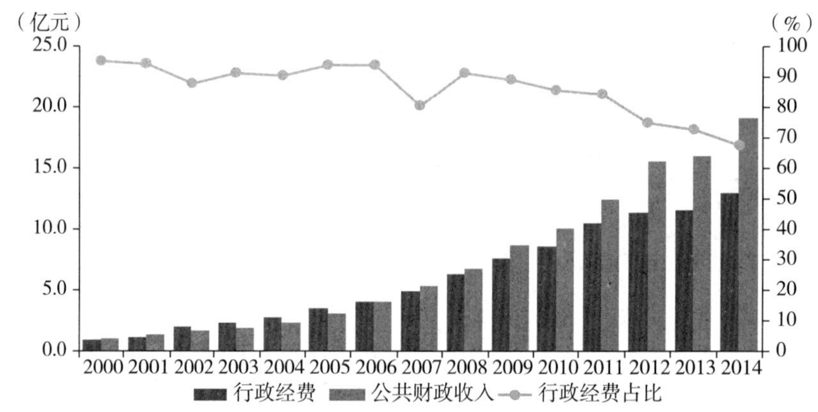

图5－1　A市行政经费占公共财政预算支出的比重及与公共财政收入[③]的对比[④]

从A市的公共预算支出结构也可以推出，行政经费支出占公共财政预算支出比重较高是一个普遍现象：中西部地区获得转移支付后，税收收入为主的公共预算收入连同上级财政转移支付收入一起都主要用于“保运转”的行政经费支出；而东部发达地区，虽然获得转移支付收入较少，但从支出结构的需要来看，其获得的税收收入为主的公共预算收入也必然只能主要用于维持行政事业单位的正常运转。因此，各城市的地方政府都想方设法通过工业招商引资来拓宽税源，增强地方政府财政能力，以使地方政府的正常行政运转得以维持。

① 数据来源：2014年A市财政收支决算表。

② 数据来源：2000～2014年A市按经济分类科目进行统计的财政支出决算表。

③ 这里公共财政收入指的是公共财政预算收入＋财政转移支付收入。

④ 数据来源：2000～2014年A市按经济分类科目进行统计的财政支出决算表。

2. 改善基础设施供给的支出压力与日俱增

中国属后发城镇化国家，既面临着数亿农民进城，解决其公共服务的压力，又面临着基础设施供给的更大挑战。如何借鉴和参照发达国家的经验，迅速赶超发达国家城市的公共服务水平和基础设施的供给能力？无论对于各级城镇政府还是居民，实现跨越式的发展都是一个并不遥远的梦，而且高速的经济增长和城镇化发展的现实，似乎已经证明了实现梦想的可能性。在中国式的城市改造项目中，各级政府大多力图在较短的任期内发挥极限的能力，对城市的基础设施进行投入和改造。居民习惯了这种短期大投入积累所带来的城市面貌改造的结果，因此对后任政府的要求基本上以前任或者国际上的先例作为参照系。而对于城市的管理者来说，压力在于如何获取资金来源。在不断的压力推动下，城市的基础设施供给就像高速发动的机车，在前进途中，动力的持续供给和预期的目标形成了巨大的反差，一切矛盾的焦点集中在资金的供给上。

3. 保 GDP 增长和政绩观的压力

在中国，地方政府官员执政的一个基本思维逻辑，就是通过政绩确保升迁的机会。这与国际上城市管理者的产生和任期有着根本的区别。我国城市的市长只是在官本位体制下的一个环节和过程，而不是一种长期的义务和责任。30 多年的经济增长已经证明了，对于官员考核的基本标准是能否带来增长和城市面貌的改善。经济的持久推动力取决于在释放市场活力的同时，也要充分发挥各级城镇政府调动资源支持增长的能力。保增长的目标既是执政为民的基本要求，也是城市管理者通往上升渠道的必要政绩体现，而且还要在上级领导考察的过程中通过视觉的形式充分地展现。因此，在城市发展的轨迹中，GDP 和城市形象作为双刃剑，决定着每个城市管理者未来的前程。同时也是压力，毕竟要有足够的资源来支撑一届政府在两个方面都有较大的改观。

4. 复制城市发展模式的惯性思维方式

中国城市发展更多地取决于政府的作用。由于土地和房屋产权的公有制特征，政府在空间开发上受到的约束较小。每一任政府在执政期间大多可以按照行政主官的意志来改造城市，实现经济增长的目标。在中国，由于非职业性特点，大多数城市政府的管理者在学习城市的发展和经营模式中基本上以两种方式来实践。一是学习上级城市的经验和模式；二是学习已经成功地区和城市的经验。因此城市之间经验的复制性特点十分突出。在30年的城镇化进程中，在城市发展形态上，大多以北京或者被广为宣传的大连花园城市的经验为模式；而在经济增长的复制模式中，长三角和珠三角的工业化道路是大多数城市的最佳选择。前者使得各级城市政府基本上复制了一条粗放型的视觉发展路径；后者则是把工业化作为城市经济增长唯一的路径选择，即使城镇化率达到60%以上，仍然把未来经济发展的重点放在工业升级改造上。当然也不乏在一些城市的建设规划和布局中存在盲目复制国外发达国家的表象（见专栏5-2）。结果造成了发展路径的严重错位、资源配置的浪费和产业结构的不合理。

专栏5-2　城市发展模式中的盲目复制现象

宽马路、大广场是近年来各级地方政府在推进城市建设中普遍选择的方式。不管是经济发达、财力充沛的沿海城市还是产业落后、人口大量外流的中西部城市，高档次基础设施屡见不鲜：

中部某省会城市与周边一个地级市之间修建了一条双向十车道、宽100米的城市快速通道，车流量却常年稀少；安徽某县建设文化休闲广场，占地约5.6公顷，投资7000多万元；四川某市的思源广场，占地530亩，其中主景区面积180余亩；山东某市常住人口90万，却花30亿兴建文化艺术中心，还聘请世界著名设计大师进行规划设计。

（二）经营城市的理念和制度性差异导致了城市发展模式的不同

长期以来，经营城市已经成为中国城镇政府的重要理念。但是，所谓经营城市在国际上的做法和中国有着根本性的区别。国际上经营城市，主要指在政府财政预算和支出硬约束条件下，如何管理好政府的预算资金和资产，确保公共服务供给能力和基础设施配置效率的提高，还要使得政府资金和资产保值增值。从通俗的意义讲，就是像管理企业一样来管理政府的资产，目标却是公共服务。而在中国的城镇化进程中，经营城市不是如何提高城镇政府资产的利用效率，而是如何通过征地来获得政府的财政收入，卖地来维持政府的基础设施建设。所以征地是任何一届政府必须要面对的问题，只有有了征地，才有政府一切开支的来源。所以，深入研究中国城市的发展模式，一定要从征地和卖地两端入手，才能寻找出近几十年中国城市的发展规律。

1. 征地和卖地的政府经营城市的发展模式

20 世纪 80 年代中国农村工业化的基本经验证明，依靠廉价的土地吸引投资，是中国各类城镇财政收入增加和积累的基础性条件。政府的行政性开支靠预算收入，预算收入的主要来源是工业税收。各级城市政府要发展工业，基本上都要通过降低成本的方式来吸引投资。工业用地的成本包括土地出让金、对农民征地的补偿和基础设施的投入。在各类城镇强烈的竞争态势中，招商引资成功与否大多取决于同类条件下谁的成本低。因此压低用地成本已经成为各类城镇招商引资的基本前提。但是成本的支付不可能通过预算内财政支出，因为预算内财政仅够维持行政人员的基本开支，也就是所谓的“吃饭财政”。保工业增长的基本前提就是保“吃饭财政”。因此，弥补工业用地成本的资金来源只能通过征地后另一种形式的卖地获取——通过发展房地产来获取高额土地出让金。这样既能弥补工业用地的负成本，也能有大量剩余用于城市基础设施建设。这就是中国城市发展中所谓每一届政府管理者在执政任期内的既定城市经营模式。

2. 中国式城市经营模式的效果

中国虽然是一个后发城镇化国家，但是由于独特的体制条件，很难按照发达国家的轨迹和路径实现自身的城镇化进程。而且，拉美国家严重的“城市病”（主要是指拉美国家城市内存在的大面积贫民窟现象，表现为基础设施供给条件差、城市的环境和面貌恶劣、公共卫生服务水平低、治安问题十分严重等）已经是在中国城市发展进程中各级政府官员始终试图回避的问题。在国际上大多数国家，农民向城市自由迁徙。如果照搬这一普遍做法，在中国如此大规模的人口基数下，很可能会复制拉美国家的“城市病”，甚至更为严重。中国由于具有一系列独特的制度安排，使其避免了大多数后发城镇化国家可能出现的“城市病”。比如，户籍制度限制了人口的自由迁徙；城市工业的园区化发展，通过集中管理和居住缓解了进城农民的居住压力；农村土地的集体所有，使得大量进城人口无法集中居住，因为没有充足的公地可以被滥占；与此同时，进城农民在农村还有承包地和宅基地，能够提供一定程度上的生活保障。

从另一个方面看，“城市病”产生的重要原因之一是基础设施和公共服务能力供给不足，前提是资金的短缺。征地和卖地的模式，正好从两个方面提供了城市发展资金的保障，一是稳定增长的税收来源的，二是充足的基础设施资金供给（见专栏 5－3）。

专栏 5－3　土地出让弥补市政投资不足

2000～2013 年，全国土地出让合同总价款达到将近 20 万亿元。与此同期，中国城市市政公用设施建设固定资产投资总额达 11.23 万亿元，主要资金来自城市政府出让土地收入（见图 5－2）。城市市政公用设施建设固定资产投资总额增幅与土地出让合同价款增幅呈现明显的同向变动关系。

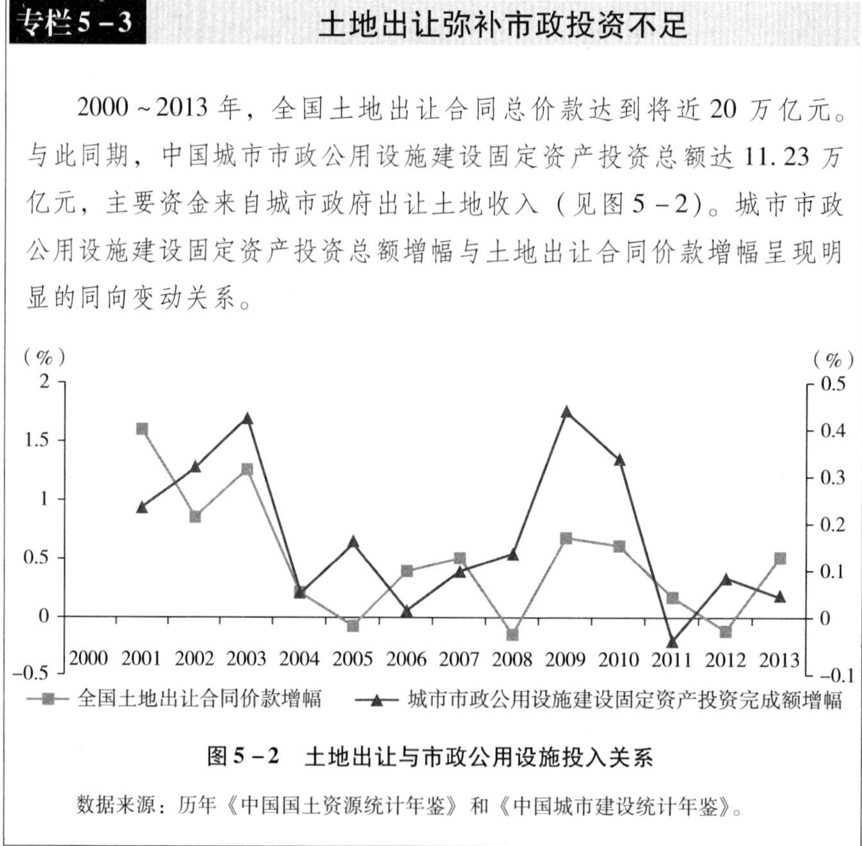

图 5－2　土地出让与市政公用设施投入关系

数据来源：历年《中国国土资源统计年鉴》和《中国城市建设统计年鉴》。

更为重要的是，城市政府出让的土地中，商住用地的高收益不仅为改善城市市政公用设施提供支撑，而且为地方政府提供补贴工业用地低价出让的资金来源（见专栏 5－4）。这是中国工业（制造业）长期保持高速增长的重要条件。

专栏 5－4　工业用地的低价供应

工业用地的宽供应、低价格大大降低了中国工业的发展成本。2006 年全国工矿仓储用地供应占比达到一半，2012 年下降到接近三成。值得注意的是，虽然比重有所下降，但供应面积却不断上升。2008 年工矿仓储用地供应量为 9.3 万公顷，2013 年增加至 21 万公顷，年均增加 17.7%①。

在各类出让的国有土地中，地价差别甚大。从 2000 年到 2014 年，综合地价、商服地价以及住宅地价分别上涨了 252.9%、305.7% 和 471.7%，而工业地价仅上涨 67.1%。截至 2014 年底，商服地价为每平方米 6552 元，住宅地价为每平方米 5277 元，分别是工业地价（742 元）的 8.8 倍和 7.1 倍（见图 1）。

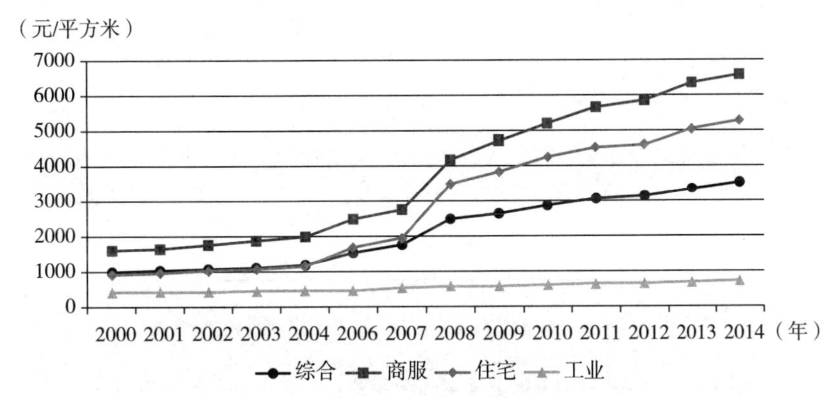

图 5－3　历年全国城市各类土地出让地价

数据来源：历年城市地价监测报告。

不能否认中国经济能够保持如此高速的增长，并且完成史无前例的大规模城镇化进程，制度带来的低成本是重要原因之一。虽然金融危机

① 数据来源于《中国国土资源统计年鉴》。

对全球对外投资形成极大的冲击，中国的劳动力成本也在不断上升，然而，外资对华投资仍然保持较高水平（见专栏5-5）。与此同时，中国对外投资的步伐也在不断加快，资本和劳务输出数量逐年递增。

专栏5-5　中国实际利用外资与制造业平均工资增长的关系

近年来，中国国内的劳动力成本不断上升，不少人认为这将会影响外资进入中国的规模，实际情况并非如此。从2008年到2013年，全国制造业平均工资从8499元上涨到24567元，年均上涨19.4%。与此同时，中国实际利用外资从923.95亿美元上涨到1175.86亿美元，增加了252亿美元。虽然实际利用外资的增幅近年来低于2001年以来的平均水平（8%），但从全球范围看仍属资本流入地最多的国家。2008~2013年，全球外国直接投资总额从1.7万亿美元下降至1.45万亿美元，中国实际利用外资占比则由5.44%上升到8.11%。

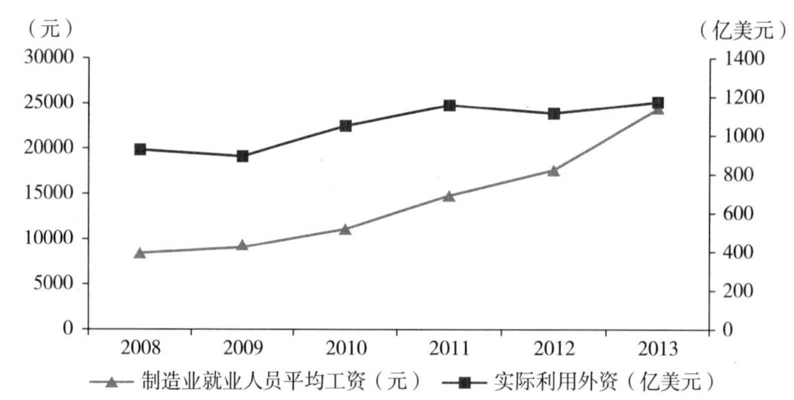

图5-4　2008~2013年全国实际利用外资与制造业平均工资对比

数据来源：历年《中国统计年鉴》。

3. 经营城市在国际比较上的差别

中国城镇化高速增长充分利用了现行的体制条件，但是高速增长的后果是把可能出现的矛盾体现在一个较短的时段内集中爆发，这是不可回避的增长的代价。在国际城镇化发展经验中，尊重市场规律以及私人产权是制度性的保障。虽然发展速度受到了严重限制，也可能会出现城市病的集中发生，但是城市发展中由于制度性的约束，如产权的约束、公众的监督、议会的干预和讨论等，一定会产生一些积极的后果。城市的面貌和历史遗迹不会轻易地被破坏，个性的建筑风格和城市的整体景观在一定程度上会延续文明的传统。土地和基础设施资源的配置效率在市场机制的作用下一定会提高，基础设施的投入和公共服务更多的会关注居民长远的利益，至少地下和涉及公共卫生安全的设施投入会优先得到保证。城市政府也不会出现大量的短期决策行为，政府的资金也不会在没有约束的条件下被挥霍和浪费。相对来说，中国的卖地经营城市模式，虽然从高速增长的过程中，以制度收益的形式获取了大量的资金，弥补了城市发展资金的严重不足，但是运营效率的大幅度降低，为日后长期可持续发展埋下了严重隐患。

4. 中国式经营城市发展模式的规律性后果

如果仅从一届政府看，卖地的发展模式可以有很多正收益，但是如果被广泛复制，产生的负面后果则远超于预期。首先，中国政府官员的任期较短，大多希望在任期内有明显的政绩，“任期 + 政绩”加剧了城市政府的短期行为。卖地产生的收益在没有刚性制度约束的前提下，会支持短期执政行为的放大。因此，在中国的城市建设中，政绩和形象工程等在基础设施建设的投入中占有相当的比重。其次，中国城市政府主官的流动性很强，流动意味着继任者必须复制前任的模式来体现自己的政绩，甚至要干得更好。因此招商引资和卖地的模式在前任的基础上会被进一步放大。城市发展的轨迹是后任不可能在同一个空间内还原上任政府的发展模式，必须要开辟新的空间。无数个继任者按照征地卖地的经营模式发展城市，结果就是城市空间的无限制粗放性的扩张。再次，空间的扩张源于两个基本需求，招商引资和发展房地产。在城市争夺投资资源竞争日益激烈的格局下，招商引资必须要压低要素成本，同时也必须不断地通过卖地来进行补偿，还要维持居民在高速增长过程中强烈的改善基础设施供给的心理预期，房地产发展则成为政府招商引资最强大的动力。

但是，每个城市管辖的空间是有限的，而且城市政府还在吸引消费者上面临着激烈竞争。这导致房地产供给一定会过剩，因为供给的推动是政府提高收入的压力所致。这种空间复制的发展模式就像击鼓传花，每个继任者在面临着压力的同时也都在把卖地的可能性空间放大到极致，甚至加剧未来债务的预期。击鼓传花总是要有终点的，当房子卖不出去的时候，城市债务的危机就会凸现，原有的已经被复制了不到 20 年的中国式征地卖地的城市经营模式也会走到尽头。

（三）征地卖地经营城市的负面后果

1. 城市发展成本过高

一个城市政府，如果希望通过卖地获得最高的土地出让收益，一定会通过视觉形象打造，提高房地产发展环境的价值基础。中国的绝大部分城市政府在招商引资和发展房地产方面基本上都是沿袭这种模式。以所谓的大广场、大马路和大生态公园构筑的城市景观大大抬高城市运营成本，降低了城市的包容性，也抬高了农民进城的门槛。以房地产开发为主导的城市建设模式，使得中小投资者和服务业经营者，必须迈过第一道土地出让和房地产购买的门槛，才有资格进行经营。这种经营的成本使得中小投资者一定要抬高产品价格才能逐渐收回投资成本，而价格的过度扩张，却阻碍了消费者的进入。

2. 对工业的过度依赖

城市政府征地招商引资模式的动力来源是增加政府的预算内收入和 GDP。但是从现有的产业结构和税收结构的统计指标体系来看，能够在这两项上取得最大收益的就是持续发展工业。在国际城镇化进程中，工业化进入中期以后，服务业将逐步取代工业成为城市的主导产业。但是在中国，各地仍在把工业化的目标放在增长的最重要位置。这种发展模式与城市的未来预期可能会产生一系列的矛盾。一是城市政府必须要在传统工业和现代工业之间进行选择，前者可以吸收较多的劳动力，后者会形成资本和技术对劳动力的替代。在中国，面对如此众多的农业转移人口带来的压力，在工业发展模式的转换中，政府应该进行什么样的选择？如何实现过渡？二是工业发展的初始条件及在城镇化高速增长的初期，需要压低要素成本。在竞争条件下，如果继续压低土地成本，将会导致现有卖地模式无法遏制。如果压低劳动力价格，就会与现有的城市形态不吻合。已经失去包容性的城市，只能在城市的视觉形象和人口结构中做出选择。三是如何解决工业发展带来的劳动力问题，包括社保的缴纳和公共服务的支持以及未来的户籍管理制度改革的推进。事实上，大多数中西部地区中等以上城市，希望回避沿海地区外来劳动力压力过大的矛盾，因此在城市发展路径选择中过早提出产业转型，造成城市对于外来就业人口吸纳能力的下降。

3. 人口密度不高，土地利用效率偏低

卖地模式导致了以下几种结果：一是通过视觉化的追求，实现招商引资，造成土地的粗放利用。全国工业用地容积率仅 0.3 ~ 0.6。以产出较高的上海为例，2010 年工业用地产出为 13.4 亿元/平方公里，仅为 20 世纪 80 年代纽约和东京的 1/3 和 1/7。二是政府用地效率低下，源自于土地的国有化。在中国的各级城市，园区建设对于土地的浪费已经达到了极致，表现在通过吸引眼球的城市环境塑造来吸引工业和房地产开发商的进入。在引进投资过程中，给予的土地条件过度优惠，都在很大程度上造成了土地资源的严重浪费。2009 ~ 2013 年全国城镇人均建设用地从 112.6 平方米增至 117.4 平方米，城镇建设用地人口密度从每平方公里 8883 人降至 8520 人，下降了 4.1%。三是土地的粗放性利用已经是中国城市新城新区的普遍现象。有 193 个地级城市新城新区公布了规划建设用地面积，总量达 11654 平方公里，平均每个新城新区规划建设用地面积为 60.4 平方公里，超过地级市建成区面积的一半。

4. 服务业发展严重滞后

国际城镇化进入高速增长期后，服务业占比不断增长，并且替代工业成为城市的主导产业。但是在中国城镇化进程中，服务业占比虽然超出了工业，但是与城镇化水平相比仍严重滞后（见专栏 5 - 6）。

专栏 5 - 6　中国服务业发展水平的国际比较

当前，我国服务业发展与世界各国相比，非常滞后。具体可以表现在以下几个方面。

第一，中国服务业发展滞后于世界水平。根据世界银行的数据，2011年世界城镇化率52%[①]，服务业增加值占比超过70%，而我国2011年的城镇化水平已经达到51.3%，但服务业增加值占比仅有43.4%（见图5-5）。

第二，中国服务业滞后于经济发展水平，2011年世界中高收入国家服务业增加值比重为55.6%，我国要滞后12个百分点。

第三，中国服务业滞后于城镇化水平。从世界不同城镇化水平国家来看，城镇化率超过50%以后，服务业会加快发展，服务业增加值占GDP的比重不断提高。2011年与我国同等城镇化水平国家的服务业比重平均为60.9%[②]，而我国仅为43.4%，要滞后大约17.5个百分点（见图5-6）。

第四，中国服务业与工业增加值的比重要远远滞后于发达国家。2014年中国服务业和工业增加值比重分别为48.2%、42.6%，两者比值为1.17，而美国为6.4，英国为6.94，德国为3.43，日本为3.9，中国要远远落后于发达国家。

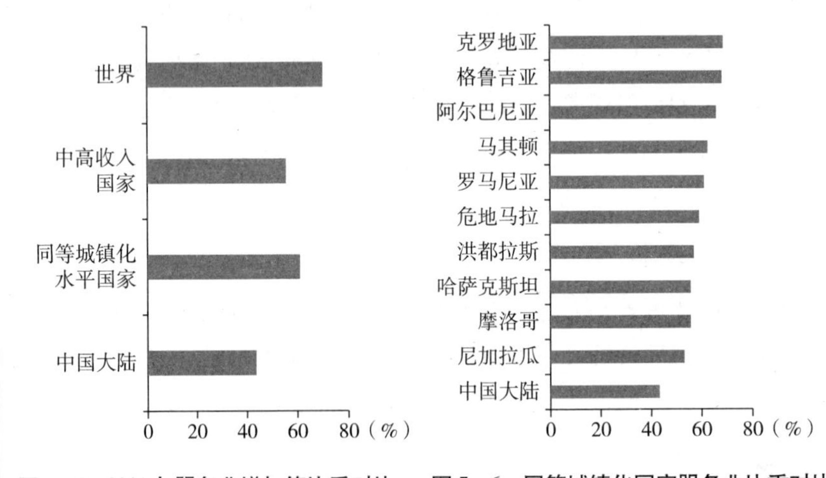

图5-5　2011年服务业增加值比重对比　　**图5-6　同等城镇化国家服务业比重对比**

① 目前世界银行公布的世界三次产业增加值数据只到2011年。

② 世界银行数据库中各国服务业增加值占比数据只到2011年。

我国服务业滞后的原因在于传统的城市发展模式限制了服务业的发展。主要表现在以下几个方面：一是土地利用粗放，抬高了服务业发展成本。服务业需要在最小的半径内满足最大的消费需求，而国内的大部分新兴城市和中等城市在城市建设中追求大型的公园、绿地、广场、道路以及商业中心，城市视觉化的路径导致了空间的过度放大，服务业发展的成本过高，也增加了居民消费的时间和出行成本。二是视觉化发展模式，使得城市的包容性降低。各地在城市发展中热衷于引进各种高档、现代服务业，而无法容忍各类传统的服务业和就业岗位，甚至还要对传统服务业进行打压。全国31个省（直辖市、自治区）在“十二五”规划的产业发展中都重点强调了现代服务业的发展，对传统服务业基本没有涉及到。三是传统的房地产开发模式，没有给服务业发展留下空间。当前我国各地在房地产开发中动辄就是上万人的大型社区，而社区内的服务业却很难发展起来。一方面没有足够、适当的空间；另一方面租金成本过高；再有就是小区封闭，与外界的经济联系受限。这些都限制了服务业在小区内的发展。通过房地产再开发的服务业成本，相比于老城中未经过开发的、在自己的土地和住宅内经营服务业的成本要高出很多。很多著名的商业街就因此而衰落。而国际城镇化规律中，服务业的发展基本上是在传统的城市发展模式上低成本发展起来的（见专栏5－7）。

专栏5－7　从夜市来看中国台湾地区服务业的发展

低成本是传统服务业得以发展的一个基本前提。中国台湾地区夜市的发展充分说明了这一点。

中国台湾地区的夜市非常兴旺，数量也很多，几乎台湾的每个城市都有红火的夜市。而且，夜市不仅仅是街头摆摊的各种小吃，还与周边的商铺等形成了商业街、观光街，集吃、喝、玩、乐、购物、旅游等于一体。

整体来看，中国台湾地区的夜市包括两类经营形态。一是街头摆摊，主要是夜市小吃和一部分服装零售、娱乐等。街头摆摊不需要缴纳租金，也基本没有管理费，只要经过夜市管理委员会（民间组织）

> 的同意就可以入住，不需要政府部门的批准，非常适合小商小贩的发展。当然，为了维护市容、交通、卫生等，台湾地区各城市还成立有专门的夜市管理委员会、颁布摊贩管理条例等进行规范和约束。
>
> 二是沿街店面，主要有日用百货、餐饮、零售、家居、服装等。沿街的店铺基本是以居民楼自主改建形成。比如，台北市士林夜市里的文林路、大东路等路两边都是居民自发建起的住宅和商铺，租金相对于周边的大商场要低很多，还有很多店铺是自家经营，当然就没有租金。
>
> 低成本的发展模式，相关的商品和服务的价格就非常低廉，非常适合大众消费。

5. 城市债务问题日益突出

中国城市政府长期实行的征地卖地经营模式，虽然极大地促进了城市基础设施供给的改善，但是也大幅度抬高了城市居民对于进一步改善公共服务供给的心理预期，国际上发达国家城市发展的参照效应也强化了这种预期。同时，这也与我国城市政府官员想要赶超前任的政绩压力不谋而合。在多重压力的驱使下，赶超和跨越已经成为城市政府加速征地卖地经营模式的推进器，加大了征地卖地经营模式的压力。按照中国城市政府的官员任期政绩规律，优于前任的政绩压力迫使在已有的资金供给不能确保赶超和跨越式基础设施供给的情况下（见专栏 5 -8），通过融资、担保和抵押多种形式的金融工具，增加资金链的供给，是近期城市政府经营模式“转型”的集中体现。与以往不同的是，现实的卖地由于受到用地指标的约束，已经远远满足不了城市政府的资金饥渴，于是在已有资金供给不足的情况下，通过对未来用地指标的抵押和金融工具的运用增加资金供给。城市的卖地收入和预期卖地收入，也演变成现实的债务负担。2013 年 6 月，我国地方政府债务余额达 17.9 万亿，比 2010 年增长了 7.2 万亿，仅 2013 年上半年债务就增长了近 2 万亿，其中约 90% 的债务来源于城市市政建设和公共服务支出。而债务的偿还取决于房地产开发的速度和政府土地出让金的收益预期。

专栏 5-8

现行经营城市发展模式对城镇债务扩张的影响
——以N省和B市为例

N省：N省2012年公共财政预算收入为264亿元，而财政支出为872亿元，中央转移支付为539亿元，约为当年财政支出的62%。同时，2012年全省地方政府性债务共计637亿元，占全省政府可用财力924亿元[①]的70%，若不计中央转移支付，则负债率约为165%。也就是说，自身维持运转已经是主要依靠中央财政转移支付了，还有相当于2012年财政收入2.4倍的债务需要偿还。从债务支出来看，基础设施建设和市政建设支出共计432亿元，约占2012年债务余额的68%。同时，债务余额中的银行贷款占94.82%，并且主要来源于土地抵押贷款。

B市：B市2013年公共财政预算收入2.77亿元，公共财政支出2.78亿元，土地出让收入4.37亿元。截至2013年，B市债务余额近10亿元，约为当年可支配收入（公共财政预算收入与土地出让收入之和）的1.4倍。相比B市2008年不到1亿元的债务余额，5年间年均债务增速超过150%。其中，分别约有57%和17%的债务由基础设施建设和公共服务支出产生，说明B市债务主要源于其城市发展模式的改变和城市规模的扩张。而B市债务的偿还主要以房地产发展所带来的土地出让收入为预期，2009~2013年，平均约有84%的土地出让收入来源于商住用地出让。可以看出，B市在通过拉大城市规模、大规模出让商住用地以保持偿还债务的资金链不断裂的发展模式下，对于能获得较多土地出让收入的房地产用地供给明显大幅增加。如果房地产供给过剩，商住用地价格下降，进而土地出让收入减少，B市资金链的断裂将影响债务偿还。

因此，在大量债务偿还以土地出让为预期（见专栏5-9），并且以土地价格上升为前提的情况下，如果作为土地出让收入主要来源的房地产用地价格下降，即房地产供给一旦过剩，地方政府资金链的断裂将直接

① 一般预算收入264亿元+中央转移支付539亿元+土地出让收入121亿元。

影响到未来政府性债务的偿还。

专栏5－9 以土地出让收入为偿还预期的债务规模

截至2012年底，11个省级、316个市级、1396个县级政府承诺以土地出让收入偿还的债务余额为3.49万亿，约为2012年土地出让收入总额2.69万亿的1.3倍。2013年全国84个重点城市土地抵押贷款总额7.76万亿，约为2013年全国土地出让收入的1.9倍，同期，我国单位面积土地获得的抵押贷款约为单位面积土地出让平均价格的2～3倍。

6. 房地产供给出现大幅波动和结构性失衡

中国城镇化进程伴随着农村人口进城势必带来强劲的住房需求。与发达国家曾经出现的房地产泡沫相比，中国房地产供给远未达到饱和。原因在于，发生泡沫的这些国家的城镇化率已经处于高位，并进入减速期或者停滞状态，城镇化率增速大多已经在低位运行。日本在1986～1990年房地产泡沫时期，城镇化率达76.7%～77.4%，而1985～1990年的经济年均增长速度约4.5%；美国在2002～2008年发生房地产泡沫时，城镇化率达79.8%～81.7%，期间经济增长速度慢，2007年仅2.2%。而中国的城镇化正处于高速增长期，经济增长也仍在高位运行，2014年城镇化率达54.77%，经济增长速度7.4%；未来涉及数亿农村人口进城定居和城镇间流动人口就业和生活空间的相对固化，仍会产生巨大的购置住房和租赁住房的需求。

但是在当前的城市发展和经营模式下，房地产的增长由于供给的结构性变化，仍会出现一段时期的波动。因为卖地的利益冲动，过早地推动了一些三、四线城市甚至二线城市房地产的过度供给。从不同城市房地产投资占全国房地产投资的比例来看，2012年，二线城市的房地产投资占全国房地产投资比例高达33.5%，而地级城市、地级以下地区的比重分别达30.9%、25.1%，并且为了获取更高的土地出让金，满足视觉化的中高档房地产供给也会出现相对过剩的现象。由于房地产提早进入阶段性的衰退期，对中国经济的增长和经济结构的调整会带来巨大的压力，2014 年房地产下滑带来 GDP 约减少 7000 亿元，拉低国民经济增长速度达 1.2 个百分点（见专栏 5－10）。

专栏 5－10　房地产投资增速下降对国民经济增长的影响

2014 年房地产开发投资的增速（10.5%）较 2013 年（19.8%）下滑了 9.3%[①]。因此，2014 年房地产开发投资增速下滑所减少的投资额为 7999 亿元。要测算对经济增长的影响，需要将房地产投资减去土地购置费，作为建筑业产品需求额的实际减少额，扣除土地购置费后的减少额为 6742 亿元。

根据国家统计局综合司课题组的研究结果，“每 100 元的房地产需求，大约会影响其他行业 215 元的需求，如果再加上房地产自身的需求，会影响 315 元的总产出”[②]。因此，房地产下滑导致总产出减少 21240 亿元，按 33% 的平均增加值率计算，导致增加值减少约 7000 亿元，拉低了国内生产总值增长速度 1.2 个百分点。

7. 城市的经营和发展模式面临着严峻的挑战

城市土地的粗放型利用，城市经营效率的下降；城市成本的抬升，城市的债务膨胀，城市的招商引资面临着巨大的竞争压力；城市变得越来越不生态和不低碳，生活不方便，服务业发展受到了严重的遏制；房地产供给出现结构性的波动和衰退等，使得未来的城市管理者面对巨大的压力，以应付可能出现的危机。30 年高速的经济增长和城镇化进程，政府官员没有时间思考城市的管理模式问题，更多地习惯于复制上级城市的经验，或者是发达国家城市的外在表象。而以往的高速增长也掩盖了可能会出现的种种危机。当所有的问题和矛盾经过几十年的积累逐步显现时，观念和制度调整的滞后，以及利益相对的固化，导致城市经营

① 根据《中国统计年鉴 2014》房地产开发企业完成投资额等推算。

② 国家统计局综合司课题组，“关于房地产对国民经济影响的初步分析”，《管理世界》2005 年第 11 期。

模式的转型遇到了严峻的挑战。

选择原有的模式，随着房地产供给过剩，可能的资金筹措预期转变成了严重的债务，资金链的断裂已经成为城市无解的难题，只有期待中央政府的政策救市。选择新的模式，很难复制国外的制度经验。在中国，如何建立止损机制，顺利地实现转型，仍需要诸多的创新，却面临着较大的阻力。在倒逼机制下，观念的转型和改革、创新，已经是摆在现有城市经营管理者面前唯一的可选择方式。问题是如何突破已有的模式惯性，实现上下配套的改革体系，并在局部试行创新的实践，有待新的政策出台。

六、转型、改革和创新的未来城镇化进程

（一）转型的目标和重点

1. 转型的目标

按照中央政府 2014 年颁布的国家新型城镇化发展规划的要求，未来中国城镇化至少要实现三个方面的转型：一是以人为本，二是可持续低碳、绿色和生态的城市发展路径，三是创新的城市管理体制和发展机制。以人为本，意味着中国城市政府要更多地关注如何促进农民进城，如何解决城镇居民的就业和生存空间的改善。实现低碳、绿色和可持续的城市，就是要把传统的以视觉为导向、以征地卖地为利益机制的短期发展模式，转变为注重长远、注重提高资源配置效率和人口密度、更方便农民进城、更方便居民生活的城市发展理念。城市创新，是要通过改革和科技的创新消除体制性和机制障碍，通过信息化和互联网手段的利用实现城镇政府管理、治理水平的提高。

2. 转型的重点

实现城镇化的转型，重点之一是降低城市发展成本，增强发展的包容性。如何持续地利用中国城镇化曾经有过的低成本模式，这也是世界上绝大部分国家必须经历的历程。毕竟进城定居和就业的农民并没有受到过良好的教育，他们需要的是和他们的工资收入、受教育能力相适应的生活和就业环境。矫正中国城市政府官员的发展观，就是要正视现实，

降低农民进城落户的门槛，增加城市的包容性，注重解决城镇居民就业和生活条件的改善。

重点之二是提高城市资源的配置效率，杜绝粗放性的城市发展路径。调整城市经营理念，按照企业的运营和管理方法，精打细算地使用政府掌控的土地和资金以及资产。通过约束机制的建立，遏制短期行为，使得政府资源的配置满足城市的长期发展需求，满足城镇居民的多元公共需求和市场化需求。在提高人口密度的基础上，通过资源配置效率的提高，实现生态、低碳、绿色的城市可持续发展目标。

重点之三是激发城市的活力。一是要打破行政等级的限制，激发中小城市和特大镇在平等条件下竞争的活力，促使他们更多地以低成本的方式吸纳就业和新增转移人口。二是要激发进城外来人口和农民工的活力，他们作为城市人口的生力军和新鲜血液，在改善人口结构、促进要素流动、打破福利限制、增加人力资源的竞争性等方面可以为城市带来巨大的活力。三是激发民营企业和中小投资者的活力。通过开放市场，允许他们在同等条件下参与城市的开发、基础设施投入和运营，同样可以激发他们改善城市就业结构和产业结构的活力，提高资源配置效率的积极性。降低成本，提高资源配置效率，激发各经济主体的活力，应该是城市转型过程中必须重视的现实问题。

重点之四是实现创新。促进城市管理和治理的改革，要从改革和提高治理能力上进行创新。要打破传统的城市管理体制和机制的束缚，调整政府和市场之间的关系，强化政府的服务功能，减少审批权限，更多地让市场来配置资源。要调整城市发展理念上的误区，遏制政府的短期行为，更好地发挥规划对城市发展的引领作用。要充分运用现代的科技和手段，提升政府在管理和治理城镇、加强公共服务等方面的能力，实现技术手段创新的城市实践。

（二）可能推动的改革和创新

1. 促进城镇化转型，降低城市发展成本

（1）转变城市发展导向，降低城市运营成本

各级政府要明确，城市发展必须结合我国国情，遵循经济发展的客

观规律，防止盲目扩张和粗放建设，降低城市建设维护成本，降低城市门槛。规范地方政府财政支出行为，完善政府债务资金使用和偿还的信息披露制度，尽快建立健全政府债务信用评级体系。要建立收支平衡的经营理念，减少政府在基础设施建设方面的短期行为。对于城镇政府已经形成的债务危机，要探索建立止损机制，调整规划，放慢发展步伐，减缓大规模的基础设施投入，把投资重点转向民生。在城镇化进程中，各级政府要在因地制宜地制定引导政策、做好相关管理和服务的基础上，更好地发挥市场作用，加快推进公私合营模式（PPP）在基础设施建设和公共服务领域的推广与应用。

（2）推进城乡建设用地同权开发和利用，降低城市发展用地成本

允许农村集体建设用地在符合城镇规划和有关条件的前提下，直接参与城镇经营性用地的开发。在符合规划要求下，允许集体建设用地抵押并获得金融机构的贷款，并由集体土地所有者决定建设用地的开发利用方式。应允许集体经济组织和内部成员自行对城中村进行改造，政府要减少行政干预。政府应逐步完善集体建设用地开发过程中相应的税收政策，并监督集体经济组织完善收益管理和分配制度。

（3）允许集体经济组织利用自有集体建设用地建设产业园区，降低工业用地成本

在符合城镇总体规划原则的基础上，允许农村集体经济组织在自己所有的建设用地上建立产业园区，并自行招商引资。允许集体产业园区的用地进行抵押，鼓励金融机构加大对园区的金融支持。政府应逐步完善集体产业园区土地使用的税收政策，并支持建设相应的基础设施和公共服务设施。

（4）推动城市发展方式转变，降低服务业发展成本

提高城市土地利用效率和城市容积率，提高城市人口密度，提高服务业规模效益。鼓励城区土地小块拍卖或廉价租赁直接用于服务业经营。城镇政府应增强对传统服务业的包容性，拓展服务业发展空间，在鼓励类服务业名录中增加传统服务业类型。提高城市服务业用地比例，城市主城区“腾笼换鸟”应与“退二进三”相结合，逐步将工业企业迁出主城区和人口密集区，退出的土地优先用于发展服务业。

2. 优化城市资源配置方式，提高资源要素利用效率

（1）鼓励城镇建设用地小块出让，推动城镇土地集约利用

应在各类城市进行试点，探索城市的商住用地实行小块出让模式，限制大规模的房地产开发，吸引中小投资者参与小块土地开发，改变城市的千城一面形态。扩大国有土地有偿使用范围，逐步对经营性基础设施和各类社会事业用地实行有偿使用。推进城镇低效用地再开发，在符合规划的前提下，鼓励原土地使用权人自行改造旧城镇、旧村庄、旧厂矿用地，支持利用旧厂房、闲置仓库等用地兴办服务业，经批准并补缴相应税费后可采取协议方式供应。工业用地按商住用地价格补交土地出让价差后，可直接转变为商住用地。

（2）合理调控城市用地规模，分类配置用地指标

城镇人均建设用地已经超出国家规定用地标准的，要严格控制新增用地指标。以现有常住人口为依据，确定新增用地指标在各级城镇的分配比例，上级城市不得截留。探索实行地区间人地挂钩政策，城镇建设用地新增规模要与吸纳外来人口落户规模相挂钩；对需要控制人口增长的城市，要严格控制新增建设用地指标。规范城乡建设用地增减挂钩，允许跨县级行政区域设置城乡建设用地增减挂钩项目区。

（3）遏制工业园区对土地粗放型利用，探索产业园区民营化管理

在新批准的各类产业园区、工业园区鼓励进行管理改革的试验，允许民营企业直接参与产业园区的管理、招商引资。对原有的各类开发区、产业园区等可逐步推广民营化管理的模式，提高土地资源的配置效率。

（4）盘活城镇政府存量资产，优化政府资产配置

开展城镇政府资产确权登记、评估工作，允许抵押担保（必要的公益设施除外，如学校、医院、文保设施等）。整合城镇资产管理和运营主体，推进企业化运作模式。综合运用股权投资、信托计划、上市融资等工具，扩大基础设施建设直接融资比重，减少对土地财政的依赖。加快城镇基础设施资产证券化工作探索，增加总量规模，扩大相应资产支持债券投资者范围。

（5）严格控制新增市辖区，防止主观任意扩大城市规模，造成资源浪费

设区要充分考虑母城和将要设区县市之间的距离。设区要考虑人口规模，防止通过设区行为扩大机构设置和人员规模。鼓励空间上相对独立的市辖区改市。逐步取消开发区，符合条件的可独立设市，其余纳入市辖区。

3. 释放城镇化发展活力

（1）激发进城外来人口和农民工的活力

①推进符合条件的外来人口落户各类城镇。率先解决长期举家在城镇就业的外来农民工及其家属在各类城镇落户；全面放开本地农民落户限制；逐步有序放开外来农村人口和城镇间流动人口落户限制。转户后，应依法缴纳城镇社保。

②推进农业转移人口享有城镇基本公共服务。各地应按照土地出让净收益的10%计提城镇化专项资金，用于推进农业转移人口市民化相关公共支出。加快解决农民工子女义务教育。在吸纳农民工较多的城镇，允许民办学校作为过渡性方式存在。政府要合理设置民办学校的准入条件，允许在一定时期内和城镇公办学校存在差异。政府应统一安排民办学校教师培训、教师职称评定。鼓励公办学校教师到民办学校轮流定期任教。完善农民工社会保障制度。加强政府对企业缴纳农民工城镇社保费用的监管力度。以农民工为重点，扩大职工基本养老保险覆盖面；制定完善针对灵活就业农民工的养老、医疗保险办法；不得以户籍等原因设置参保障碍。把农民工纳入城镇公共就业服务体系。保障农民工的基本医疗卫生和计划生育服务。

③多渠道改善农民工居住条件。政府应为符合条件的农民工提供租房补贴，也可将符合条件的农民工纳入公租房保障范畴；允许集体经济组织利用集体建设用地按照规划建设市场化出租房。政府要增加对农民工集中居住区的基础设施和公共服务设施投入，加强在建筑质量、消防安全、环境卫生等方面对出租房的服务和管理。

（2）激发中小城市发展活力

①修改设市标准，适当增加城市数量。县人民政府驻地镇、镇区人

口 5 万以上的建制镇应设市。少数民族地区和边境地区建制镇可适当放宽设市条件。县以下（不包括县）设市权限由省级人民政府负责。

②探索减少或逐步淡化城镇行政管理层次。逐步实行省（自治区、直辖市）直管县和市，县管理镇和乡，稳步有序取消市管县体制，推进区域管理、农村管理和城市管理分治，最终落实省、县、乡三级政府的行政区域管理体制。

③科学设置城镇管理机构、编制和权限。新设市可参照开发区管理模式，打破“上下对口”格局，可自行调整机构设置和人员配置，新设市所在行政区域内原则上不增加公务员编制。合理划分各级城镇事权，赋予与常住人口规模和经济总量相适应的经济社会管理权限，实行责权统一的城镇管理体制。东部镇区人口 3 万以上、中西部镇区人口 2 万以上的建制镇，允许设立镇级国库。

（3）激发民间资本和中小企业的发展活力

①推动民间资本参与城镇化建设。取消民间资本投资和经营城镇市政公用事业的限制。鼓励民间资本以独资、合资合作、受让股权、资产购买等方式参与市政公用设施项目建设和运营。尽快出台城镇市政公用事业特许经营权法，允许利用城镇市政公用事业特许经营权进行质押担保。

②释放中小企业发展活力。继续强化对创新型、劳动密集型、创业型中小企业特别是小型微型企业支持力度，整合各项中小企业专项资金和国家中小企业发展基金，逐步扩大规模。加快推进小微企业创办计划。

4. 推动城市管理创新，提高城市治理水平

（1）创新城镇规划体制

整合规划职能机构，建立“多规融合”的体制机制。促进国民经济和社会发展总体规划、城市总体规划、土地利用总体规划、基础设施和生态环保等规划的融合。逐步取消各类规划机构资质资格许可和认定，强化个人专业资质和法律责任。完善规划公众参与程序，把公众参与纳入到规划编制、审批和实施的全过程。

（2）推进智慧城市建设

充分运用信息化手段，推动地理信息系统、物联网、云计算、大数

据等信息技术在城市决策中的创新应用。完善信息资源共享机制，建设城市信息共享平台，推进部门、企业、公众之间信息互联、互通，促进城市公共服务便捷化。有条件的城市应充分利用既有信息化设施，逐步改善提升，避免重复建设，防止新一轮政绩工程。要加快推进市场化的智慧城市建设，充分利用我国互联网的优势，率先在城市新区、中小城市、社区和园区实现房地产、互联网、金融、保险、养老医疗、健康等产业的跨界经营，建立方便城镇居民、促进市场化服务、低碳和节能的智慧城市样板，并逐步总结经验，稳步推广。

（3）加快绿色低碳城市建设

在城镇规划建设和管理中，应提倡商业、居住、生态等功能在空间上的混合搭配，实现生活便捷、职住平衡。倡导微型广场、公园和生态空间建设深入居民社区。建设紧凑型城市，减少机动车出行，降低碳排放。各级政府应通过财政补贴和技术支持，鼓励城镇发展分散式、小规模新能源；推动分布式可再生能源的全方位、多元化、规模化应用；提高新能源和可再生能源利用比重。实施绿色建筑行动，加快既有建筑节能改造，大力发展绿色建材。在城镇居民中推广绿色生活方式和消费方式。

致 谢

《中国城镇化2014年度报告（主报告）》是国家发改委全委层面重大课题的研究成果，由中国城市和小城镇改革发展中心具体承担完成。在课题研究和报告撰写过程中，许多专家提出了建设性的意见，林毅夫、周其仁、蔡昉、邱晓华、樊纲、王建、夏斌、王小鲁、马晓河、杨保军、毛其智、顾朝林、陶然、陆铭、刘守英等为报告提出了有价值的意见和建议。与他们的交流，激发了思想的火花，开拓了报告的思路。

在研究过程中，课题组分别赴天津市、河南省新乡市、广州市番禺区、浙江省苍南县龙港镇、诸暨市店口镇、温岭市大溪镇、安徽省天长市、河北省崇礼县等地进行了实地调研，得到了调研地区政府的大力支持；同时还赴日本、韩国、中国台湾地区进行了专题考察，得到了日中经济协会、UR都市机构、J－Code（日本海外生态城项目协议会）、韩国驻华大使馆、国立政治大学（中国台湾）等机构的大力支持，在此一并表示感谢。

（中国城市和小城镇改革发展中心课题组）

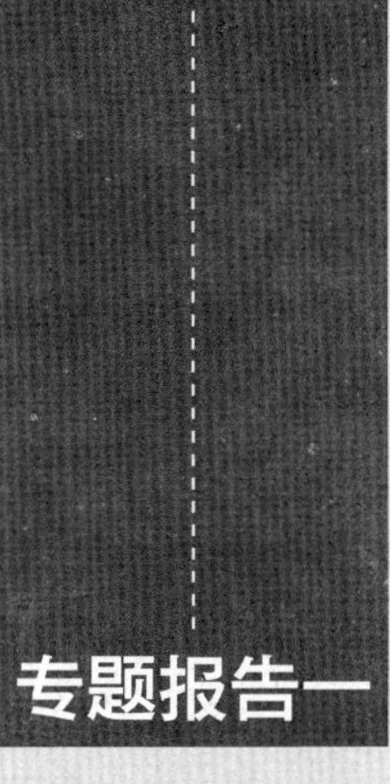

京津冀协同发展的思路与对策

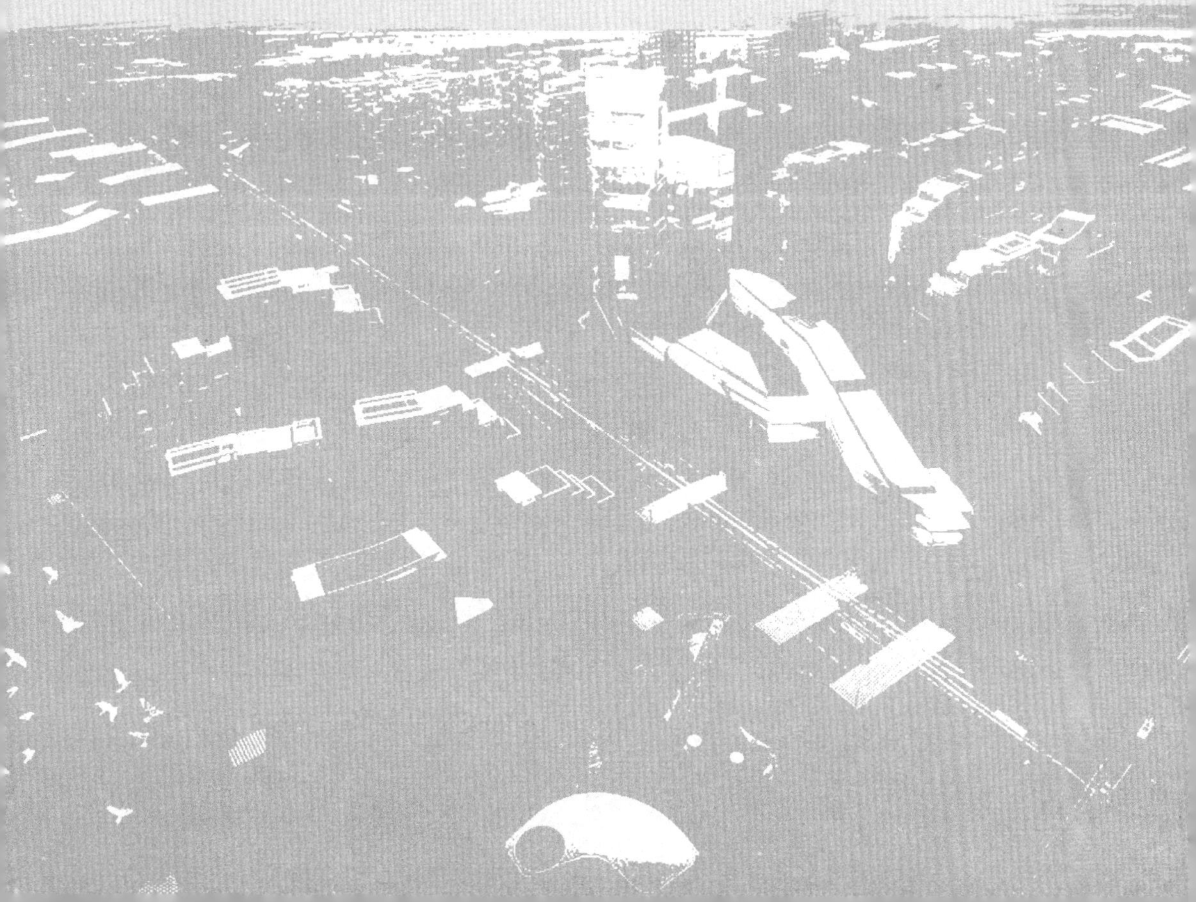

早在20世纪80年代初，国家有关部门就开始推动京津冀一体化工作，但由于各种原因，相关规划未能出台或实施，一体化工作进展不大。十八大后，京津冀协调发展进入新阶段，2014年2月，习近平总书记专门听取京津冀协同发展工作汇报并指出，京津冀协同发展意义重大，要上升到国家战略层面；要求打破"一亩三分地"的思维定式，抓紧编制首都经济圈一体化发展的相关规划。2014年国务院《政府工作报告》提出"加强环渤海及京津冀地区经济协作"，2014年12月中央经济工作会议上，把京津冀与"一带一路"、长江经济带并列作为我国区域发展三大战略。

习近平就推进京津冀协同发展提出7点要求：

一是要着力加强顶层设计，抓紧编制首都经济圈一体化发展的相关规划，明确三地功能定位、产业分工、城市布局、设施配套、综合交通体系等重大问题，并从财政政策、投资政策、项目安排等方面形成具体措施。

二是要着力加大对协同发展的推动，自觉打破自家"一亩三分地"的思维定式，抱成团朝着顶层设计的目标一起做，充分发挥环渤海地区经济合作发展协调机制的作用。

三是要着力加快推进产业对接协作，理顺三地产业发展链条，形成区域间产业合理分布和上下游联动机制，对接产业规划，不搞同构性、同质化发展。

四是要着力调整优化城市布局和空间结构，促进城市分工协作，提高城市群一体化水平，提高其综合承载能力和内涵发展水平。

五是要着力扩大环境容量生态空间，加强生态环境保护合作，在已经启动大气污染防治协作机制的基础上，完善防护林建设、水资源保护、水环境治理、清洁能源使用等领域合作机制。

六是要着力构建现代化交通网络系统，把交通一体化作为先行领域，加快构建快速、便捷、高效、安全、大容量、低成本的互联互通综合交通网络。

七是要着力加快推进市场一体化进程，下决心破除限制资本、技术、产权、人才、劳动力等生产要素自由流动和优化配置的各种体制机制障碍，推动各种要素按照市场规律在区域内自由流动和优化配置。

京津冀协同发展首先是一个区域问题，从国际经验来看，区域规划是推动区域一体化发展行之有效的手段。目前，京津冀协同发展规划正在编制过程中，但由于我国区域发展合作中存在的行政集权和层级管理体制特征，区域发展规划还存在落实难的问题。因此，编制好京津冀协同发展规划，并确保规划落到实处，既要遵循快速城镇化进程中区域协同发展的普遍规律，也要充分考虑我国区域发展合作的独特性。

一、区域协同发展的国际经验与我国区域发展的主要特征

（一）国际经验和规律：城镇化进程中的都市圈人口

1. 日本东京都市圈的人口增长历程

东京都市圈包括 1 都 3 县（东京都、埼玉县、千叶县、神奈川县），其中，东京都区部可认为是都市圈的核心区（主城区、完全城市化地区），东京都区部以外的地区类似核心区近郊区，三县的主体在东京 50 公里的范围内。

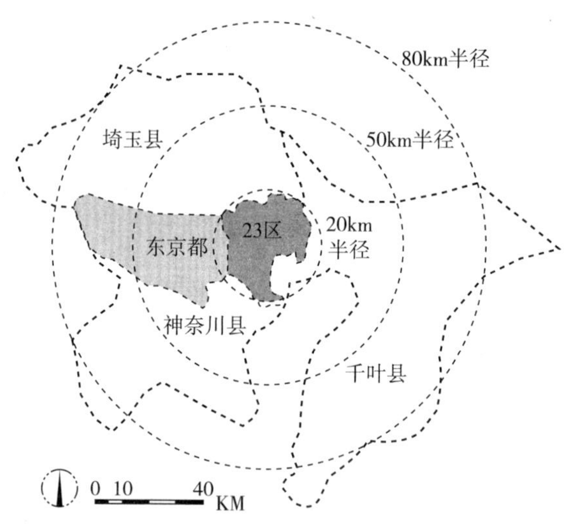

图 1　东京都市圈的圈层结构

在日本城镇化率从 40% 到 70% 期间内，核心区人口增长最快，其后核心区基本停止增长，外围三县人口快速增长。在东京都市圈核心区 23 区（半径为 20km 以内）及东京都人口在“二战”后至 1965 年左右呈现

快速增长趋势，三县（埼玉县、千叶县、神奈川县）人口虽也有一定程度的增长，但是增长率（年均23%）小于东京都（年均31%）。此后23区人口基本稳定并有回落，在2000年后全国城镇化率突破80%后有微小的增长趋势。这段时期，三县的人口快速增长，总人口从1015万人增长到2152万人，远远超过核心区23区及东京都的人口，平均增速高达32%。

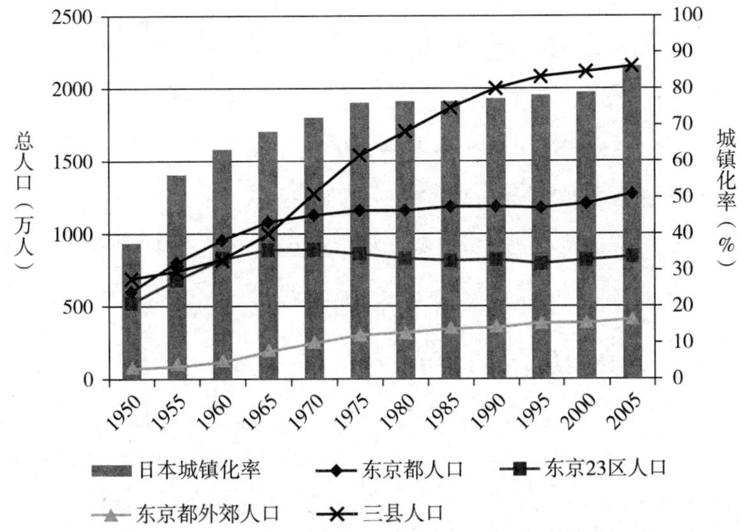

图2　1950～2005年东京都市圈人口变化情况及与日本城镇化率变化

数据来源：根据世界银行、日本国势调查、东京都统计等资料整理。

东京都市圈中23区、东京都外郊、三县的人口密度基本稳定在14000人/平方公里、3000人/平方公里和2000人/平方公里。其中，23区的人口密度最高，从“二战”后到1965年左右快速增长，并在1965年左右达到峰值约15000人/平方公里，这段时间整个日本的城镇化率从不到40%增长到接近70%。此后23区人口密度呈现周期性的波动，1995年回落至13000人/平方公里左右（这段时间日本城镇化率基本稳定），在1995年以后随着整个日本的城镇化率的再次提升而逐步增长。整个东京都的人口密度增长到7000人/平方公里左右趋于稳定，其中23区外的部分人口密度仅为3000人/平方公里左右。而当半径扩大到80km，三县的平均人口密度在2005年仅增长到2000人/平方公里左右。

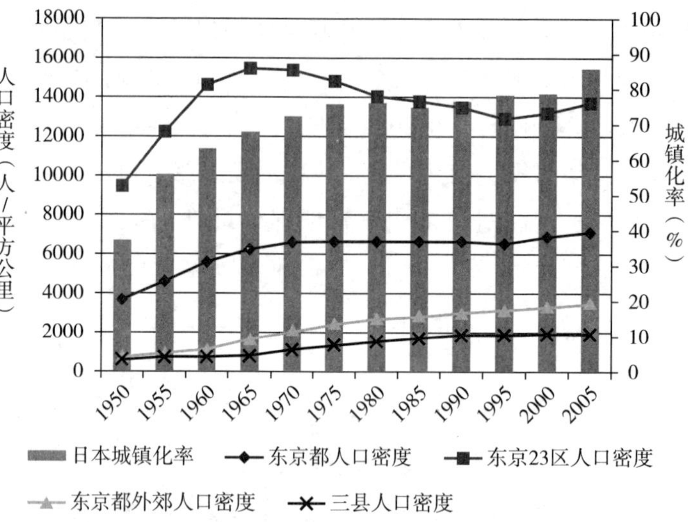

图3　1950～2005年东京都市圈各圈层人口密度变化及与日本城镇化率变化

数据来源：根据世界银行、日本国势调查、东京都统计等资料整理。

2. 日韩首都圈与北京的对比

从城镇化发展角度看，在城镇化率由50%增长到70%～80%的阶段，都市圈人口向核心区集聚的趋势明显。例如，1950～1975年，日本城镇化率由50%提高到78.6%，东京都核心区（23区部）人口由543万增加到约900万，之后经历下降和回升，并基本稳定在900万。1970～1990年，韩国城镇化率由50.2%提高到82.6%，期间，首尔市人口由554万增加到1992年的顶峰值1092万，到目前基本稳定在1000万。从都市核心区人口密度看，人口密度在1.5万～1.8万人/平方公里以后，人口基本趋于相对稳定。从都市圈人口增长的圈层看，核心区外围30～50公里的中小城市，人口始终在持续增加。

从城镇化发展阶段看，北京核心区人口可能仍有增长空间，但从人口密度看，北京核心区人口密度与东京和首尔核心区已基本相当。从都市圈外围区域看，北京周边中小城市吸纳人口能力明显不足。对比韩国首尔、日本东京等城市，距离北京市中心30～50公里的外围区域内，应大力培育中小城市，吸纳新增人口。

表 1　　东京、首尔都市圈与北京比较

		北京	东京	首尔
核心区	范围	五环内	23 区部	首尔特别市
	面积（平方公里）	667	621	605
	人口（万人）	1000	895	1014
	人口密度（万/平方公里）	1.49	1.44	1.67
都市区	范围	六环内	东京都	
	面积（平方公里）	2267	2187	
	人口（万人）	1477	1315	
都市圈	范围	北京市域	1 都 3 县	首尔仁川京畿道
	面积（平方公里）	16800	13559	11724
	人口（万人）	2115	3561	2530
大区域	范围	京津冀	本州	韩国
	面积（平方公里）	217500	228000	100210
	人口（万人）	10772	10334	5000

数据来源：根据京津冀三地统计年鉴、日本国势调查、首尔都市基本规划、首尔首都圈广域都市规划等资料整理。

专栏 1　关于都市核心区范围、人口密度的比较①

对都市圈核心区范围界定的不同，可以得出不同的人口密度。在此，大致将城市中心区往外的连片城市建成区作为都市圈核心区，考察世界部分主要都市圈核心区人口密度。

下面对几个主要城市的情况作了说明。

（1）亚洲地区的部分城市

①东京、首尔。东京都区部（23 区）、首尔市，面积分别是 621 平方公里、605 平方公里，人口分别是 895 万、1014 万，密度分别是 1.44 万人/平方公里、1.67 万人/平方公里。

① 专栏中中国城市数据来源各市第六次人口普查和统计年鉴；国外城市数据根据相关网站资料整理。

②北京。五环内作为核心区，面积 667 平方公里，人口 1000 万，密度 1.49 万人/平方公里。如果限定到东城和西城，面积是 92 平方公里，人口密度约 2.3 万人/平方公里。

③上海。如果按照上海的情况，中心城区大约是 289.4 平方公里，人口是 698.6 万，密度 2.41 万人/平方公里。另外，闵行区和宝山区都有一部分与市区相连，但如果把两个区（闵行、宝山）单独拿出来算，则中心城区 + 闵行，面积是 660 平方公里，总人口是 941 万，密度为 1.43 万/平方公里；中心城区 + 宝山，面积是 560 平方公里，总人口是 889 万，密度约 1.59 万人/平方公里。

（2）欧美部分城市

①纽约。全市面积 786 平方公里，人口大约是 836 万，密度大约是 1.06 万/平方公里。但从实际情况看，纽约分 5 个行政区，其中一部分是斯塔腾岛，面积是 151 平方公里，人口是 48.7 万，密度是 3228 人/平方公里。从地理上，与其他部分应该是分离的。其他四个部分，面积正好也在 600 平方公里左右（635 平方公里），总人口是 788 万，密度是 1.24 万人/平方公里。

②巴黎。巴黎市面积是 105.4 平方公里，包括市内 87 平方公里，另外加上“两个森林” 18.4 平方公里，巴黎市总人口是 223 万人，人口密度是 2.56 万/平方公里（不算外围森林面积）。巴黎市与外围的“内环三省”，通常被当作更大范围的都市核心区，总面积是 762 平方公里，人口是 622 万，人口密度是 8163 人/平方公里。其中内环三省的人口密度都不高，一个面积 170 多平方公里，人口密度 8000～10000 人/平方公里，另两个 240 平方公里左右，人口密度 6000 人/平方公里左右。

③伦敦。人口统计和分区口径比较复杂，但总体看人口分布相对均匀，人口整体密度不高。伦敦可以分为内伦敦和外伦敦，总面积大约 1579 平方公里，人口约 750 万人，密度为 4749 人/平方公里。其中，内伦敦（大约相当于连绵城市建成区）约 300 平方公里，人口约 300 万人（另有数据为 214 万人），密度约 1 万人/平方公里。

总体看，亚洲的北京、上海、东京、首尔，核心区面积恰巧都在

600 平方公里左右；美国的纽约，建成区连绵区大约也在 600 平方公里。在 600 平方公里左右的核心区范围内，北京、上海、东京、首尔、纽约人口密度都在 1.5 万人/每平方公里左右；首尔最高，1.67 万人/平方公里，纽约最低，1.24 万人/平方公里。

（二）我国区域经济发展的主要特点

与市场经济国家不同，我国区域经济发展存在等级化的管理体制和行政分割特征，利用行政手段配置资源方式还比较普遍，行政主导色彩浓厚，行政区划界限对区域经济发展的影响显著。

1. 等级化的管理体制和行政分割

（1）等级化加速了优质资源向高等级城市集中

我国的城市可以分为直辖市（省级）、副省级城市、地级市、县级市等层级，不同层级的城市对应着相应的行政等级，不仅在政治和法律上，而且在经济领域也具有管辖与被管辖的关系。高级别的城市拥有更强的资源配置能力和行政影响力。城市地位的非对等性限制了城市间的平等竞争，也弱化了市场配置资源的作用。

城市的行政级别了决定调配资源能力，使高等级城市的公共服务水平远远高于低等级的城镇。2012 年我国县（县级市）、地级市市辖区、省会城市市辖区和直辖市市辖区人均一般预算内财政支出为 1∶2∶2.5∶4.6。因为存在等级化关系，上级城市可以通过行政手段攫取下级城镇的资源，比如 2012 年地级以上城市市辖区地方预算内财政收入占全国地方财政收入的 28.8%，而支出占到 35.1%①。

（2）行政分割导致了区域间的竞争性格局

我国以行政区作为政绩考核单元。在目前的政绩考核体系下，对地方政府的激励和约束更多地是来自上级政府，压力也主要来自于当地户籍居民。因此每一个地方政府领导都只关心本区域内部能不能获得最大

① 数据来源于《中国城市统计年鉴 2013》，报告中所用数据如非特别注明，均来自相关省、市统计年鉴。

化利益，很少关心区域经济一体化发展问题；只关心任期内能够取得何种政绩，很少关心长期发展问题；只去关心户籍居民福利改善，很少关心本地外来人口公共服务状况改善。在等级化行政管理体制下，一些地方政府领导为了能够在短期内获得政绩，不惜以行政方式在高等级城市中心区集聚资源要素，使要素价格失真。比如，为扩大高等级城市空间，县改区现象频频发生。

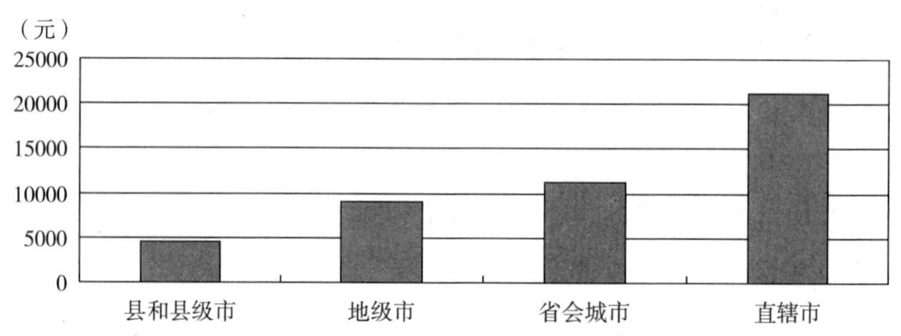

图 4　不同层级城市人均财政支出情况对比图

政绩考核单元和行政区分割导致了区域间的竞争。在我国行政体系下，区域之间的关系不是合作关系，也不是协同发展关系，而是竞争关系。对资源的竞争导致区域的同构，而不是互补关系。以北京和天津为例，为了争夺北方地区的龙头位置，北京有意封锁资源向天津的流动，比如首都二机场的选择，完全局限于北京市域范围；但目前天津机场的旅客吞吐量为 700 万～800 万人次，无论是从时间距离还是现有基础上，都可以合理分担首都机场的压力。对天津来说，也尽量避免向北京方向的发展。现在每一个区域的发展战略和经济定位，很少能看到互补性的战略，基本不去考虑一个地方的发展特点、阶段和水平，在指标上比照上级指标来确定地方发展指标，在产业选择上盲目跟风，一哄而起，同构现象突出。

2. 公共服务的行政区域化，造成了区域封闭

我国公共服务的供给是以行政区作为基本单位，地方公共服务和社会保障主要是由地方财政支撑。在目前体制下，城市和行政区在空间上是重合的，不同城市之间由于经济发展水平和财政支配能力的不同，在公共服务方面也存在着较大的差距。即使是在北京和天津之间也存在着

较大的差距，京津之间户口也不能对换。公共服务的行政区域分割进一步强化了区域的封闭性，通过将公共服务与户籍捆绑的相关制度安排，使城市之间或者行政区域之间的公共服务差别得以实现和维持。原来简单的城乡利益关系，又被行政区域间的公共服务差别化取代；原来要改革的是农村人口进城的户籍关系，现在则变为本地人和外地人的户籍关系。流入地政府并不愿接纳外地人口在本地落户，城镇化问题也从单纯的城乡二元问题，拓展为区域间的问题。

3. 基础设施供给的行政化，加剧了区域间的分割

在基础设施供给方面，跨区域的基础设施供给基本由国家统筹解决，但是区域内部的基础设施主要还是由地方政府自行来解决。基础设施是采取行政审批方式进行配置，要建设就必须首先由政府进行审批。基础设施建设审批成为地方政府调控经济发展的一种手段，由此也带来两个结果：一是基础设施供给不足，地方政府对建设与本行政区发展关系不大的基础设施往往积极性不高，甚至会起到阻碍建设的反作用。比如，如果按照市场原则，北京与燕郊之间就应该有一条地铁或轻轨连接，但是到目前并没有建设，燕郊距离通州已建成的八里桥地铁站不过 20 公里。二是基础设施难以有效对接，部分地区在封闭思维下，为了让资源尽可能留在本地，一些由本区域负责修建的基础设施故意不与周边其他区域对接。三是基础设施重复建设。经常为了竞争，不顾成本收益，盲目建设现象严重，造成了大量基础设施的浪费，突出表现在港口、机场等枢纽型基础设施建设的重复与浪费。基础设施供给中的行政区域化，进一步导致了区域分割，不利于资源要素的自由流动。

二、京津冀发展现状

（一）三地政治地位不同

京津冀三地同属省级单元。从城市类型看，区域内有两个直辖市和 11 个地级市，京津两市各有一名政治局委员；河北是一个省级单位，只有 2 个中央委员和 1 个中央候补委员。加上北京作为首都的特殊地位，事

实上形成了“北京 - 天津 - 河北省 - 河北各市”的行政层级。在这种行政等级下，北京是区域发展的核心，区域协作就是要优先考虑北京，为此天津也要作出必要的牺牲。相比京津，河北没有任何话语权，处于绝对的从属地位。这种政治和经济地位的严重不对等，严重地影响了区域之间的合作和协调。

（二）人口向京津集中的趋势较为明显

从地市以上城市看，2012 年京津冀城市群中，北京市人口最多，达到 2069.3 万人；其次是天津市，人口为 1413.2 万人；河北省各地市人口较多的分别是保定市和石家庄市，人口分别为 1135.1 万、1038.6 万；而河北省其余地级城市人口均在 1000 万以下（图 5）。从人口增速来看，京津冀地区的人口总量从 2000 年的 9010 万上升到 2012 年的 1.08 亿，12 年间增长了 19.4%，但是，增长主要集中在北京和天津。其中，北京市人口从 1356.9 万人增长到 2069.3 万人，增长了 52.5%，人口占京津冀区

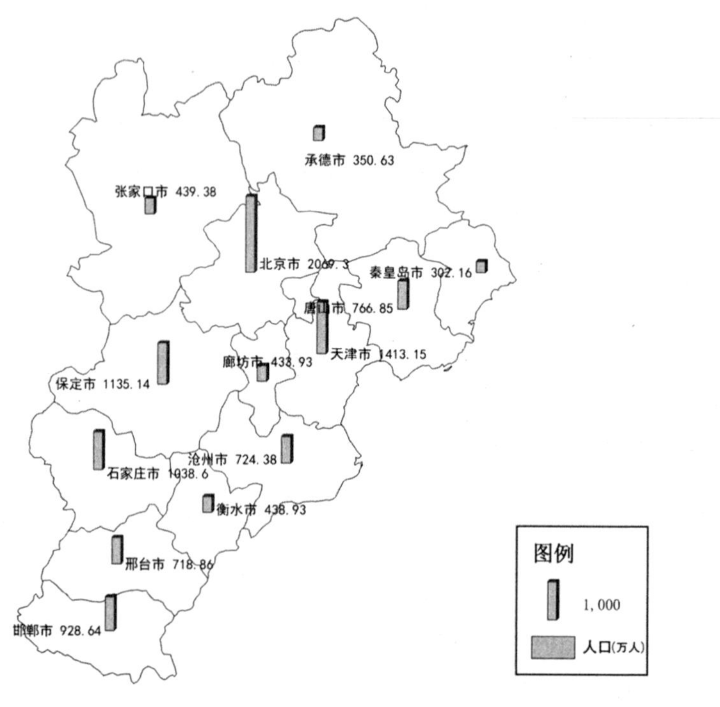

图 5　2012 年京津冀地区各城市人口数量

域比重由 15% 提高到 19.2%。天津人口从 984.9 万人增长到 1413.2 万人，增长了 43.5%，人口占京津冀区域比重由 10.9% 提高到 13.1%。河北各城市人口增长相对较缓慢，只有石家庄和廊坊的人口增长超过 10%，分别为 12.4%、13.2%，其余各城市人口增长均在 10% 以下，人口占比均下降，其中下降最快的是保定，从 2000 年的 11.6% 下降到 2012 年的 10.5%，下降 1.1 个百分点。

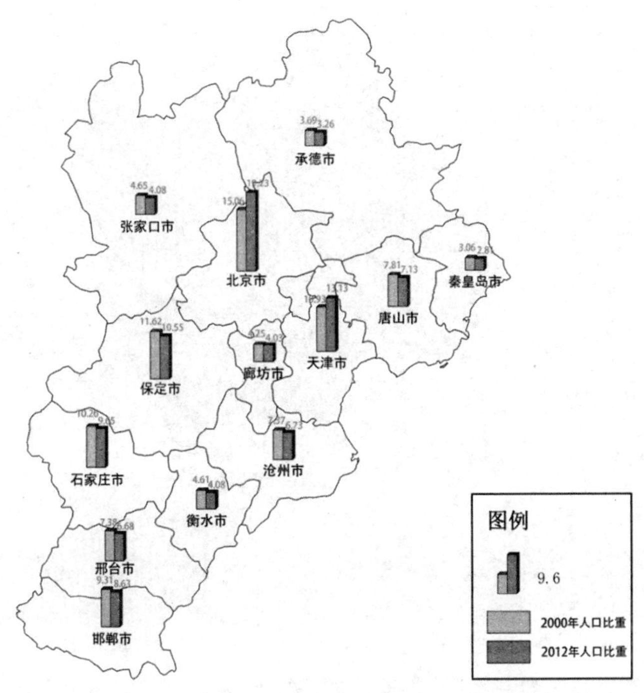

图 6 2000 ~ 2012 年京津冀各城市人口比重变动

从县（市、区）层面看，京津冀地区人口增长主要集中在京津近郊及周边县市。2000 ~ 2010 年 10 年间，常住人口增长超过 100 万人的包括北京的海淀区、昌平区和天津的滨海新区。此外，北京丰台区、大兴区、通州区、天津主城区以及石家庄城区人口增长较快，而余下 146 个县市 10 年间人口增长都不到 10 万人。其中有 29 个县市人口出现负增长，遍布京津冀地区，以河北北部山区的市县最为突出，也包括蓟县、定兴县、正定县等距大城市较近的外围县。此外，唐山市作为京津冀东部重要的经济中心，其常住人口不增反降。

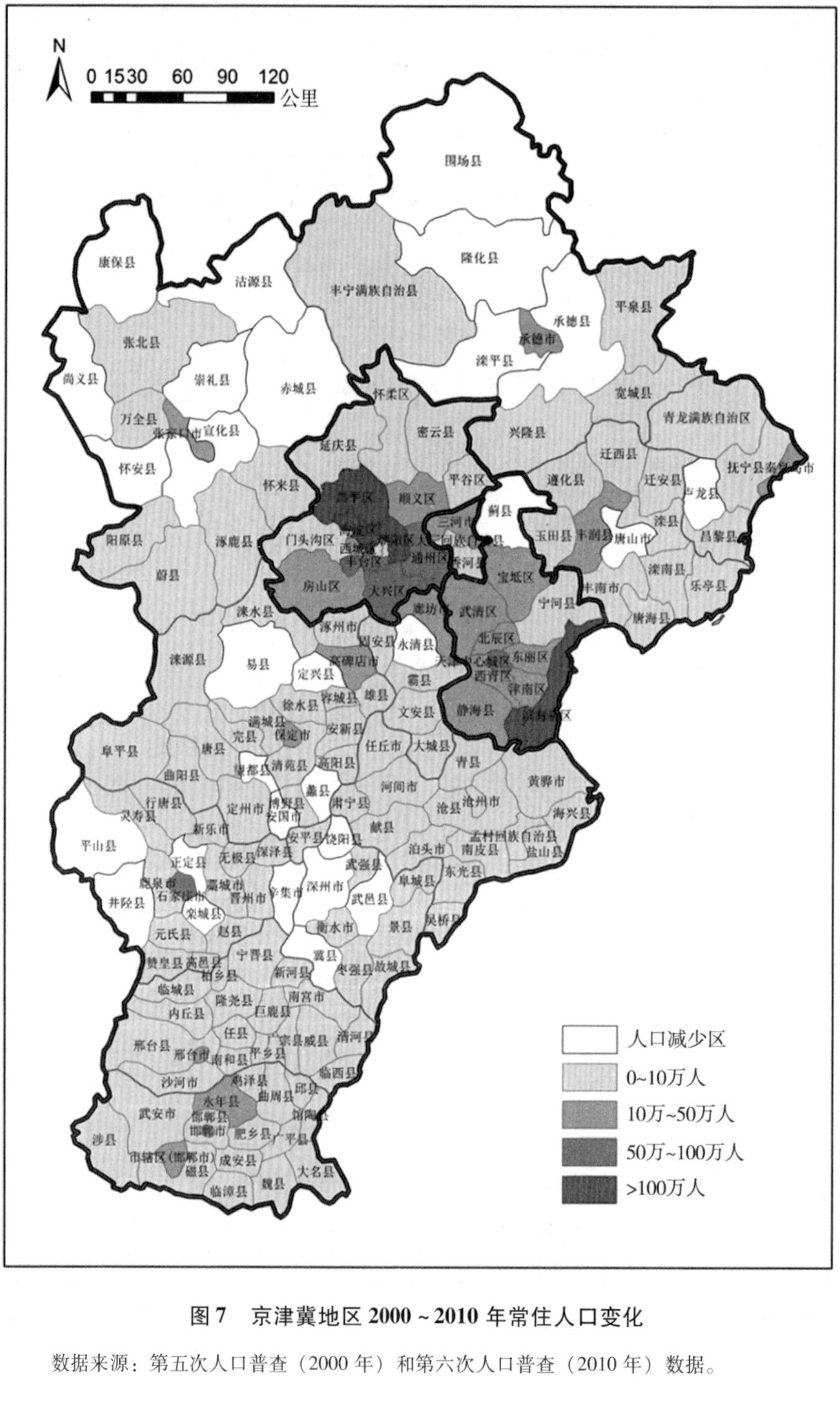

图 7　京津冀地区 2000～2010 年常住人口变化

数据来源：第五次人口普查（2000 年）和第六次人口普查（2010 年）数据。

从首都圈层看，北京五环内面积约 667 平方公里，人口约 1000 万。以天安门为中心，划定首都都市圈的 30 公里圈和 50 公里圈，30 公里圈包括了北京的中心城区和近郊，比六环路的范围略大，人口约 1911 万人。50 公里圈包括了北京的远郊，以及与北京相邻的河北和天津的若干区县，人口约 2373 万人。

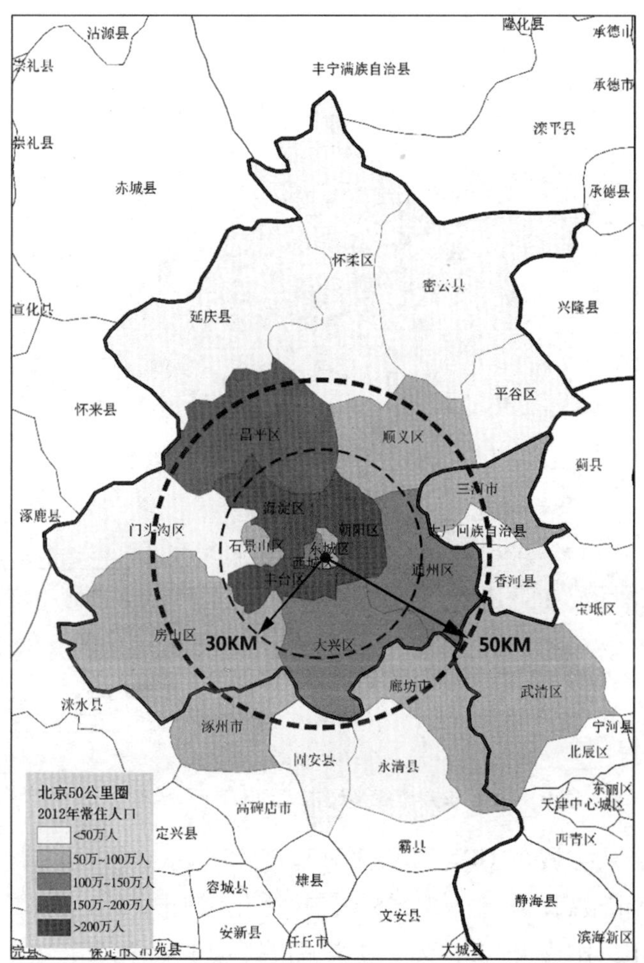

图 8　2012 年首都都市圈（30 公里、50 公里）人口分布

（三）京津发展水平显著高于河北

从经济发展水平来看，京津冀地区也呈现高度的不均衡状态（见图

9)。其中，人均GDP最高的是天津市，2012年为93173元。其次是北京市，为87475元。再次为唐山市，人均GDP达到76643元，约为天津市的82.3%。河北省其余的城市人均GDP水平都很低，都在44000元以下，均不及天津的一半。其中，邢台、衡水、保定的人均GDP分别为21361元、23101元、24053元，只有天津的22.9%、24.8%、25.8%。

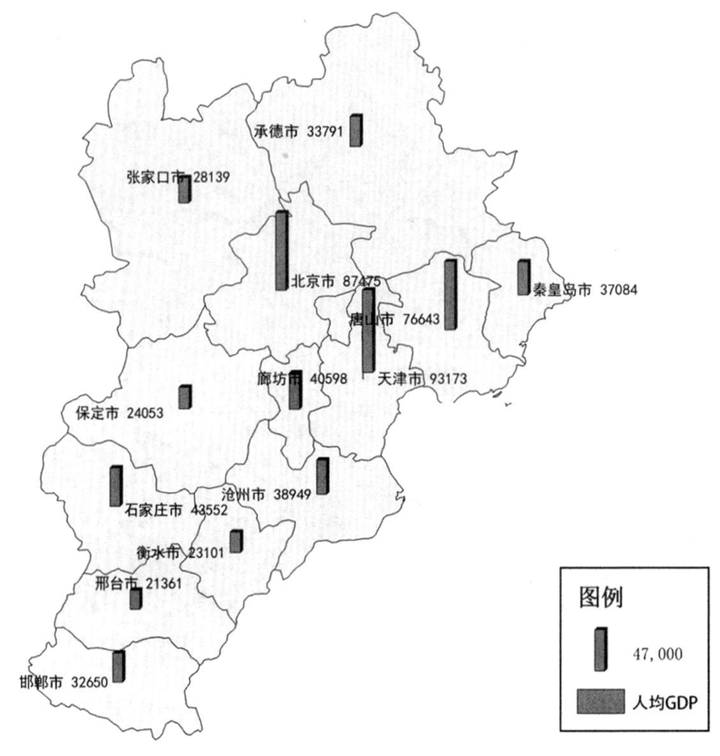

图9 2012年京津冀各城市人均GDP（单位：元）

同时，从各城市GDP占京津冀地区GDP总量的比重来看（见图10)，北京市最高，比重为31.05%，其次为天津市，比重为22.39%，再次为唐山市，比重为10.18%，其余城市的GDP比重均在10%以下，最低的衡水仅占1.76%。其中，北京和天津GDP总量比重达到53.44%，而河北省11个地市仅占46.56%；此外，除唐山、石家庄之外的河北省9个城市的GDP占比仅为28.6%，还不及一个北京市。

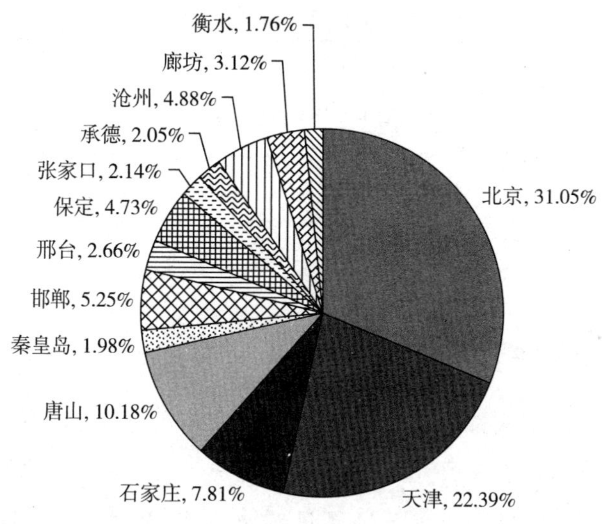

图 10　京津冀各城市 GDP 比重

（四）京津冀处在不同的发展阶段

京津冀所处的发展阶段不同。北京已经进入后工业化阶段，定位为中国的政治、文化中心，经济发展以服务业带动为主。北京的发展不是依靠工业，而是服务业。服务业的发展主要依托于首都地位，依托于中央国家机关。2013 年，北京三大产业结构为 0. 8：22. 3：76. 9，城镇化率达到 86. 3%，已经开始处于消费外溢的阶段。天津处于工业化中后期阶段，“二产”仍占主导地位，仍然具有工业城市的鲜明特征。2013 年，三大产业结构为 1. 3：50. 6：48. 1，城镇化率达到 81. 6%①。河北省总体上处于工业化中前期阶段，2013 年三大产业结构为 12. 4：52. 1：35. 5，河北整体产业结构偏“重”，工业生产也以重工业为主，轻工业产值占比只有 20% 左右。从城镇化发展来看，2012 年河北省城镇化率为 46. 8%，低于全国平均水平近 6 个百分点，“一产”就业比重达到 34. 91%，农业就业人口转移压力巨大。

① 城镇化率为 2012 年数据。

表 2　　京津冀发展定位和现状

地区	发展目标及特点	三大产业比值	城镇化率
北京	国家首都、国际城市、文化名城、宜居城市	0. 8 : 22. 3 : 76. 9	86. 3%
天津	国际港口城市，北方经济中心和生态城市	1. 3 : 50. 6 : 48. 1	81. 6% *
河北	沿海经济强省	12. 4 : 52. 1 : 35. 5	46. 8% *

注：* 为 2012 年数据。北京定位来自《北京城市总体规划（2004 ~ 2020）》。天津定位来自《天津市城市总体规划（2005 ~ 2020 年）》。

（五）京津冀公共服务水平差距较大

北京集中了全国最为优质的教育、医疗等资源，是全国其他地区无法比拟的。全国排名前 50 位的大学中，有 9 所在北京；北京有 51 所三级医院，约占华北地区三级医院总数的 24%。从人均财政支出水平及结构看，2013 年北京、天津两市人均财政支出水平达到 1. 97 万、1. 7 万元，是河北省总体平均水平的 5944 元的 3. 3 倍和 2. 9 倍。而进入 2000 年以来，北京、天津与河北人均财政支出之间的差距还在不断扩大。2001 年，河北省人均财政支出与北京、天津的差距为 3672 元、1820 元，到 2012 年已经扩大到 17617 元、9349 元。河北省内相对落后的保定、沧州、衡水等与北京和天津的差距更大，三市人均财政支出仅为北京和天津的 13% ~ 15%。

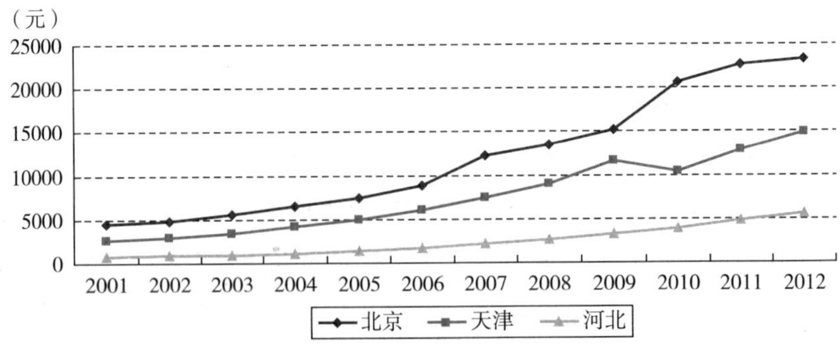

图 11　2001 ~ 2012 年京津冀人均财政支出对比

数据来源：《北京市统计年鉴 2013》、《河北省统计年鉴 2013》、天津历年统计公报。

京津与河北省高考入学机会差距大。例如，2010 年全国高考，北京本科录取率 54. 9%，其中，一本录取率 20. 1%；天津本科录取率 59. 1%，其中，一本录取率19.7%；河北本科录取率34.6%，其中，一本录取率仅为4.4%。河北本科录取率约为京津两地的60%，而一本录取率不及北京和天津的1/4。

（六）京津冀区域间交通联系

京津冀地区仅有京石高铁（连接北京到涿州－高碑店－保定－石家庄），京沪高铁（连接北京－廊坊－沧州）和京津城铁三条高速铁路，单方面连接北京与河北中南部、天津。而天津与河北大部分城市（除廊坊、秦皇岛、唐山、沧州）之间没有直达高铁、城际铁路，导致天津与这些地区通行时间在一般都在3小时以上。而且天津与石家庄、承德、张家口等高速公路大部分需绕行北京，通行时间长均超过4个小时。从天津到河北的承德、石家庄、张家口、邯郸等地经普通铁路也需绕行北京，通行时间一般在5小时以上。

由于区域间存在一定封闭思维，导致区域交界处存在一些断头路。例如，北京轨道交通建设的部分线路已经延伸到京冀交界，在河北燕郊等地已经成为北京事实上的“卧城”之后，轨道交通建设仍然未很好地延伸到这一区域。最近，燕郊与北京之间开通了动车，但其方便性和运量显然不及地铁线路。在公路方面，部分道路燕郊已经修好，但是北京仍然去回避，成为了“断头路”。这种现象在三地交界地区并不少见。

专栏2　燕郊与北京的连接道路交通图

通州、燕郊分别位于潮白河两侧，但分属京、冀两地，交通系统建设各自为政。虽有十几万务工人口每天往返于北京市区和燕郊之间，然而，两地的交通系统尚未充分对接。如图12所示，右堤路位于通州区东边界，燕顺路位于燕郊镇西边界，这两条南北方向的城市主干道成了分割通州、三河市的交通屏障。燕郊通往北京方向的很多道路无法与北京贯通，通州通往河北方向的城市道路到右堤路就不再东延，于是，在通州和燕郊出现了很多“丁字路”、“断头路”，目前主要也只有一条京榆旧线相连接。而快轨方面，八通线的八里桥站以及地铁6号线草房站，距燕郊镇的直线距离不过20公里，本可通过地铁或轻轨缓解两地通行的交通压力，但是一直没有建设。

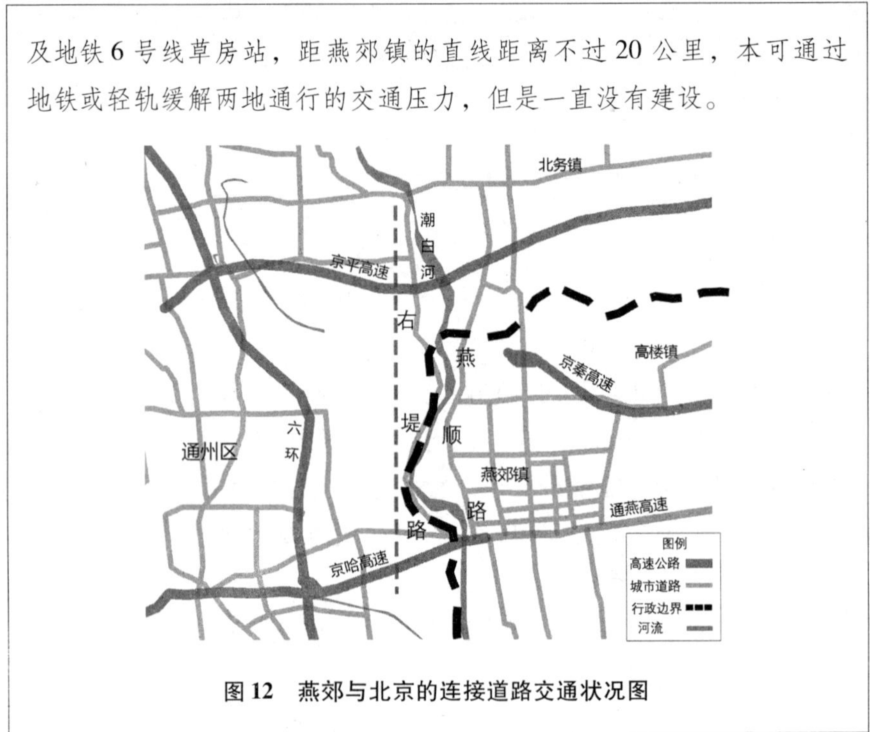

图12 燕郊与北京的连接道路交通状况图

三、京津冀间区域联系与互动

（一）京津对河北的环境约束

京津已经处在较高的发展水平，对环境的要求日渐提高。河北仍处于工业化大发展阶段，产业结构整体偏重，能源消耗量大，污染状况短期内难以改变。河北省重工业占工业产值的80%，高出全国平均水平10个百分点。重工业中，又以能耗大的钢铁、煤炭、水泥等为主。2011年，河北省粗钢产量达到1.65亿吨，约占全国粗钢产量的1/4。河北省能耗高居全国第二，单位GDP能耗是全国平均水平高的1.64倍。2014年全国污染最严重的10个城市中，有7个在河北。在大气环流影响下，河北污染物直接影响京津地区。例如，根据对北京PM2.5来源的分析，25%的污染物来自区域间传输。为保障京津的环境，河北地区限产、限行等成为常态。另外，河北省的发展既要优先考虑保北京，也要考虑保天津。以水资源为例，在河北省人均水资源也极为紧张的情况下，仅2008～2012年，河北向北京应急供水总量就超过10亿立方米。承德至天津的“引滦入津”工程，每年为天津提供的水资源总量超过5亿立方米。虽然京津两市都对调水给予补贴，但水源地的生态保护要求高，对产业发展提出了严格限制。

（二）京津对河北的生态补偿

河北环京津冀地区担负京津生态屏障功能，张家口、承德等地区全力守护青山绿水，一定程度上限制了经济发展和居民生活生产水平的提高。目前，京津对河北每年提供了一定的补偿，但总体来看，补偿标准不高，补偿数额难以填补生产可能的收益。

水资源方面，2006年，为保证密云水库的水量和水质，北京和河北签署协议，在密云水库上游地区实行“稻改旱”工程。为弥补村民的经济损失，北京和河北建立了横向生态补偿机制。2007年，补偿标准是每年每亩450元，从2008年到现在是每年每亩550元。北京每年补偿给张家口、承德地区6000万元，相比之前的种水稻的收益每年每亩仍有400元左右的缺口，部分农民因此出现了政策性返贫现象。

林业生态方面，2009年京冀启动生态水源保护林建设合作项目，保证到2014年保护林面积达到50万亩，北京给予张家口、承德两市的生态补偿共计4.85亿元。目前的造林成本每亩要2000元，其中苗木费约800～1000元，补偿标准显然偏低，资金也只是杯水车薪。

（三）京津消费能力使河北直接受益

河北产业发展虽然也受京津外溢的影响，但受益的主要方面还是京津消费外溢。

以北京为例，主要体现在两个方面：一是为北京就业人口提供居住空间。主要是在距离北京较近的地方，发展了各类房地产，如燕郊，有十几万在北京工作的人，坐着公交车往来于北京和燕郊之间。二是北京旅游消费辐射。在北京周边两个小时经济圈内，主要是旅游消费资源的辐射，紧邻北京的张家口、承德是河北省近年来旅游业发展最快的区域。2012年，张家口市接待的2118万旅游人次中，北京游客占近70%，贡献的旅游业总收入和增加值分别约为100亿元和40亿元，约占全市GDP的3.2%。北京农产品消费直接带动河北省农业发展张家口每年夏季销往北京的蔬菜达240万吨以上，占北京市场的40%左右。河北崇礼的房价从每平米700元涨到10000多元，但是买房的主要是北京人，也是冲着崇礼优良的自然生态条件和旅游休闲资源而去。

（四）河北人口大量流入京津

根据2010年第六次人口普查数据，河北流出人口310万，北京和天津是两个最大的流入地，流入两市的人口分别占河北流出人口的47.2%和15.7%。河北也是京津两市外来流入人口最大的源地，来自河北的流入人口分别占北京和天津市流入人口的22.1%和24.8%。

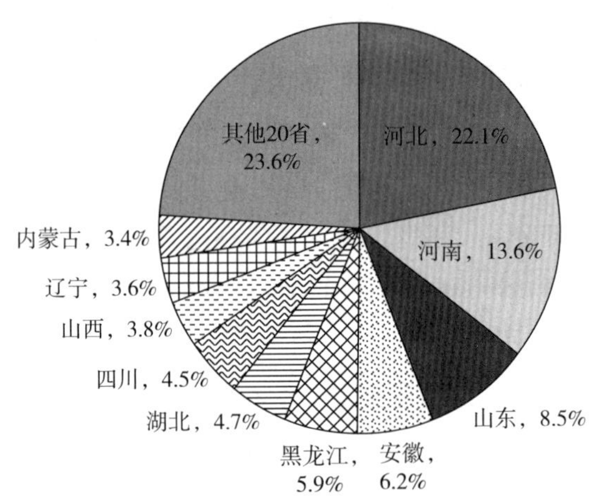

图13　2010年北京市外来人口来源地及所占比重

（五）京冀产业转移和联系

北京以服务业为主，工业辐射能力有限。但近年来，河北积极对接北京央企和相关产业，促成了部分北京企业外迁。2005～2007年，北京首钢搬迁到河北唐山。2005年以来，张家口市累计与北京签约经济技术合作项目879项，合同引资1798亿元，到位资金798亿元。河北省积极对接央企总部，到2013年，与百家央企签订战略合作协议96项，合作协议投资超过1万亿元。仅以保定市为例，到2013年，就与央企签订合作的项目35个，计划总投资近900亿元，到2013年已完成投资100多亿元。

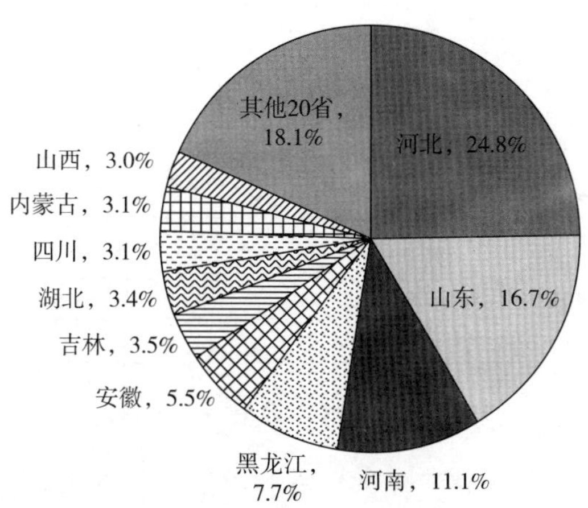

图14　2010年天津市外来人口来源地及所占比重

另外，北京推进部分批发市场外迁，其首选地也是河北环北京的县市，如大红门批发市场计划迁往河北永清、动物园批发市场计划迁往河北白沟。总体来看，北京产业逐步向河北转移，还是以政府推动方式为主。

四、京津冀协同发展的难点分析

（一）区域整体水资源严重短缺

北京的空气污染、交通拥堵、自然承载能力不足等问题引起了媒体乃至整个国家的高度关注，也推动了京津冀一体化上升为国家战略。特别是水资源，一直是作为限制北京人口扩张的主要依据。但京津冀同处一个自然地理区域，面临着同样的自然承载能力。

1. 京津冀三地人均水资源都不高

京津冀地处华北海河流域，是我国水资源最为短缺的地区。近年来受干旱周期的影响，2010～2012 年人均水资源水平已经降至不足 200 立方米，而人均水资源最低的天津个别年份甚至不足 100 立方米，远低于人均 1000 立方米的国际水资源紧缺标准。2012 年京津冀三地人均水资源量仅为全国人均水资源量的 8.8%、10.9%、14.8%①。

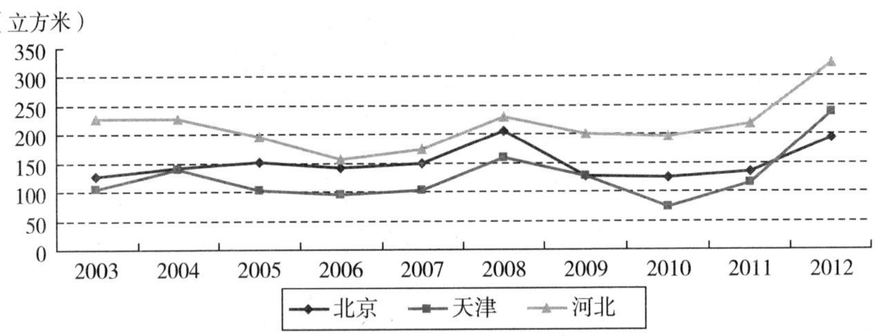

图 15　京津冀地区人均水资源情况

京津冀三地本地水资源供需均有一定缺口。京津冀三地本地当年水资源均难以满足需求，并且缺口较大。北京最大缺口达到 17.4 亿立方米，本地水资源最低自给率仅 51.4%。天津最大缺口达到 12.9 亿立方米，本地水资源自给率仅 44%。河北省 2006～2011 年间缺口最大达到 96.7 亿立方米，自给率最低仅 52.6%。考虑到本地水资源可开发的比重，实际缺口更大。

表 3　京津冀三地本地水资源供给与实际供水缺口（亿立方米）

	2003	2004	2005	2006	2007	2008	2009	2010	2011	2012
北京	17.4	13.2	11.3	12.2	11.0	0.9	13.7	12.1	9.2	-3.6
天津	9.9	7.8	12.5	12.9	12.1	4.0	8.1	13.2	7.7	-9.8
河北				96.7	82.0	34.0	52.5	54.8	38.9	

表 4　京津冀三地本地水资源量占当年用水量的比重（%）

	2003	2004	2005	2006	2007	2008	2009	2010	2011	2012
北京	51.4	61.9	67.2	64.4	68.4	97.4	61.5	65.6	74.5	110.1
天津	51.6	64.9	46.0	44.0	48.4	82.0	65.2	41.0	66.6	142.3
河北				52.6	59.4	82.6	72.9	71.7	80.2	

① 本部分数据来源于北京、天津、河北统计年鉴和水资源公报。

2. 河北省地下水超采严重

京津冀三地填补用水缺口的方式差别较大。北京以跨区调水和再生水利用为主，外部调水占供水比重达到15%以上，再生水占供水比达到已达到20%。天津以区外调水为主，其中引滦引黄供水占供水总量的比重最高达36%。河北省在本身水资源短缺的情况下，还要支持天津引滦、北京应急调水等需求，本省南部地区主要以超采地下水为主。2006年，河北全省地下水超采水占总供水量的近35%，2011年，仍然近20%。

表5　2003～2012年北京市地下水和外部调水等情况（亿立方米）

	2003	2004	2005	2006	2007	2008	2009	2010	2011	2012
地下水超采	10.6	10.3	7.5	6.8	5.4	-0.9	4.6	3.2	1.2	-3.2
外部调水			2.5	2.8	3.2	3.9	5.5	5.5	5.3	5.6
外部调水占供水比（%）			7.2	8.2	9.2	11.1	15.5	15.6	14.8	15.7
再生水	2.1	2.0	2.6	3.6	5.0	6.0	6.5	6.8	7.0	7.5
再生水占供水比（%）			7.5	10.5	14.4	17.1	18.3	19.3	19.5	21.0

表6　2003～2012年天津市地下水和外部调水情况（亿立方米）

	2003	2004	2005	2006	2007	2008	2009	2010	2011	2012
地下水超采	2.32	1.91	2.54	2.33	2.05	0.34	0.41	1.42	0.6	-2.13
引滦引黄调水	6.09	6.49	6.11	5.81	6.05	6.14	7.14	8.06	7.96	4.39
引滦引黄调水占供水比（%）	29.7	29.4	26.5	25.3	25.9	27.5	30.6	36.0	34.5	19.0
海水淡化再生水	0.02	0.1	0.1	0.1	0.1	0.12	0.15	0.39	0.51	0.28

表7　2006～2011年河北省地下水利用情况（亿立方米）

	2006	2007	2008	2009	2010	2011
地下水超采亿立方米	70.44	54.84	19.9	31.9	43.1	28.69
地下水超采占供水比（%）	34.5	27.2	10.2	16.5	22.3	14.6
其他供水	0.66	0.54	1.1	1.6	1.6	2.6

（二）区域间存在较为突出的同构竞争

京津长期以来就有“北方经济中心”之争，天津和河北产业存在同构性，竞争激烈。京津冀三地产业结构自成体系，产业结构趋同，行业发展排序极为相似，特别是天津和河北，在重化工业方面，同构性极为明显。如表 8 所示，天津、河北的主要重化工业产品相似度较高。

表 8　2012 年河北省、天津市部分重化工产品对比

产品	单位	河北	天津
生铁	万吨	17027	2214
粗钢	万吨	18849	2290
钢材	万吨	22861	6641
汽车	万辆	97.4	55.7

京津冀之间总体上呈现竞争大于合作的格局。例如，在工业投资方面，北京已经进入了后工业化时代，工业发展已不符合其比较优势，但是其加大工业投资的力度不减。北京奥运会后，“二产”投资猛增，2010 年“二产”投资增幅达到 28%，2011 年更是达到 44%。虽然 2012 年后工业投资有所波动，但是 2013 年工业投资总量仍达 747 亿元，与 2011 年高峰期时工业投资总量基本相同。而近年来在滨海新区的带动下，天津“二产”投资增长势头迅猛，2013 年相比 2005 年“二产”投资增长了 6.37 倍。但是相比而言，河北在与京津的竞争中处于劣势。

除工业外，河北与天津的竞争表现在更多方面，比如河北省重点打造的两个新区曹妃甸新区和渤海新区直接面临与天津的激烈竞争。滨海新区和曹妃甸新区依托的港口优势、资源优势基本类似，两个新区在产业定位和发展方向上也很类似，装备制造、钢铁冶金、化工等都是两个新区发展的重点行业。依托黄骅港，重点发展重化工业和煤炭物流的沧州渤海新区，与在其之后建设的天津南港相邻，两个港口的腹地直接重合。而在港口方面，天津港要直接面对有秦皇岛、黄骅、京唐以及曹妃甸四个港口的竞争，竞争的重点在于争夺优质资源。

（三）区域内招商引资竞争也很激烈

河北省内各地级市以及河北省环首都的县（市），也存在激烈的竞争。河北地级市层面，产业同构现象突出，在河北 11 个地级城市的核心区中，将化工作为支柱产业的选择率高达 72.7%，其他选为支柱产业的比重分别为建材 63.6%、机械 54.5%、冶金 45.5%、电子 36.4%。

河北环首都县市也为地级市和县市也有竞争。为了能够承接北京产业转移、发展本地经济，河北各市县之间的竞争也很激烈，少有合作迹象。为谋求地方经济利益最大化，纷纷通过土政策和土地价格优惠等政策招商引资。从土地政策方面看，普遍存在较大力度的优惠，很多地方更是采取“一事一议”的方式，完全减免相关税费，其结果是产业同构，难以形成发展的合力和足以支撑创新的产业规模。河北省“环首都经济圈”的 14 个县市，都想在吸引北京资源方面“先行一步、一展身手”，全然不顾当地的自然资源条件和发展阶段，都是采取通过修建各类高端休闲设施、打造生态宜居环境等措施，意图竞争北京的优质资源，打造所谓的生态城战略，如果不能有效地吸引北京高收入人口的进入，可能将会导致投资的失败和严重的浪费。据不完全统计，环北京 14 个县市（区）中，有 11 个县市（区）建有高尔夫球场（练习场），而有的县市还建有多个球场，高尔夫球场的维护运营不但需要耗费大量水资源，而且也需要占用大量优质农田，完全不顾当地水资源短缺的客观现实。

表 9　河北环京津部分区县招商政策条件对比

	项目准入门槛	土地政策	税收政策
沧州河间市	符合国家产业政策、准入条件和环保要求，固定资产投资强度达到 250 万元/亩以上	固定资产投资 5000 万~1 亿元，土地出让金收取 50%；固定资产投资 1 亿~5 亿元，土地出让金减免	固定资产投资 5000 万~2 亿元，自投产之日起，按照企业所得税地方留成部分的标准，前三年给予企业全额奖励，第四、五年按 50% 的标准给予奖励；固定资产投资 2 亿元以上的，前五年给予企业全额奖励
廊坊永清县	符合国家产业政策、准入条件和环保要求，固定资产投资 2000 万元以上的项目	免征县本级土地出让金；土地使用金一次性交纳有困难的，可在三年内分期付款	固定资产投资千万元人民币以上的项目自投产之日起，享受“免三减三”税收优惠政策，即前三年奖励企业所得税、增值税实缴税额县本级分成部分的 100%，后三年奖励企业所得税、增值税实缴税额县本级分成部分的 50%

表 10　　环北京 14 县市发展目标定位

地级市	县（市）	政府工作报告或“十二五”规划中的发展定位
张家口	涿鹿县	打造承接首都的绿色环保低碳新城
	怀来县	建设目标“京畿宜居园林城市”； 打造自然山水、生态园林、舒适便利的京北生态新区
	赤城县	建设生态宜居城市，“打造张家口第一靓城”
廊坊	三河	大力度开展造林绿化，建设“京东林城”。
	大厂回族自治县	打造与大都市相区别，独具城郊田园特色和创意水乡魅力的生态环境；打造“京东绿谷”城市品牌
	香河	功能完善、宜居宜业的生态品质新城
	广阳	将万庄新城建设成为面向区域、国际一流的高科技、智能化、高品质的生态新都会
	安次	大力建设低碳之区、生态基地；努力维护秀美宜人的生态环境，在京津冀乃至全国叫响“绿色安次”品牌
	固安	打造京南宜居之城
承德	滦平	面向京津冀都市区乃至全国和海内外市场的会议度假性区，建设集会议、休闲、度假于一体的“金山侯营”高端会议休闲区
	兴隆	定位为“山水生态休闲旅游城市”
	丰宁	建设山水园林中等城市为目标
保定	涿州	打造环首都生态屏障，建设绿色低碳的“美丽涿州”； 建设滨河风光带，高尔夫球场、马场、采摘生态园，建设高档次的宾馆，把涿州建成面向北京的健身、休闲、度假基地
	涞水	建设环首都现代化生态卫星城； 把县城打造成为环首都地区经济发展高地、生态宜居幸福家园

（四）区域发展中存在河北“保”京津的观念

北京可以利用其行政地位，获得更多行政资源，确保优质公共服务，吸引各类优质资源。

由于京津特殊的行政地位，通过行政手段保障京津的措施比较普遍。京津处于河北环绕中，河北在“保”的措施中往往也首当其冲。只要行政力量能够参与资源配置，保北京就是天津和河北的政治任务。只有从体制上解决了“补”的问题，河北经济发展水平的整体上升，才有利于“协同”实现，而当前的政策思路仍然更多体现在“保”上。

河北要牺牲发展“保”京津，前述水资源问题就是突出的一例。水资源短缺是影响京津冀地区经济社会可持续发展共同的制约因素。有些人认为北京承载不了更多的人口，在于北京的水、资源、环境承载能力有限，到底北京还能不能承载更多的人，水资源是其中的一个约束条件。如果北京的水资源限制人口承载的话，京津冀地区将会面临着同样的困境，因为面临的水资源约束是相同的。希望通过京津冀发展，在短期内消除环境污染的难度都很大，因为这个区域越发达，经济活动强度越大，对环境的压力也会越大。

京津还通过行政手段，以福利形式获得部分市政公用产品。比如电价，北京、天津的电价要低于河北，由此也就意味着京津地区的居民用电低于河北，同样企业发展用电也会低于河北，这显然是市场经济规律不能解释的。同样的现象在供气等市政公用产品价格上也能有所体现，京津能够获得比河北更低的价格，依靠这些优势，京津对产业的吸引力更强，产业和人口向京津集聚也是经济规律使然，使得京津对河北存在巨大的虹吸效应，也出现“大树底下不长草”的现象。

表 11　　京津冀地区电价对比

地区	单位	一档	二档	三档
北京	千瓦时	0 ~ 240	240 ~ 400	400 以上
	元/千瓦时	0. 4883	0. 5383	0. 7883
天津	千瓦时	0 ~ 220	220 ~ 400	400 以上
	元/千瓦时	0. 49	0. 54	0. 79
河北	千瓦时	0 ~ 180	180 ~ 280	280 以上
	元/千瓦时	0. 52	0. 57	0. 82

（五）区域间规划协调难，计划思维还很突出

从发展规划的情况，北京市“十二五”规划提出“更积极地发挥好辐射带动作用，推动区域合作向纵深发展”；并强调发挥首都市场和总部经济的引领带动功能，加强相关领域一体化，支持带动周边地区加快发

展。天津市“十二五”规划提出在推动京津冀和环渤海地区优势互补、相互促进、协调发展中发挥更大作用。河北省“十二五”规划则提出构筑环首都经济圈，积极为京津搞好服务、全方位深化京津冀合作。从三省市的“十二五”规划看出，各地对于区域协调的认识和诉求并不相同。北京相对更加开放，并且认识到周边地区的发展是解决人口过度集聚的有效途径，希望通过区域协调平衡好集聚与辐射的关系。而天津则相对保守。由于其发展水平处于京冀之间，天津一方面害怕北京吸取自身的资源，另一方面又害怕自身的产业过多向河北转移，因此在区域协调中更强调希望通过提升基础设施和信息人才优势吸引北京的产业转移；并强调高新技术产业带，和龙头产业聚集辐射能力，即强调高科技产业和先进制造业向天津的集聚。而河北在京津冀的合作中，也是更多地希望能够得到北京的辐射，从而带动环首都区域的率先发展。

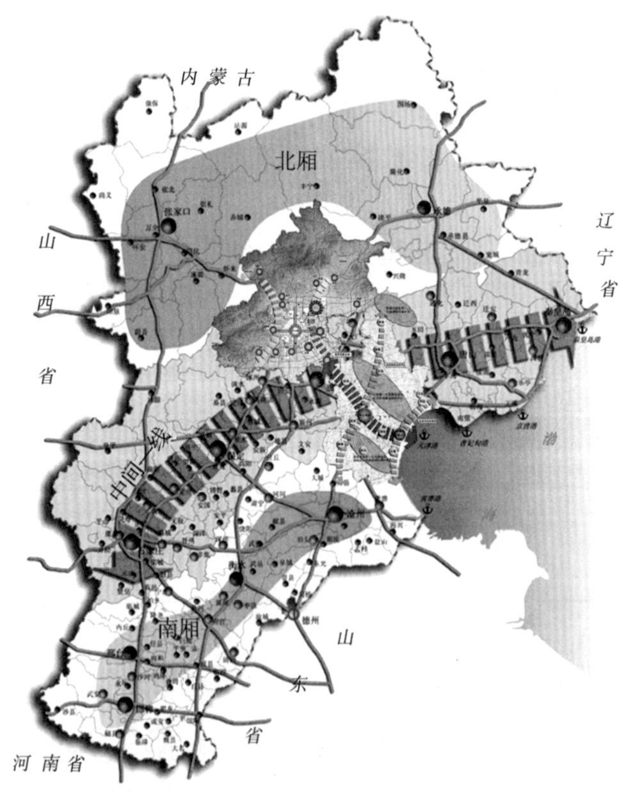

图 16　京津冀空间规划结构叠合图

从区域城镇规划中，也可看出同样的问题。北京城市总体规划提出了“两轴两带多中心”的城市空间布局；天津则将城市空间布局规划为“一轴两带三区”，与北京发展轴带有所对接；河北城镇体系规划中则强调“一线两厢”。京津与河北在空间结构上均没有能够有效衔接，而河北选择横穿京津的“一线”作为发展的主要轴带，但这“一线”并非河北自身能够协调的区域。

另外，当前规划思路中仍存在突出的计划思维。例如，将城市产业分为低端、高端，通过行政手段搬迁低端产业等，都是政府主导的计划经济思维。从区域和城市发展角度来看，产业只有现代和传统之分，无所谓高端和低端，所谓低端产业的存在也是因为城市对这些产业有需求。

（六）区域城市规模结构不尽合理

京津冀地区城市规模结构不合理，超大城市和特大城市的规模过于突出，大城市支撑明显不足，中小城市发展人口增长较慢。根据最新的城市规模划分标准，京津冀地区的城镇体系可划分为如下几个等级：1000万人以上的超大城市有北京，北京城区常住人口2013年为1825万人，占京津冀区域内城区人口的46%，比河北省所有城市城区人口的总和（1501万人）还多；500万~1000万人的特大城市有天津，2013年城区常住人口为608万人，是排名第一位的北京的1/3，但是远远超过排名第三位的石家庄市（234万人）；100万~500万人的大城市有4个，包括保定市、邯郸市、石家庄市和唐山市，是京津冀地区重要的城市节点，然而近十年增长较为缓慢。以邯郸市为例，2000~2013年间，城区人口仅增加16万人；50万~100万人的中等城市有5个；50万人以下的小城市有28个，数量较多。这些小城市主要分布在河北中南部地区，人口增长都不快。

表12　京津冀地区城市规模等级

城市等级	城区常住人口	城市
超大城市	1000万以上	1个，北京
特大城市	500万~1000万	1个，天津
大城市	100万~500万	4个，保定、邯郸、石家庄、唐山

续表

城市等级	城区常住人口	城市
中等城市	50万～100万	5个，承德、沧州、邢台、秦皇岛、张家口
小城市	50万以下	28个，廊坊、衡水、任丘、定州、涿州、武安、迁安、遵化、三河、深州、泊头、辛集、河间、冀州、黄骅、霸州、南宫、藁城、高碑店、晋州、沙河、安国、新乐、鹿泉、固安、大厂、永清、香河

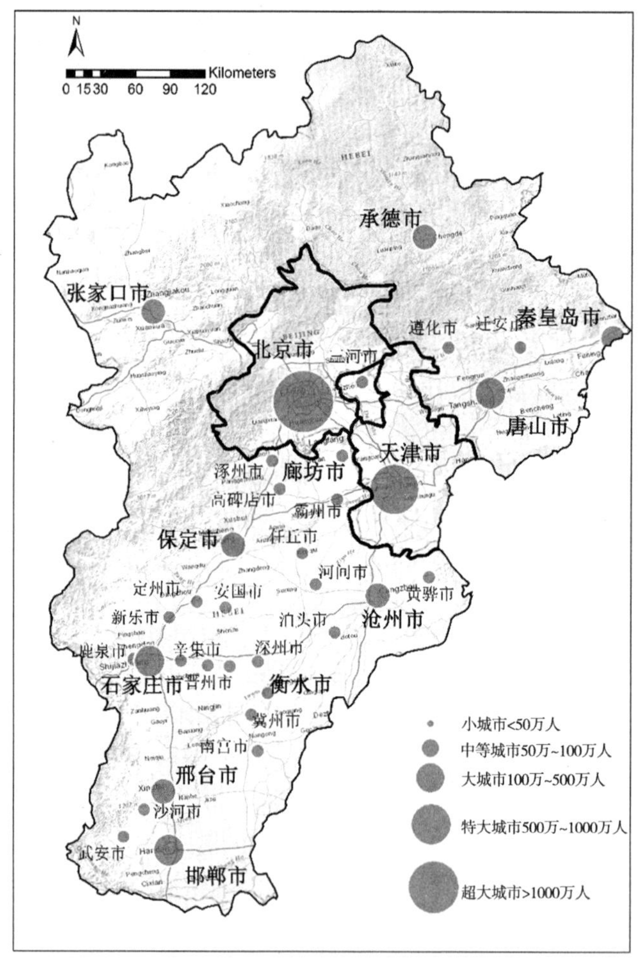

图17 京津冀地区2013年城市规模体系

数据来源：《中国城市建设统计年鉴（2013）》。

北京周边中小城市数量不足，外围区域容纳人口的潜力未被充分挖掘。对比国际城市经验，在30~50公里的城市周边，会形成数量众多的中小城市，成为人口集聚的重要区域，但北京核心区（五环内）的人口密度达到1.49万/平方公里，其外围区县如门头沟区、怀柔区，以及固安、永清、香河、大厂等与北京联系紧密的河北各县，人口总量和城区人口都较小。例如，2012年三河市总人口为58万，城区人口仅18万；廊坊市辖区总人口85万，城区人口45万；涿州市总人口65万，城区人口23万。目前外围区县容纳人口的空间作用并没有得到充分的发挥。

五、推进京津冀协同发展的对策建议

第一，优化交通网络配置，引导区域空间合理分布。一是统筹区域内区域基础设施建设，加快构建完善的高铁、地铁、轻轨等轨道交通网络，加快京津两地基础设施向周边中小城市的延伸。二是协调区域机场、港口等重大基础设施功能定位，促进京津冀地区各机场、港口之间的分工协作。三是继续推动城市群地区公交优先发展战略，加大京津公交线路向河北相邻地区的延伸力度。

第二，按照经济和生态联系，重新界定经济圈，适时推进行政区划调整。按照已经形成的产业链和经济联系度确定经济圈的合理范畴，尤其要注意京津旅游度假休闲消费圈的界定，做好相关基础设施建设和配置，为推动相关旅游休闲服务业的发展创造条件。河北环京津地区为保障京津生态和水资源作出了巨大牺牲，生态补偿还相对有限，可探索将北京的水资源和生态资源保护区的原河北张家口、承德和保定的一部分县市划为北京市管辖，把廊坊划为天津市管辖，减少河北扶贫的压力，从生态资源上“保”京津发展从行政区划和制度上转化为“补”，并变成区划内京津必须承担的义务和责任。

第三，加快推动京津周边中小城市发展，形成合理的城市体系。重点规划好北京市和天津市30公里半径的都市圈，特别是核心区外围的中小城市。着力加大对环京津中小城市的扶持，培育新的人口承载区，增加河北中低收入人口在都市圈核心区外围的就业机会。通过税收共享、共建产业园区等，引导京津产业转移外迁。发挥教育科技资源转化的优势，支持冀的产业更新和改造。充分利用京津的国际影响力，在冀建立新型国际合作产业园区，吸引国内高科技和国际靠科技企业以及中小企业到冀投资。通过帮助建设基础设施，实现医院和学校等优质公共服务资源共建共享。

第四，注重用市场化的手段调节人口分布和推动基础设施建设。一是加快北京市政公用事业价格形成机制改革，尽快形成市政公用产品的价格形成机制，通过价格手段调控人口规模；二是促进城市基础设施以及公用设施收费逐步按照市场导向形成定价机制，采取公私合营等多种方式引导外民间资本参与交通等基础设施建设。

第五，统筹区域户籍管理体制改革，推进重点城市户籍互认互换。按照人口居住年限，统筹推进户籍制度改革。改革户籍管理制度是为促进人口社会流动性，要体现机会公平的原则，避免设置年龄、学历学位、技术职称等条件抬高落户门槛，更要对大量从事传统服务业的外来人口一视同仁。为引导人口在京津周边集聚，可以在京津周边选择部分重点区域进行试点，建立与京津户籍开放的通道。引导行政资源市场资源再配置。户改要充分考虑人口流动就业的长期趋势，以促进人口长期有序流动为重要目标，逐步弱化户籍上所隐含的社会福利。率先推进京津和河北重点城市户籍对等互换，以实现公共服务同城化为目标，推进重点地区户籍同城化。

第六，推进京津冀周边中小城市和小城镇小规模地块开发。为增强京津周边中小城市活力，在城市外围形成人口承接区，鼓励城镇建设用地小块租赁和拍卖，促进个性化城市的形成，防止过度的同构性竞争，避免千城一面，带动京津冀中小投资者在周边城镇发展服务业和住房租赁业，并接纳京津消费者在周边中小城市的休闲旅游消费。可率先在这些中小城市小块土地出让过程中探索不动产税的征收办法，进行税收改革试点。

（课题组成员：王大伟、荣西武、魏劭琨、杜澍、吴斌、秦静、周君）

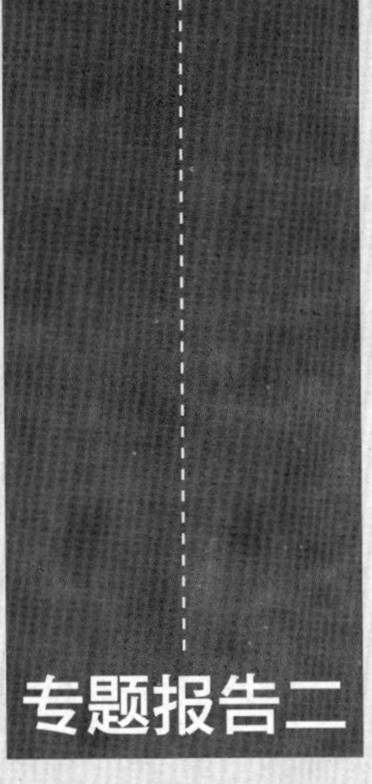

专题报告二

我国新城新区发展现状、问题与建议

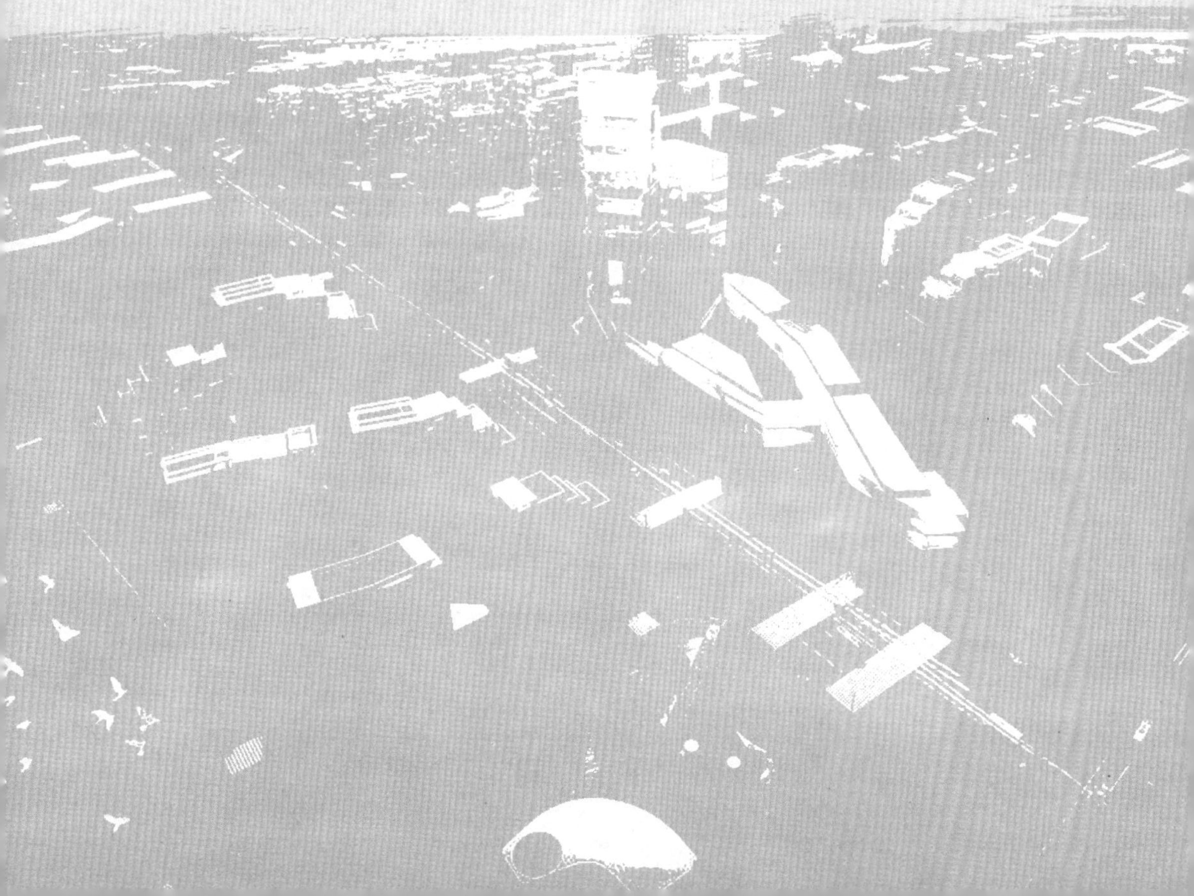

新城新区是中国城镇化进程中的一个普遍现象，全国近七成的城市设立了新城新区。新城新区在推动城镇化和城市发展、促进区域经济增长、引领新兴产业发展和探索体制机制创新等方面发挥了重要作用。当前在我国快速城镇化发展过程中，新城新区的发展有其内在的必要性，但是全国上下“一窝蜂”地去搞新城新区建设，也出现了忽视城市内在发展规律，严重脱离客观现实的情况，导致了土地资源使用浪费、债务风险严峻、“空城”现象突出等种种问题，引起了社会较大的争议。

2014年3月，中共中央、国务院印发《国家新型城镇化规划（2014～2020)》，提出要推动新城新区健康发展。以人为本、尊重规律、因地制宜，这应是未来新城新区健康发展的必由之路。

一、新城新区发展现状

1. 有七成的城市规划建设了新城新区

国家发改委城市和小城镇改革发展中心课题组利用网络，对全国除直辖市之外的27个省（自治区）[①] 的286个地级市和368个县级市的新城新区规划建设情况进行了摸查，检索了政府工作报告、文件、规划和新闻报道等，发现在省会城市和计划单列市中，31个城市设立了新城新区，占96.9%，共设立新城新区122个，平均每个城市接近4个。其中，沈阳规划建设了14个新城，杭州规划建设了11个新城。

在除省会城市和计划单列市以外的254个地级城市中，有227个城市规划建设了新城新区或者提出了新城新区概念，占89.4%；其中涉及397个新城新区，平均每个城市1.7个。

在368个县级市中，有186个城市规划建设了新城新区或者提出了新城新区概念，占50.5%，规划建设了218个新城新区。在除全国直辖市之外的654个城市中，规划建设新城新区或者提出了新城新区概念的城市共有444个，占67.9%；共提出了737个新城新区。

在新城新区建设热潮下，地方对新城新区呈现出极高的热情。在2014年9月公布的《广东省新型城镇化规划（公众咨询稿）》中，各地级市的新城新区几乎全部纳入全省战略。在原有新城新区的基础上还在不断新设新城新区，比如2014年8月份广东省政府下文在横琴新区之外，继续设立了珠海西部生态新区。广东茂名2012年刚刚成立了滨海新区，在这基础上又开始规划建设了水东湾新城、博贺湾新城等。一些城市提

① 不包括北京、上海、天津和重庆等4个直辖市。以下关于我国新城新区数据，如无特殊说明，都来自于该次调查。

出“一年打基础，两年出形象，三年大变样”、“三年打基础，五年初具规模，十年建设成功”等发展口号，新城新区建设热潮高涨。一些新城新区也提出了宏伟的投资规模，如兰州新城的一期投资超过200亿元，劈山造地，整体推移山丘700余座；而珠海西部生态新区更是提出了近千亿元的投资计划。

2. 国家级新城新区总量增多

目前由国务院批准设立的国家级新区共有11个。第一个是1992年10月国务院批复设立的上海浦东新区，浦东开发纳入国家战略。2005年3月天津滨海新区纳入国家“十一五”规划，进入国家战略。2009年2月，国务院发布《关于推进重庆统筹城乡改革发展的若干意见》（国发〔2009〕3号文件），提出研究设立“两江新区”，2010年5月国务院同意设立重庆两江新区。此后在2011年6月成立浙江舟山群岛新区，2012年8月成立甘肃兰州新区，2012年9月成立广州南沙新区。

进入2014年，国家级新区设立步伐加快，分别在1月设立了陕西西咸新区成立和贵州贵安新区，6月设立了青岛西海岸新区和大连金普新区，10月设立了四川成都天府新区。2014年共设立了5个新区，而且新区的规划面积也呈增长趋势。在2014年新设5个新区中，除西咸新区为882平方公里，其他4个新区面积均超过1500平方公里，规划面积最小的成都天府新区也达1578平方公里，规划面积最大的为大连金普新区，达2299平方公里。而在此之前设立的7个新区中，面积最大的舟山群岛新区，陆域面积也不过1440平方公里。

国家级新区的不断设立，对带动区域经济发展、推动各项改革措施的落实，发挥了中央的作用。但在其影响下，各地纷纷试图把本地的新区纳入国家战略，也在一定程度上带起新一轮的新城新区热潮，引发社会对新城新区过热的担忧。

3. 新城新区规划用地规模普遍较大

在省会城市、计划单列市和地级城市规划的519个新城新区中，有478个新城新区公布了规划区面积，规划区面积总和为72803平方公里。有193个新城新区公布了规划建设用地面积，总量达11654平方公里，平均每个新城新区规划建设用地面积为60.4平方公里。如果按照新城新区公布规划建设用地面积的平均规模推算，519 个地级以上城市的新城新区规划建设用地面积总量将达 31339 平方公里，与现有地级城市建成区面积①基本相当。在县级城市规划的新城新区中，有 151 个公布了规划区面积，规划区面积总和为 10649 平方公里。有 43 个新城新区公布了规划建设用地面积，总量达 1318 平方公里，平均每个新城新区规划建设用地面积为 30.7 平方公里。而根据《中国城市建设统计年鉴》数据，2013 年我国县级市建成区的平均规模为 26.7 平方公里，县级市规划的新城新区平均用地规模已经超过当前县级市的平均水平，相当于是再造一个新城市。

4. 新城新区类型多，运行体制相对灵活

各地新城新区发展和名头是多种多样的，诸如产业新城、卫星城、科教新城、大学城、政务新城、空港新城、高铁新城、港口新城、生态新城、低碳新城、智慧新城等等多种类型。在这些新城新区发展的过程中，在其主要功能的带动下，其他各项功能配套也在不断完善。各级政府、企业、市民及有关机构，在新城新区的规划、建设、运营管理过程中，扮演了不同的角色，实现了多样的运行机制。

规划方面，一般由掌握土地出让权的城市政府主导，不管是产业发展的目标、人口容量的目标，还是基础设施和市政公共服务的配套等方面，都是各级政府国民经济和社会发展规划、城市总体规划的重要内容。但在涉及到企业等相关利益主体的规划中，企业的参与越来越重要与常见。

投资建设方面，政府投资新城新区市政基础设施建设进行招商引资建设是大多数新城新区的基本模式，包括“七通一平”等。近段时间也出现企业参与到整个新城新区的基础建设、招商引资、管理运营上的新模式。

运营管理方面，部分新城新区隶属于原来的城市辖区，各方面社会管理由其区域所在行政区负责；部分新城新区成立了管理委员会，具有部分经济社会的管理权限；部分新城新区成为独立的行政区。在一些新出现的企业为主导的新城新区，部分管理职能由企业参与。

---

① 根据《2013 中国城市建设统计年鉴》，我国地级城市建成区面积总量为 33971 平方公里。

二、新城新区快速发展的主要原因

新城新区建设不是我国城镇化进程中的特有现象，欧美日等发达国家和地区在其城镇化进程中也都出现过，新城新区的发展有其内在必然性。我国新城新区快速发展的原因主要包括以下几个方面。

1. 城镇化发展对新城新区有切实的需求

过去十多年，我国经历了城镇人口快速增长的时期，每年城镇人口增长超过2000万人；2014年，中国的城镇人口达7.49亿人，城镇化率54.77%。未来假设按照城镇化率每年增长1个百分点计算，每年还有约1600万人进入城镇，预计到2020年我国城镇化率将达到60%，城镇人口将超过8亿人。根据国家统计局的数据，城镇居民人均住宅面积从1978年的6.7平方米上升到2012年的32.9平方米，增加了26.2平方米。不管是从统计数据还是现实中城市居民的感受而言，一方面，城市现有空间已经难以吸纳如此大规模的新增城镇人口，新增城镇人口的就业也要求更多的产业发展空间；另一方面，随着收入水平的提高，城市居民对更大居住空间和更好居住环境的需求越来越强烈。

但是，受制于老城区空间不足、改造成本高、改造速度慢等等原因，市民对城市工作与居住环境改善的需求和新增城镇人口的居住、就业需求越来越难以在旧有的城区得到满足，新城新区于是成为大多数城市的现实选择。相对于现有老城改造，新城相当于是在一张白纸上作画，工作开展更容易，能够在短期内取得明显的效果。

2. 各类产业园区产城融合发展的需要

对此大致可以包括两类情况。一是有些工业园区经过长时间发展已经积聚大量人口，需要向功能更加完善的城市转化。在1979年我国第一个开发区蛇口工业园成立，从那以后，各种产业园区不断出现，为国外充足的资金、技术与国内丰富的土地和劳动力资源的融合对接提供了广阔的空间。工业开发区发展模式的成功，使得各级城市意识到开发区对城市发展的重要。在20世纪90年代以后，开发区成为了各级城市的主要经济增长点，已经成为一种传统发展惯性模式，存在着强烈的制度依赖。

城市只要想发展，就会走开发区模式，毕竟这样做有现成的经验可供借鉴。随着园区企业和产业人口的不断增加，对交通、教育、医疗、治安、商业及其他生活服务的需求也在不断增加。为了满足这些需求，园区也逐步完善了相应的功能，单一以产业功能为主的园区逐渐演变成综合功能的新城或新区。比如天津滨海新区、苏州工业园等，都曾经经历了这个发展阶段。

二是还有部分开发区由于前期在基础设施等方面投入了较大资金，仅靠招商引资带来的工业税收增长，短期内难以实现财务平衡。并且有些城市在招商引资过程中，在土地、税收等方面给企业提供了较大的优惠，有限的税收还要返回给企业，更是增加了地方政府的财政负担。由于政府在工业园区的前期投入过大，带来的最直接问题就是资金平衡难度较大。当仅靠工业税金已经难以实现投入的资金平衡时，提出产城融合发展的概念，也是寄希望于房地产的发展，短期内带来土地出让收入增加，以达到政府财务平衡的目标。这也成为一些地方推动新城新区发展的原因所在。

3. 新城新区建设的基本动力

地方政府推进新城新区发展已然成为城市发展的一种固定模式，发展的动力主要包括以下三个方面。

一是创造新的经济增长点。在过去以 GDP 增长为核心的政府考核体系下，推动投资增长成为城市政府推动经济增长的主要手段。投资增长的来源无所谓来自于城市建设、工业项目等，新城建设不但能够带来巨大投资，而且具有立竿见影的效果，成为城市政府政绩的体现。为此，一些新城新区在规划建设过程中也提出了宏伟的投资规模。比如，兰州新城的一期投资超过 200 亿元，劈山造地，整体推移山丘 700 余座；而珠海西部生态新区更是提出了近千亿元的投资计划。

二是增加政府的财政收入。新城新区一般在主城区之外，土地还是以农用为主，征地价格相对较低。通过建设新城新区建设，土地由原来的农用地转变为城市建设用地，土地用途的转变本来就可以带来极大的级差地租。而且为了配合新城新区的房地产发展，政府和地产商往往也在新城新区制造一些概念，来进一步推动相关土地的升值，政府从中也可以获得更多的土地出让收入。如果新城新区运作得当，能够在一段时间内持续推动政府财政收入的增长。

三是赶超发达国家的城市建设水平。随着城镇化的深入发展，在赶超思路的驱动下，为了追求所谓的现代化城市建设理念，一些在物质形态上具备世界先进水平的新城新区在我国出现了。原本一些在发达国家难以开展的项目在我国城市也落地了，许多新城新区成为了国外建筑规划师们的试验田。虽然实现了理念的创新，但是也普遍存在“水土不服”的现象。近年来，随着互联网和物联网、大数据、云计算等新技术应用的成熟，智慧城市建设成为又一大潮流。由于老城区改造的困难，新城成为智慧城市等城市新概念实践的现实切入点。

4. 规避城市“摊大饼”式发展的负面后果

随着大量农村人口进入城市，城市人口快速增长，许多城市沿着原有的边界实现向外扩张，即所谓的“摊大饼”式扩张，由此带来用地浪费、环境恶化、交通拥堵等问题。在其压力下，社会各界对城市“摊大饼”式发展提出了诸多质疑。为缓解舆论的批评，许多城市政府和学者提出西方建设卫星城的发展政策，以此避免城市“摊大饼”式发展。然而在实践中，无论城市规模大小，也不管处于何种发展阶段，一些城市甚至还处于人口和经济集聚阶段，也要建设新城新区来规避所谓城市的“摊大饼”发展，城市发展又走向了另外一个极端。

5. 一些重大工程项目建设带动新城开发

借助于近几年城市轨道交通、高速公路、高速铁路、新的机场、港口的快速发展，在交通站点或交通枢纽位置，利用便捷的交通资源，兴建了若干新城，比如高铁新城、空港新城、临港新城等等。目前在京沪高铁沿线的 24 个车站中除北京、上海外，其余 22 个站均选择建在新城。另外在一些旅游资源丰富的城市，通过开发旅游项目，也兴建了一些新城。比如，海口市的西海岸新区则是旅游资源开发带动新城的典型代表，在全市“国内外一流的疗养保健基地”和“一流的滨海度假旅游休闲基地”定位下，逐渐成为海口的度假旅游休闲基地、疗养康复基地等，带动了新城的快速发展。

6. 行政事业单位搬迁带动新城开发

伴随城市发展，部分城市的政府行政办公条件、文化体育设施、教育和医疗等事业单位需要扩容，但因原来所在地空间有限，就地改造较为困难，在老城旁边建设包含这些机构的新的整体性行政文化中心成了很多城市的选择。早在1990年代，青岛、中山等城市通过政府以及一些主要行政机构的搬迁，盘活了新行政中心的土地资源，为老城区的改造、市民的搬迁提供了空间和资金等。在我国行政主导发展模式下，行政中心对于带动一个片区的发展具有积极意义，越来越多的城市开始推动行政中心搬迁，希望借此带动新城新区的发展。比如，在安徽省16个地级市中，有6个建设了新的行政办公区。

三、新城新区快速发展过程中出现的问题

我国新城新区发展有成功的案例，也取得了一些效果，但是我们更要看到在新城新区开发建设方式存在一些问题，特别是一些背离中央城镇化政策导向、背离城市发展规律、背离经济发展规律的现象，对此必须引起足够的重视。

1. 忽视城市发展基本规律

城市发展是有规律可循的，但是我国新城新区的建设中，往往忽视城市发展的基本规律。一是新城新区规划人口脱离实际。新城新区的建设是为了吸纳城市人口，如果没有人口在此集聚，这样的城市就是毫无人气的鬼城。过去十几年是我国城镇化发展最为迅速的时期，城镇人口增长速度也是空前的，未来可能也很难再超过这个增长速度了。即使在如此之快的发展速度下，从“五普”到“六普”的10年间，我国地级和省会城市的城镇人口也不过增长了9357万。然而，按照数据齐全的157个地级以上城市新城新区平均水平推算，519个地级以上城市新城新区规划人口将达到26369.7万人。需要质疑的是，如此大规模的人口从何而来？如果规划人口不能实现，那么依据规划人口配置建设用地和基础设施，势必会造成耕地大量占用和浪费，也会加大政府财政支出压力。

二是新城新区建设规模脱离实际。美国在1960～1970年期间规划建

设的占地规模在 950 英亩（3.8 平方公里）以上的新城有 376 个，平均占地面积为 16 平方公里[①]。日本东京都市圈内超过 3 平方公里的新城 40 个，其中最大的新城是多摩田园都市，规划面积 31.6 平方公里，大多新城的规划规模在 10 平方公里以内。在我国 193 个公布规划建设用地面积的地级以上城市的新城新区，建设面积在 10 平方公里以内的仅有 29 个，占 15%，建设面积在 16 平方公里以内的有 34 个，占 17.6%。由于我国新城新区规划面积较大，在建设中往往采取大手笔的建设模式，宽马路、大广场比比皆是，造成我国新城新区城市街区面积更大。比如上海浦东新区每平方公里的路口是 17 个，而东京银座地区是 211 个[②]。城市大规模开发模式，抬高了城市土地市场进入门槛，不利于小规模投资者的参与，降低了土地市场的灵活性，并且限制了服务业的发展，阻碍了经济转型。

三是新城新区建设选址存在问题。从国际上发达国家城市发展来看，新城新区选址一般还是围绕着中心城区周边。比如，东京新城建设基本在东京都市圈 30 公里范围内，新城与中心城区距离并不远。然而在我国，为了避免城市“摊大饼”，也为了降低新城发展成本，一些新城选址往往远离老城区，甚至在部分二线城市，距离主城区都在几十公里。以西南某省会城市为例，在离主城区 30 公里东侧规划新城，核心区规划 160 平方公里，可容纳 95 万人口，2005 年进入实质性建设，经过 10 年时间，初步形成了 40 平方公里的城市核心区。建成住宅小区 17 个，除两个安置小区入住率可达 90% 以上，大部分小区入住率在 30% 以下。

2. 用地不集约

在地级城市规划的新城新区中，有 157 个新城新区同时公布了规划建设用地面积和规划人口规模，共涉及规划建设面积总量为 10081.68 平方公里，规划人口总量为 7976.96 万人，由此计算人均建设用地面积为 126 平方米。其中，有 57 个是省会城市和计划单列市的新城新区，涉及规划建设面积 5375 平方公里，规划人口 4109 万人，人均建设用地面积达 131

---

① 布莱恩·贝利，《比较城市化》，商务印书馆 2008 年版。

② 世界银行，《中国：推进高效、包容、可持续的城镇化（会议版本）》，第 44 页。

平方米。

根据《国家新型城镇化规划》要求，城市人均城镇建设用地规模不能超过100平米，而按照《国家新型城镇化规划》中1996～2012年的数据，城镇新增人口平均建设用地规模为112平方米①。新城新区规划人均用地水平普遍远高于文件要求。按照当前我国新城新区规划建设用地规模，需要城镇人口翻番才能装满规划的新城新区，但这是不可能实现的。如果维持当前新城新区发展趋势，土地资源浪费将不可遏制。

3. 债务负担过重

大规模的新城新区建设，需要政府的投入规模较大，在公共财政预算内财政资金有限情况下，地方政府需要从其他地方想办法。开发房地产成了地方政府一个主要途径。绝大多数地方城市成立了地方融资平台，通过举债修建市政基础设施，然后把土地拍卖给房地产开发企业，通过卖地收入来补偿新城新区的市政建设资金。在住房价格较低和住房需求未得到满足的情况下，这个模式是可以持续的，但最近商品房销售下滑，这个模式遇到了瓶颈。

近些年愈演愈烈的地方融资平台的负债规模日渐增加，一届政府接着一届政府扩大地方融资和负债规模。2013年12月30日，审计署发布的全国政府性债务审计结果显示，截至2013年6月底，地方政府负有偿还责任的债务108859.17亿元，负有担保责任的债务26655.77亿元，可能承担一定救助责任的债务43393.72亿元。在已支出的政府负有偿还责任的债务101188.77亿元中，投向市政建设和土地收储的要占到54%。虽然没有直接对新城新区债务的统计，但是从现实调查中，可以发现近几年新城新区的市政建设在城市新城建设中占主导地位。实际调查还发现，有的地方报上去的债务规模低于实际的债务规模。未来几年我国地方政府债务进入还债高峰期，新一轮新城新区开发建设巨额资金需求所引发的地方债务风险问题值得高度关注。

---

① 根据《国家新型城镇化规划》，1996～2012年我国年均新增城镇建设用地总量为357万亩，而同期我国年均新增城镇人口2117万人，据此计算同期我国每增加一个城镇人口需要增加的城镇建设用地规模为112平方米。

4. 多地出现“鬼城”和“空城”现象

近年来，有关新城成为“鬼城”和“空城”的报道频频冲击人们的视听，在舆论中被经常点名的包括鄂尔多斯康巴什新城、营口鲅鱼圈新城、天津京津新城、昆明呈贡新区等。“鬼城”、“空城”的分布已经不分城市经济水平、不分城市规模大小、不分所处东中西区域，有较大的普遍性。

这类新城是指大面积的住宅楼盘，无人入住，新建的城区没有人气。按照楼盘是否售出划分的话，可分为两类。一类是楼盘销量较好，可预见的未来人气会逐渐增加，各种功能配套随着人的入住也会逐步完善；另一类是对新城新区人口未来规模发生了严重的误判，大量楼盘滞销，以至最终真将成为“空城”，造成大量资源闲置和浪费。

5. 产业规划不适应市场需求

过去十多年，确实有一些新城新区依靠特殊政策优势发展起来，但是当时新区总量少，彼此之间竞争并不激烈。现在遍地开花地去搞新城新区建设，使得彼此之间竞争加剧，有限投资主体如何满足产业发展需求值得讨论。在规划中，不少新城新区都有宏伟的发展目标，如力争几年内实现老城的再造和 GDP 的翻番，但依靠发展什么产业来实现翻番却缺少论证。有些新城新区规划要重点发展的产业与其他新城新区的高度雷同，有些甚至是已经出现产能过剩的行业，如何发挥自身比较优势、实现与其他新城新区错位发展则面临着严峻的挑战。还有些新城新区过于强调制造业而忽视服务业的发展、过于重视生产功能而忽视生活功能，这些问题的存在都对新城新区的持续健康稳定发展产生不利影响。

四、以人为本、尊重规律，促进新城新区健康发展

在城镇化进程中新城新区不是不能做，适宜的新城新区建设是非常必要的，我们不能因为新城新区建设过程中出现了“空城”、“鬼城”，而去全部否定，要看到新城新区的发展也是需要时间的积累。我们也不能因为个别新城新区取得了成功而去盲目模仿，特别是一窝蜂地都去搞，势必会造成不必要的资源浪费。更重要的是从城市发展规律去看，新城

新区建设是否符合城市发展趋势，是否适应城镇化发展的基本趋势。

新城新区建设，是对城镇化和城市发展过程中的市民、企业等各主体需求的响应，有其现实意义和必然性。应顺应这种趋势，以人为本、尊重现实、遵循规律，促进新城新区健康发展。

1. 以市场需求为导向，企业主导，政府引导，动员社会各方力量参与

与国外的新城建设、运营和管理往往由私人企业承担不同，我国新城新区建设一般是在政府主导下，分区块、分项目地交由企业开发和建设，有些企业也是政府下属企业。这种模式能比国外更快速推进土地征用、市政设施配套及其后的开发建设，但因为土地得来比较容易，政府的税收政策自由度较大，难免会导致行政对资源的错配，降低投资效率。《中共中央关于全面深化改革若干重大问题的决定》要求，“处理好政府与市场的关系，使市场在资源配置中起决定性作用和更好发挥政府作用”。新城新区的建设中也应发挥市场配置资源的决定作用，以市场对新城新区的就业、居住、环境、休闲娱乐等各项需求为导向，把建设的主体交给企业，政府引导并鼓励各类规模投资者参与到新城新区建设中，特别是要降低参与新城新区建设的门槛，引导小规模投资者参与。

在新城新区规划和建设各环节，应广泛征求利益相关者的意见，也需要发动企业、市民、专家学者参与对新城新区的发展定位、市场前景、发展路径、细节设计等等问题讨论中，进行全面深入的调查、讨论或辩论，最大程度避免投资失误、规划和建设失误。

政府要明确新城新区发展思路，彻底改变大尺度建设的思路，避免新城新区成为景观工程和形象工程。要从以人为核心城镇化发展角度，特别是要符合我国人口结构状况，重新设计新城新区发展的路径和模式。同时要根据新城新区的发展阶段和需求状况，在交通等市政配套和管理、行政管理、教育和医疗等公共服务供给方面进行逐步配套完善，引导并促进新城新区健康发展。

2. 梳理、规范已建、在建和规划的新城新区

尊重市场的规律，按照市场的需求，梳理、规范各地已经建成、正在建设和规划的新城新区。

对于已经建立起来的新城新区，要分析其现状和存在的问题，对存在问题的新城新区，应要求其修编相关规划，对其的土地粗放利用、基础设施框架过大导致维护运营成本高和服务业发展不起来等问题，进行科学分析和判定，找到相应的解决办法。

对于在建和规划的新城新区，严格审查已有的规划，对规划中不符合发展规律和趋势的问题提出整改。建议尽快出台文件明确新城新区设立的条件，对因自然、经济、社会发展等方面原因确需设立新城新区的，要明确具体的设立条件，并按照相应条件对现有新城新区进行排查，对不符合条件的要进行整改或撤销。

3. 摸查、清理债务，严控政府债务风险

根据《国务院关于加强地方政府性债务管理的意见》（国发〔2014〕43 号），组织对新城新区的债务进行系统性摸查和清理整顿。按照要求剥离融资平台公司政府融资职能，融资平台公司不得新增政府债务。加强对或有债务的统计分析和风险防控，进行成本收益评价，对难以实现财务平衡的，要及时建立投入止损机制，避免债务总额扩大。

规范地方政府在新城新区建设方面的举债机制，推广政府与社会资本合作模式，鼓励社会资本通过特许经营等方式，参与新城新区基础设施等有一定收益的公益性事业投资和运营。

4. 从制度上扼制地方政府主导建设新城新区的冲动

官员在任期内的政绩约束下，地方政府要实现招商引资的目标，只能竞相压低工业用地价格，并通过房地产开发来进行补偿；或者为引进商业项目，低价提供用地并配以房地产开发的土地。由于老城区征地成本高，加上推进速度慢，地方政府普遍主导推进新城新区的土地开发。

因此要斩断这个链条，遏制住地方政府推进新城新区开发的冲动。一方面需要调整地方政府的政绩考核方式，建立更合适的考核体系；另一方面要建立新城新区有关问题的责任追究制度。对由政府不当决策、不当规划造成的公共资源严重浪费的，要依法追究相关负责人的责任，规范政府决策者和规划单位的行为。

5. 加强国内外新城新区经验交流借鉴

我国过去多年的新城新区建设实践中，涌现出不少成功的可持续案例，国内各城市面临的体制机制和发展大背景相同，其成功的经验有可借鉴性。一方面要树立典型和样板，积极推广成功新城新区的发展经验；另一方面也要鼓励其他新城新区对成功样板的学习和借鉴。

城市发展也是遵循一些客观规律，因此国际新城新区发展的经验和教训同样值得我们学习借鉴。美国、欧洲、日本和韩国的新城新区建设走过了很长时间的路程，积累了丰富的经验，更积累了大量失败的教训。比如美国，先后经历了工业革命时期“企业办社会”的工业新城、花园城市，“二战”后为解决住房问题的郊区新城，世纪之交为解决城市病而兴起的以办公为主的郊区新城，高科技产业办公郊区化带动的新城，到新城市主义，再到如今的“老新城”再开发和城市精明增长。虽然中美两国政治体制不同、经济发展阶段和水平不一样，但是我国很多新城发展的经历中，能在其走过的历程里找到类似的经历，其成功的经验和失败的教训具有借鉴意义。另外，日本、韩国在高速城镇化进程中，新城新区建设也是一项重要任务，对我国发展具有现实的借鉴意义。

（课题组成员：范毅、冯奎）

专题报告三

中国智慧城市发展之路

诺贝尔经济学奖得主、美国经济学家斯蒂格利茨（Joseph Stiglitz）曾说过，影响21世纪的两件大事是美国的高科技和中国的城镇化。以美国为主的高科技浪潮将革新和颠覆人类社会的传统生活和生产方式，而以中国为代表的发展中国家的城镇化进程将使得城市成为影响世界发展的最为重要的人口聚居空间。

2014年中国城镇化率是54.77%，每年进入城市的总人口约为2000万，中国城镇总人口达到7.9亿。这是世界上规模最大的人口城镇化进程，在中国城镇化历史上也绝无先例。如此庞大的新增城镇人口规模为城市带来无限机会，但也使未来城市发展面临着更多挑战，中国城市亟需新型管理模式和发展思路。

在中国，高科技和城镇化这两大影响力的结合就是智慧城市。智慧城市以服务为导向，通过充分发挥当下高科技、互联网的作用，整合社会各领域的创新能力，协同政府、市场、社会各方力量，推动城市综合治理和公共服务供给方式的改革，实现城市发展模式的转型，以达到完善城市各项功能、满足社会各方需求、提升城市生活质量的发展目标。

中国未来城市发展必须要解决的是发展模式和路径选择的问题。智慧城市作为信息化与城镇化的最佳契合点，是符合中国未来发展趋势的选择。智慧城市作为关注城市整体发展的新型战略，将成为经济转型、产业升级、城市提升的新引擎，达到提高民众生活幸福感、企业经济竞争力、城市可持续发展的目的，体现更高的城市发展理念和创新精神。

一、智慧城市演变及概念

（一）国际智慧城市发展演变

智慧城市作为国家发展战略最早可追溯到1992年新加坡制定的IT2000－智慧岛计划（1992～1999年），其主要内容是建设覆盖新加坡全境的高速宽带网络。随后，美国、欧盟、日本、韩国等发达国家也相继提出信息化领域的建设计划。当时智慧城市的概念主要集中于网络基础设施建设领域，还没有如今天这般涉及到城市生活的方方面面。

2007年，欧盟提出了一系列智慧城市建设目标，并开始付诸实施。2008年底，IBM公司提出视野更为广阔的“智慧地球”的理念，并在全球范围内大力宣传推广该理念以及“智慧城市”的概念。此时恰逢信息化浪潮席卷全球、金融危机开始引发世界经济动荡，这一创新理念得到了社会各界广泛关注，越来越多的国家开始提出依赖互联网和信息技术来改变城市未来发展蓝图，将发展智慧城市作为应对金融危机和抢占未来科技制高点的重要战略。

世界主要发达国家几乎都已在国家和城市层面推进智慧城市发展战略（见表1）。欧盟于2010年出台《欧洲2020战略》，将“欧洲数字化议程”确立为促进经济增长的七大旗舰计划之一，明确要走“智慧增长、包容增长、可持续增长”道路。美国在2009年启动智能电网项目，同年，迪比克市与IBM宣布共建智慧城市。澳大利亚于2011年发布《国家数字经济战略》，智慧城市建设是其中一项重要内容，其中，第三大城市布里斯班在节能环保领域享有较高声誉。日本于2009年推出中长期信息技术发展战略“I－Japan（智慧日本）战略2015”，旨在运用数字信息技术推动经济社会变革。韩国于2004年推出U－Korea战略，打造泛在网络，实现智能服务，首尔在2011年发布“智慧首尔2015（Smart Seoul 2015）”计划。新加坡早于2006年即启动了为期10年的“智慧国2015”计划（或称“iN2015”计划），力图实现创新、集成和国际化三大愿景。

表1 国际智慧城市发展战略及建设重点

国家/地区	战略/政策	建设目标和重点
美国	2008年，IBM在全球范围内推广“智慧城市”概念；政府发布《经济复苏计划》建设智能电网；2010年公布未来美国的高速宽带发展计划；2012年颁布《大数据的研究和发展计划》	重点是建设新一代智能电网，以降低用户能源开支，实现能源独立性和减少温室气体排放；另一重点为宽带基础设施建设，旨在2020年提升宽带速率
欧盟	2009年提出《信息通信技术研发和创新战略》；2010年出台《欧洲2020战略》、《欧洲数字化议程》；2012年，欧盟启动智慧城市和社区的欧洲创新伙伴关系	发展最新通信技术、建设新网络、提供新服务、创造新的媒体内容；关注智慧交通、智慧能源以及ICT服务
日本	继E-Japan、U-Japan之后，在2009年7月推出“I-Japan（智慧日本）战略2015”	关注智慧政府、智慧医疗，设置“电子政务”、“医疗保健”和“教育人才”三大核心领域
韩国	韩国信息通信部于2004年提出了“U-Korea”；2006年启动了以首尔为代表的智慧城市的建设，该计划被称作U-City	通过构建先进的物联网基础设施，打造未来ICT强国；利用无线网络等技术，达到对城市设施、安全、交通、环境等智能化管理和控制
新加坡	2006年6月，新加坡启动了iN2015计划，目标是“利用无处不在的信息通信技术将新加坡打造成一个智慧的国家、全球化的城市”	打造一个活跃的、与时代并进的资讯通信生态系统，利用信息通信技术增强新加坡港口和各物流部门的服务能力

当前很多发展中国家在城镇化快速推进过程中，人口、产业、资本向城市集聚的同时引发了诸多问题，城市发展迫切需要高效的管理模式和智能的技术支撑。智慧城市作为城市发展的新理念，在发展中国家呈现出前所未有的吸引力。印度政府于2014年对外公布将建设100个智慧城市，将利用大数据改善城市治理，推进区域基础设施建设。泰国于2012年提出“智慧泰国”发展战略，旨在推动泰国所有经济领域和政府部门实现“智能化”。马来西亚于1995年开始建设的多媒体超级走廊

（Multimedia Super Corridor，简称 MSC），重点建设 ICT 产业，以形成国家核心竞争力。巴西里约热内卢的智慧城市建设具有代表性，其与 IBM 共建的城市数据管理中心，有效提高了城市管理效率。

中国作为发展中国家，城镇化涉及上亿人口规模。如考虑建制镇的话，中国有多达 2 万多个的城市，未来城镇化发展前景巨大。至 2014 年底，各部委公布的智慧城市试点即超过 400 个城市，预计未来市场规模将达万亿以上。当前中国智慧城市发展仍处于探索实践阶段，智慧城市的相关议题将是未来一段时期内社会各界关注的热点。

（二）智慧城市概念

智慧城市是信息技术变革的时代背景下产生的比较新的概念，至今没有统一定义。国内外众多专家学者、研究机构、企业组织、政府部门等对于智慧城市这一概念进行了阐述（见专栏 1、表 2），提出了一些不同的见解。概念侧重有所不同，但大多涉及智能技术、部门协同、服务便民以及美好的智慧城市生活愿景（图 1）。

图 1　智慧城市的内容

本文对于智慧城市这一概念的理解是，智慧城市是依托高科技、互联网，充分发挥市场力量，整合各方资源、实现信息共享，协同政府、企业、居民，建立市场化服务更为完善、政府治理能力更为完善、城市运营更为高效、城市发展更为绿色低碳、城市生活更为方便宜居的城市创新发展模式。智慧城市以高科技和互联网为平台，有效解决城市居民生活中的不便、不合理之处。智慧城市并非是使城市变成各种新技术的试验场，而是利用技术去满足城市居民需求，从而创造更富吸引力的城市生活空间，提升城市整体的价值。

专栏1 对智慧城市概念的理解

从技术的角度理解：智慧城市是在城市全面数字化基础上建立的可视、可量测、可感知、可分析、可控制的智能化城市管理和运营机制，包括城市的网路、传感器、计算资源等基础设施，以及在此基础上通过对实时信息和数据的分析而建立的城市信息管理和综合决策支撑等平台。

从城市发展的角度理解：智慧城市是一种城市发展理念，一种城市发展模式。智慧城市通过新技术、新手段、新方法，改善城市公共服务的供给水平，用来满足城市居民的需要。

在“2013中国城镇化高层国际论坛”上，来自全球著名的智慧城市领域的学者、企业家和官员共同指出，智慧城市首先应该是宜居的城市，应该是理性的城市。智慧城市的重点不仅仅是技术，更是如何更加智慧地使用大数据，如何让技术更具有实践性，如何更合理地使用资源发展低碳经济，如何为公民提供全面、完善的公共服务。

一些学者和IT企业等更强调从技术的角度对智慧城市进行描述，突出互联网、物联网、大数据、云计算等智能技术对智慧城市建设的重要支撑作用。比如，李德仁院士认为智慧城市是物联网、云计算技术与数字城市的融合；IBM强调运用信息和通信技术手段对城市各项系统关键信息的获取与分析；韩国政府则关注利用IT和环境技术综合管理城市。

另有一些见解从系统论的观点出发对智慧城市进行阐述，强调智慧城市内部各个子系统之间的有机联系，以及通过协同各方力量、整合关键信息以实现未来的可持续发展。比如，英国政府强调从解决问题出发，结合各方面因素系统考虑城市发展；邬贺铨院士指出智慧城市需要有机组合，形成更有效的服务整体。

对于智慧城市的概念阐释大都涉及到对于未来城市生活的描述，包括美好的生活环境、便捷的生活方式、充满活力的经济发展等。比如欧盟委员会认为智慧城市应具备多项要素，包括自然资源的智能管理、可持续的经济发展、高品质的市民生活等。

表2　　智慧城市概念梳理

侧重	概念提出者	智慧城市定义
便民服务	欧盟委员会	当一座城市既重视信息通信技术，又重视知识服务、社会基础的应用和质量，既重视自然资源的智能管理，又将参与式管理等融入其中，并将以上要素作为共同推动着可持续的经济发展并追求更高品质的市民生活时，这样的城市可以被定义为“智慧城市”
	英国奥雅纳工程顾问公司（ARUP）	智慧城市是通过应用现代技术和设计，使不同城市系统间的关联和结构更加清晰、简单、灵敏、可延展；在智慧城市中，居民不仅能够了解他们与社区和更广泛的城市生态系统之间的关系，而且能够积极参与城市活动
技术	李德仁（两院院士）	智慧城市是将物联网和云计算技术融合到数字城市之中，对数字城市进行进一步提升，即数字城市 + 物联网 = 智慧城市
	IBM公司	运用信息和通信技术手段感测、分析、整合城市运行核心系统的各项关键信息，从而对包括民生、环保、公共安全、城市服务、工商业活动在内的各种需求作出智能响应
智慧城市愿景	美国独立研究机构Forrester	智慧城市就是通过智慧的计算技术为城市提供更好的基础设施与服务，包括使城市管理、教育、医疗、公共安全、住宅、交通及公用事业更加智能、互通与高效
	美国电气与电子工程师协会（IEEE）	智慧城市汇集了技术、政府和社会，并包含以下特点：智慧的城市、智慧的经济、智慧的移动、智能的环境、智慧的公民、智慧的生活方式、智慧的治理

（三）智慧城市的内涵

智慧城市的本质是创新，通过技术、管理、理念创新全面提高城镇政府综合治理能力、提升市场配置资源水平，为居民提供及时、互动、高效的服务。智慧城市通过智慧的应用和解决方案最大限度地开发、整合和利用各类城市资源，以更加精细和动态的方式提升城市运行管理水平、政府行政效能、公共服务能力和市民生活质量，使城市达到前所未有的高度“智慧”状态。

具体来说，智慧城市包含以下三层含义。

1. 智慧城市以技术创新为基础

新技术是智慧城市得以建设和发展的基础所在。智慧城市通过运用信息通信技术手段感测、分析、整合城市运行核心系统的各项关键信息，通过互联网平台对社会的各项需求做出反应的过程。智慧城市是新一代信息技术支撑、知识社会创新2.0环境下的城市形态，它通过广泛采用物联网、云计算、大数据、人工智能、社交网络等新一代信息技术和工具，实现全面透彻的感知、宽带泛在的互联、智能融合的应用，以及以用户创新、开放创新、大众创新、协同创新为特征的可持续创新。

智慧城市的各个领域都以技术创新为支撑（图2）。在智能家居领域，多家世界著名的科技类公司已纷纷开展研发相关产品，谷歌眼镜在可穿戴设备领域是万众期待的新产品，苹果也已建立Homekit智能家居平台，未来许多第三方设备制造商将可以基于苹果智能家居平台推出大量智能应用和产品。在智能终端领域，智能手机的各项新技术频频推出，此外，

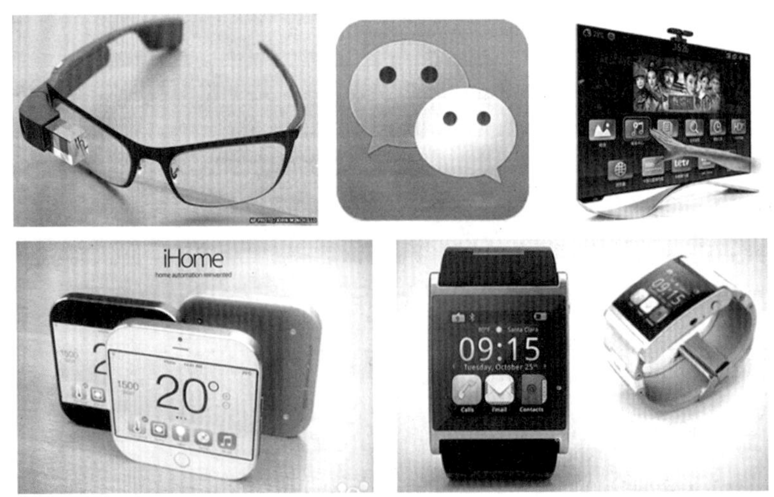

图2 智慧城市技术创新

小米、乐视等以电视为终端，通过互联网平台，附加各项家庭所需的服务，销量和销售速度都对传统电视业形成挑战。在社交领域，新技术、新应用改变着人们的交往方式，比如2011年中国腾讯公司推出的手机应用程序微信，提供公众平台、朋友圈、消息推送以及移动支付等功能。截至2014年底，微信月活跃用户已达4.68亿。

2. 智慧城市以管理创新为手段

智慧城市的建设极大地带动创新社会管理方式，促进“管制型政府”向“服务型政府”转变，使城市管理者的决策和执行更科学、更智慧、更人性化，为居民提供及时、适用、科学、智慧的城市管理与服务。

①智慧城市有效提高政府治理能力。智慧城市对政府部门行政管理模式提出新要求，同时通过电子政务手段，促进政府变革、提高政府效率和公共服务效率，有助于提高整个原有体系的工作速度，降低行政成本。目前世界很多国家政府已在城市管理方面采取多项措施，诸如建立界面更为友好的政府网站，及时公布各项信息，同时建立市民互动反馈平台，吸取民众意见，及时改进管理等（图3）。

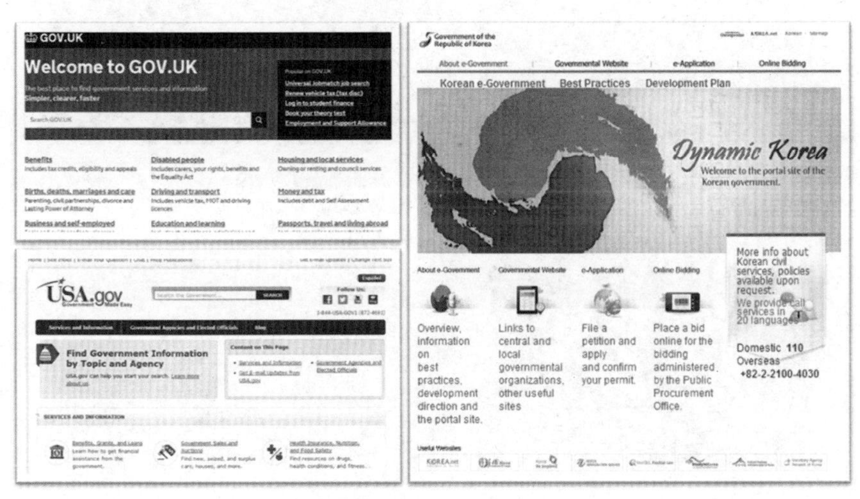

图3 国外政府网站示例

②智慧城市创新城市建设模式。智慧城市是一项长期和复杂的系统工程，需要政府各职能部门从长计议、开展顶层设计。因而在智慧城市建设过程中，其先后次序尤为重要，优先开发可运营资源，有利于建立

良性的资金模式。当前国内外大多智慧城市建设是由政府与企业共同合作完成的，比如思科参与韩国松岛建设，利用互联网将支离破碎的城市基础设施互联起来，提升城市信息交流的通畅性（专栏 2）。

专栏 2　韩国松岛智慧城市建设

松岛作为韩国最大的民间建设项目，2004 年项目计划得到批准，2009 年开始一期工程建设，计划将于 2020 年最终完成。预计将建成 1000 万平方米、6.5 万人口居住区、30 万就业人口的区域。项目总投资大约 350 亿美元。

松岛建设参与方包括来自美国的开发商盖尔国际公司、韩国钢铁和建筑巨头浦项公司、思科和仁川自由经济区等。新松岛城包括四个发展重点，即数字城市、智慧数字生活、国际商业化和商业中心化。

图 4　松岛智慧城市

松岛智能控制中心基于有线网和监控摄像，用高科技系统连接所有空间，及时获取信息，实施有效反馈，打造智慧互联城市。

③智慧城市提升城市运行管理机制。智慧城市在对各类城市信息进行收集、跟踪、集成与分享的过程中，有效规划和管理城市资源、公共服务以及各种活动及其带来的经济、社会或环境影响，并通过实现一站式政府提升企业服务质量，简化企业的各种手续，从而增强城市竞争力，吸引人才和投资，有利于经济转型并实现城市可持续经济发展。国内许多经济发达城市的智慧交通建设发展迅速，通过安置电子显示牌、开发移动终端软件等向市民及时反馈交通拥堵情况以及公共交通路线信息，有效提升城市运营效率。

3. 智慧城市以理念创新为核心

信息技术与管理方式的创新推动着人们生活理念和生活方式的变化。通过智慧家庭、智慧社区的建设，人们最根本的家庭生活体验将发生巨变，这种变化又将通过家庭、社区向整个社会延展。一旦形成新模式，推广会非常快，这将带来理念上的飞跃，是通过互联网和高科技带来的变化。

智慧城市代表看待城市的新角度，是发展城市的新思维。它要求城市的管理者和运营者把城市本身看成一个生命体，认识到城市本身不是若干功能的简单叠加，而是一个普遍联系、相互促进、彼此影响的整体。智慧城市要求树立城市开放、包容的态度和精神，以广阔的视野、无限的可能性来看待城市的未来。

当前智慧城市领域产生的诸多变革都源于理念上的创新。苹果智能手机在今天十分普及的移动终端里占有重要的一席之地，它的一个重要开发理念是在 ios 开放平台上接受来自每个软件开发者设计的应用程序，从而丰富苹果手机的内容、提升用户体验。当前占据中国 3/4 打车市场的滴滴打车手机应用软件，它创立之初是想要改变打车行业的生态体系，用移动互联网更好地服务司机和乘客。这些创新都是去寻求当前城市运转中的问题，然后借助高科技手段予以解决，它们不满足于停留在过去陈旧的思维模式，而是愿意用变革的态度去迎接和开辟未来（见图 5、专栏 3）。

图 5　智慧城市理念创新实例

专栏 3　SOHO 推出 3Q 产品，推动“大众、共享”的互联网理念

移动互联网的发展，让移动办公成为可能，人们可以自由选择办公的时间和空间，办公变得更灵活。

SOHO3Q 是 SOHO 中国发布的新产品。它运用 O2O 模式，即线上 Online、线下 Offline 的双向结合，和网上购物类似，从选房、订房、付款交易，每个环节都在网上进行，为流动人群提供 O2O 模式的办公场所。

图 6　SOHO 3Q 空间

该项目将 SOHO 中国的写字楼办公室以短租的形式对外租出去，所有环节都在线上完成。在 SOHO3Q，用户可以租一个星期、一个

月，可以租一个办公桌、一个独立办公室，可以随时随地手机上预约、付款，还可以享受餐点、咖啡、复印打印等服务，只需要带着手机和电脑来工作。

“我就是在思考，人需要什么样的空间，可以激发灵感、更好地交流。”潘石屹说。他认为SOHO 3Q的精髓是“共享经济”，即“使用比拥有更重要，分享比增加更重要，清空比充满更重要”。

二、中国智慧城市建设现状及问题

（一）中国智慧城市建设推动力

随着中国城镇化进程持续推进、城市人口快速增加，城市发展不可避免地受到土地、空间、能源等资源短缺的约束，导致公共资源供给不足、交通拥堵、环境污染、城市安全等诸多问题。高科技和互联网的快速革新则为城市转型发展提供了技术创新土壤，使得城市能够以智慧化手段重新调整发展战略，更好地解决城市面对的各项困境。同时，从信息化相关的政策发布来看，中国政府也积极支持推进智慧城市建设。

1. 快速城镇化进程要求城市转型发展

自进入21世纪以来，中国城镇化率每年提高1.3个百分点，每年进城人口达2000多万，至2014年底城镇常住人口为7.5亿。自改革开放30年以来，中国已有4.2亿人口从农村进入城镇，这个数字大约相当于美国和日本人口的总和。中国城市的变化已经不仅仅是城市数量的增加、城市规模的扩大、城市人口的剧增，从本质上看来，它不仅已经改变了中国的经济社会结构，对现代化进程产生了并将继续产生深刻影响，而且对世界商贸、政治关系也有着巨大的影响力。毫无疑问，城镇化已成为中国新的增长引擎、世界的一大经济影响力核心。

快速推进的城镇化进程一方面给中国经济发展做出了重要贡献，另一方面，城市也面临持续发展的瓶颈。特别在一些相互影响的重要领域内，对于城市如何能够突破经济转型发展的制约、解决城市环境面临的威胁、提升城市生活质量的问题，仍在困扰着政府官员和城市学者。针对这些问题，智慧城市提供了新的解决方案，它使用高科技手段对有限的资源进行最优调配、平衡各方需求，推动城市转型发展，力图实现城市经济、社会和环境的和谐。

2. 信息通信技术和互联网推动社会创新

习近平总书记在首届世界互联网大会上指出："当今时代，以信息技术为核心的新一轮科技革命正在孕育兴起，互联网日益成为创新驱动发展的先导力量，深刻改变着人们的生产生活，有力推动着社会发展。"这道出了信息技术和互联网在推动社会变革方面的重要影响力。

互联网将支离破碎的个体互联起来，将这些独立的系统整合到一个基于单一开放式系统的网络中，生产力的增长和创新的巨大潜力将被释放出来。中国当前的互联网发展水平已位居前列，是最大的电子信息产品生产基地和最具成长性的信息消费市场，也是全球网民数量最多的国家。根据中国互联网络信息中心的统计数据，截至 2014 年 12 月，中国网民规模达 6.49 亿，互联网普及率达到 47.9%。中国手机网民规模达到 5.57 亿，与 2010 年相比，增加了 2.55 亿人（图 7、图 8）。互联网及移动端网络的普及，为居民随时使用智慧城市各项服务提供了良好的载体，是推进智慧城市建设的基础。

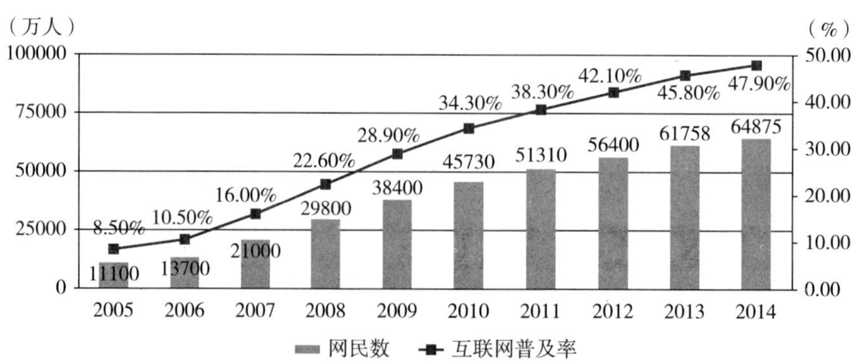

图 7　中国网民规模和互联网普及率

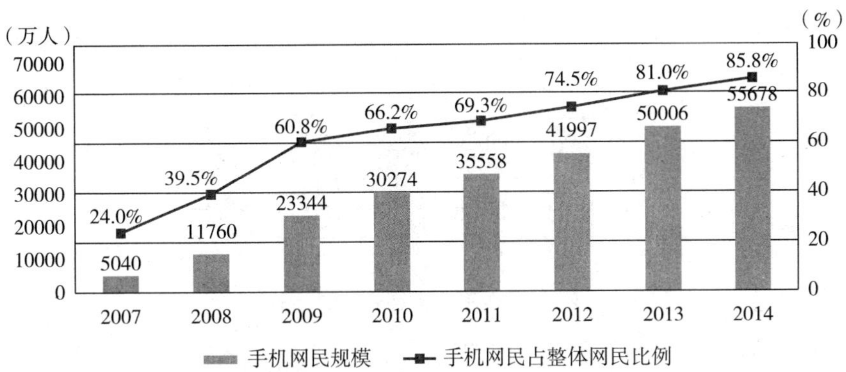

图 8　中国手机网民规模及其占网民比例

专栏 4　中国互联网普及情况

互联网的普及有助于降低沟通和交易成本，营造互惠共享的网络平台。根据中国互联网络信息中心的统计数据，2014 年将近 60% 的网民对于在互联网上进行分享持积极态度，其中强力支持、非常愿意分享的占 13%（见图 9）。

从城镇居民家庭无线网络接入情况来看，家庭 Wifi 的普及情况已经达到很高水平，比例为 81.1%（见图 10）。

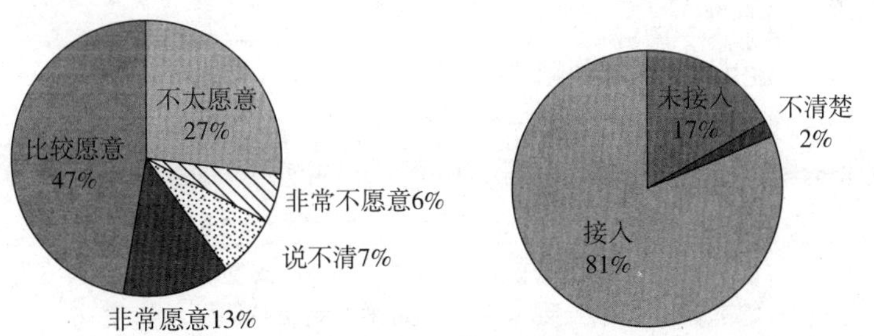

图 9　2014 年网民分享意愿调查　　**图 10　城镇家庭 wifi 普及情况**

从中国网民上网时长来看，近年来上网时长处于递增趋势。2014 年，人均每周上网长达 26.1 小时，相比 2010 年增加了近 8 个小时，这表明居民对互联网应用的使用广度和深度都在提升（见图 11）。

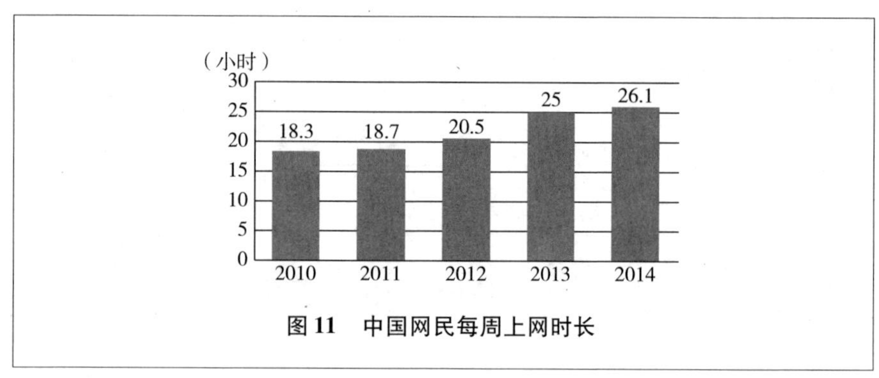

图 11　中国网民每周上网时长

一方面，互联网发展促进了我国服务业的变革。互联网的快速发展对传统行业产生巨大冲击，新型技术和思维不断融合渗透，推动传统市场的整合与重塑，不断提高其服务水平（表 3）。

表 3　　互联网促进服务业变革

实　例	具体内容
餐饮业 O2O 模式	2012 年中国餐饮 O2O 在线商务用户规模为 0.98 亿，相比 2011 年增长 58.1%；2013 年这一数字上升至 1.39 亿，预计到 2015 年这一规模将超过 2 亿
打车软件	以滴滴打车为例，2014 年 3 月 27 日，用户数突破 1 亿，日均订单数维持在 530 万左右
在线视频	以在线视频、在线教育为代表的平台型渗透保持了较为平稳的发展轨迹，2013 年规模分布达到 128 万元和 840 亿元
互联网金融	2014 年，互联网金融规模达 10 万亿元，第三方支付规模达 9 万亿元，P2P 网贷规模达 600 亿元
家电行业线上销售	以国内电视产业为例，2013 年线上市场发展迅速，销售占比从 2013 年 1 月份的 6.2% 增长到 12 月 10.3%
在线旅游	随着休闲旅游成为市场竞争热点，移动端成为重要的交易平台，在线旅游产品也实现从单一产品预订到出行服务的转变
虚拟运营商	19 家已获得牌照的虚拟运营商结合自身业务做出有差异性和灵活性的增值服务
智能硬件	谷歌、苹果、Facebook 等全球巨头，百度、腾讯 360、小米等国内互联网公司已进入智能硬件市场，可穿戴设备为重要竞争市场之一
在线汽车交易	汽车网站在 2013 年“双十一”的线上销售活动是第一次在交易上的尝试，但可以预见，一旦打通从线上信息服务到线下购买的交易闭环，在线汽车交易的想象空间将更为巨大

续表

实　例	具体内容
智能汽车	谷歌推出 Android Auto，苹果发布被誉为车载 iOS 的 Carplay，传统车厂更将智能化作为旗下产品的最新概念

另一方面，互联网新技术对城市治理、社会服务和社区发展的影响巨大。通过建立政府与市民的统一互动平台，能有效提高公众服务质量与政府公开透明度，并提升政府在应急事件上的处理能力。互联网与GIS、大数据、云平台等技术结合，可提高政府的科学决策能力，减少拍脑袋决策造成的资源浪费。此外，互联网不仅在改善城市政府治理和管理方面发挥作用，同时也会从市场的角度让市民享受更便捷的服务，通过市场化手段向家庭提供更便捷、更舒适、更智能化的应用。

中国互联网的蓬勃发展和社会影响力从互联网企业的全球排名也可见一斑。截至 2014 年 9 月 15 日，全球市值最高的 20 家互联网公司排名中，中国即有 6 家企业，分别是阿里巴巴、腾讯、百度、京东、网易和唯品会（见图 12）。

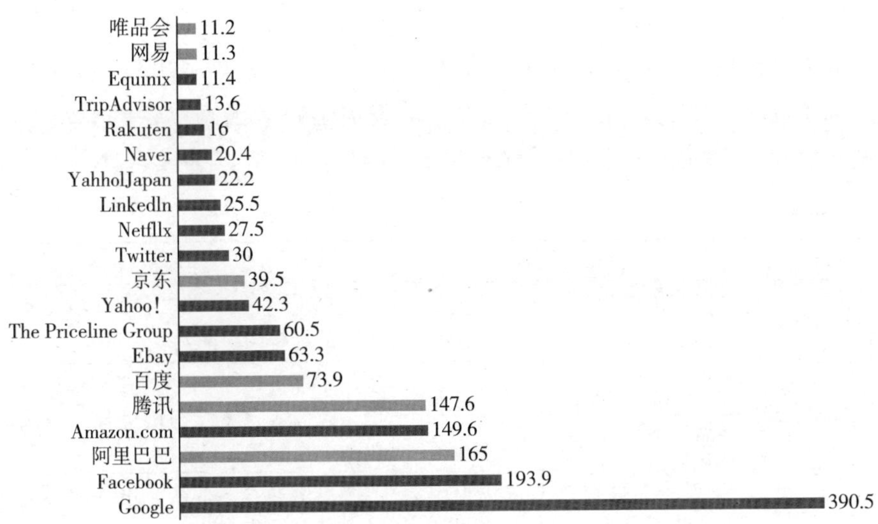

图 12　世界排名前 20 的互联网公司的市场资本（单位：10 亿美元）

互联网和信息技术的发展为开展智慧城市建设提供核心技术支撑。它们在中国引发的变革效应提供了开展智慧城市建设的基础。智慧城市将充分利用互联网平台，强化社会各个领域之间互联互通，实现城市生活的智能化和公共服务的便捷化。

3. 新型城镇化背景下的政策支持

在中国城镇化快速推进过程中，城市面临各项挑战，在城市环境、政府治理能力、社区营造、生活便捷性等方面都亟须提升。智慧城市因其高效、便捷、宜居的城市发展理念得到政府的大力支持。

我国政府明确提出推进智慧城市建设是在2014年3月由中共中央、国务院印发的《国家新型城镇化规划（2014～2020年）》文件中，它指出六大建设方向，即信息网络宽带化、规划管理信息化、基础设施智能化、公共服务便捷化、产业发展现代化以及社会治理精细化。关于智慧城市的具体指导性文件是同年8月由国家发展改革委等八部委联合发布的《促进智慧城市健康发展的指导意见》，明确提出我国智慧城市的发展思路、建设原则、主要目标以及信息安全保障等要求，以加强对各地智慧城市建设实践的引导。

在此之前，部分地方已制定了智慧城市相关政策，如北京、广州、上海、南京等地。而与智慧城市密切相关的信息化则一直被看作是国家发展战略的重要内容。早在2002年国家十六大报告中即提出“以信息化带动工业化，以工业化促进信息化”的发展道路。国家也在电子政务、电子商务、物联网发展等领域颁布过多项指导性政策（表4）。

表4　　国家主要信息化及智慧城市相关政策

时　间	政策文件	主要内容及影响
2002年8月	国家信息化领导小组《关于我国电子政务建设的指导意见》	正式提出要重点建设并整合中央和地方的综合门户网站
2006年5月	《2006～2020年国家信息化发展战略》	提出了推进国民经济信息化、推行电子政务、完善综合信息基础设施等9个方面的战略重点
2013年8月	《关于促进信息消费扩大内需的若干意见》》	明确提出在有条件的城市开展智慧城市试点示范建设
2014年1月	十二部委《关于加快实施信息惠民工程有关工作的通知》	通过实施信息惠民工程，实现信息化与民生领域应用的深度融合，进一步发挥信息化对保障和改善民生的支撑性和带动性作用

续表

时　间	政策文件	主要内容及影响
2014 年 1 月	《“十二五”智慧城市建设战略合作协议》	国家开发银行将在“十二五”的后三年内，提供不低于 800 亿元的投融资额度支持中国智慧城市建设
2014 年 3 月	《国家新型城镇化规划（2014 ~ 2020 年）》	要求推进智慧城市建设，统筹城市发展的物质资源、信息资源和智力资源利用，推动物联网、云计算、大数据等新一代信息技术创新应用，实现与城市经济社会发展深度融合
2014 年 8 月	八部委发布《关于促进智慧城市健康发展的指导意见》	未来智慧城市建设的主要目标包括城市管理精细化、生活环境宜居化和基础设施智能化等五个方面
2014 年 11 月	《关于加快实施信息惠民工程有关工作的通知》	提出实施信息惠民工程的重要意义、总体要求、重点任务和主要措施，增强民生领域信息服务能力，提升公共服务均等普惠水平

（二）中国智慧城市建设进展

中国当前智慧城市建设以政府为主导，逐步由概念走向落地，从试点走向普及。国家层面提出多项信息化和智慧城市相关政策，2013 年 8 月国务院发布的《关于促进信息消费扩大内需的若干意见》，明确提出在有条件的城市开展智慧城市试点示范建设。目前在部委层面已开启了多项智慧城市试点工作，工信部在中欧城镇化伙伴关系论坛上正式启动中欧智慧城市合作，双方合作分别选择 15 个城市或城区开展合作；住建部分两批共开展 193 个试点，具体包括 76 个省会城市、地级市，75 个城区、县及县级市，34 个新区和 8 个镇；科技部在 20 个城市中开展“智慧城市”技术和标准试点示范；国家旅游局确立了两批共 33 个“国家智慧旅游试点城市”；国家测绘地理信息局 2013 年出台了《智慧城市时空信息云平台建设试点技术指南》，太原、广州等 9 个城市列入时空信息云平台建设的全国试点工作等。除港澳台外，全国 31 个省市自治区均有试点，所有的直辖市和省会城市均有试点（表 5）。

表5　国家智慧城市相关试点梳理

时　间	有关部委	试点工作	试点城市
2012年10月	科技部、国家标准委	智慧城市技术和标准试点	20个，包括南京、无锡、扬州、太原、阳泉、大连、哈尔滨、大庆、合肥、青岛、济南等
2012年11月	国家住房城乡建设部	国家智慧城市试点	共90个，其中地级市37个、区（县）50个、镇3个
2013年			共103个，其中市、区83个，县、镇20个
2015年			共84个试点
2014年1月	国家发展改革委	“宽带乡村”试点工程	6个省/自治区，即内蒙古自治区、四川省、贵州省、云南省、陕西省、甘肃省
2014年6月		信息惠民国家试点城市	80个城市，包括深圳、佛山、苏州、芜湖、广州等
2013年9月	工业和信息化部	电子政务试点	18个省级地方和59个市（县、区），包括北京、天津、安徽等
2013年12月		国家信息消费试点	68个，包括北京、天津、河北（石家庄、秦皇岛、唐山）等
2012年12月	工信部和国家发展改革委	“宽带中国”示范城市（城市群）	39个城市（城市群），包括北京、天津、上海和长株潭城市群4个直辖市及城市群，大连等35个其他城市及省直管县
2013年11月	工信部和欧盟委员会	中欧智慧城市合作试点	中方和欧方各15个试点城市，其中中方试点城市包括北京市海淀区、天津市滨海新区等
2012年12月	国家测绘地理信息局	智慧城市时空信息云平台建设	共计10个，包括太原、广州、徐州、临沂、郑州、重庆等
2014年			共计20，包括咸阳、讷河、聊城等
2012年12月	国家旅游局	国家智慧旅游试点城市	共计18个，包括北京、武汉、成都、福州等
2014年			共计15，包括天津、广州、杭州、青岛等

目前我国省级行政区已全部开展智慧城市建设，北京、上海、天津、重庆4个直辖市均提出了智慧城市规划。其中，部分城市已经出台落实

智慧城市建设的行动计划和具体方案，例如《智慧北京行动纲要》、《上海市推进智慧城市建设 2011 ~ 2013 年行动计划》。湖北、湖南、山东、辽宁、四川、河南、安徽等省则提出建设"智慧城市群"。

15 个副省级城市已全部提出建设智慧城市发展战略，其中南京、宁波、武汉、深圳、大连、青岛等 11 市已确立智慧城市总体规划、专项规划或战略发展规划等。例如《南京市"十二五"智慧城市发展规划》、《宁波市智慧城市发展总体规划》、《武汉智慧城市总体规划》、《深圳智慧城市发展规划纲要》、《大连市城市智慧化建设总体规划（2014 ~ 2020）》、《智慧青岛战略发展规划（2013 ~ 2020 年）》等。

已有 90% 以上的地级市提出或在建智慧城市，遍及东、中、西部各地区，涵盖不同经济发展水平区域。这些城市中，很多已经与联通、电信、移动三大运营商或是华为、神州数码等信息类企业签订了智慧城市战略合作协议。尚未明确提出智慧城市建设的多是经济欠发达的西部城市，但这些城市也已至少在电子政务建设方面取得了一定进展。

总体来看，当前我国各地智慧城市建设水平参差不齐。处于智慧城市全面发展阶段的大多集中于经济实力较强、信息化建设位于全国领先水平的一线、二线城市。这些城市将智慧城市建设作为进一步推动城市内涵式发展、促进城市转型升级的新型发展战略，从产业转型、技术研发、应用创新、环境提升、公共服务完善等多方面提升城市发展质量。但还有很多中小型城市的智慧城市建设处于起步阶段，进程缓慢，信息基础设施有待完善，这些城市主要通过政府统筹规划，以期冀抓住智慧城市发展契机，推动城市跨越式发展。

（三）中国智慧城市建设问题分析

智慧城市作为全球城市发展的新概念，在中国的发展实践时期虽不到五年，但目前已呈蓬勃之势。在中国智慧城市建设热潮背后，很多问题已初露端倪。有一些是世界各地都面临的共性问题，比如信息安全；但也有一些则是在中国特有的环境下衍生出来的，是中国城镇化进程中原先即存在的问题，比如盲目建设、短时期内开展大批项目，不考虑长期运营模式以及后期资金难题等。这里将中国智慧城市建设中的问题总结为以下几个方面。

1. 对智慧城市的概念认识不足，理解上存在误区

很多地方对于智慧城市的认识是模糊、片面的。有的认为智慧城市就是买设备、建设基础设施，以为有硬件支持就建成了智慧城市；有的将智慧城市仅仅理解成其中一两项内容，比如依托地理信息系统建立数字地图，比如部分政务系统的电子化等等。智慧城市的内涵并非仅限于此，它是在技术创新的基础上，通过新理念、新管理模式实现城市生活的智慧化，最终切切实实地让身处其中的每一个居民感受到方便，并能够通过智慧城市的互动系统向政府部门反馈意见，真正参与和影响城市未来的发展。

2. 以政府为主导的智慧城市建设，忽视了居民的基本需求

在智慧城市这一概念逐渐产生影响力之后，各地政府纷纷提出智慧城市发展战略。一些地方在未充分考虑自身地理位置、历史文化、产业结构、经济状况、人口因素和城市发展特点的情况下，盲目跟风，直接套用一些国内外知名企业的智慧城市解决方案。政府推动诸多大型项目落地，物联网产业园、云计算产业园、数据管理中心等遍地开花，却因不符合城市发展阶段和当地居民需求，造成大量设备闲置、园区空置的浪费现象。智慧城市建设成为某些地方招商引资的形象工程、沦为部分官员谋求升迁的政绩项目，却在提升城市质量、完善居民服务方面成效甚少。

政府在智慧城市发展中的主导地位，导致智慧城市建设常常只是解决政府部门自身问题，而非从服务对象的角度出发。一是政府主导建设，更多的是从城市的管理与运行上着力，并不完全与民众的需求相匹配。二是民众并没有太多机会了解到什么样的城市是智慧城市，感受不到什么样的服务是智慧的。三是市民没有合适的途径提出更多的需求，进而无法对智慧城市的发展起到促进与推动作用。

3. 市场化程度不足，盈利机制不明晰

智慧城市涉及到城市生活的方方面面，涵盖城市管理、政府服务、经济发展、居民生活、安全保障、文化娱乐等多个领域，需要投入的资

金量很大。当前一些地方政府对智慧城市建设的长期性、复杂性认识不够全面，多以政府投资为主，市场参与不足，缺乏智慧城市建设、运营的长效机制。

智慧城市建设周期往往比较长，短期内的智慧城市建设基本上都处于资金投入阶段。由于智慧城市收益见效慢的特点，政府要取得回报需要很长的时间。政府大包大揽、缺乏市场参与，使得一些可以完全商业化运营的项目，也要在政府主导的体制下完成，如此一来，智慧城市建设效率低下，缺乏清晰的市场化的盈利模式。

4. 智慧城市建设缺乏长期务实考虑，部门协同机制有待建立

一些地方城市在智慧城市建设上提出了宏伟的发展目标，但却缺乏可操作的总体规划、顶层设计，缺乏基本的要素资源和支撑能力，造成发展目标与实际能力脱节，使得智慧城市这一战略成为空中楼阁，可望而不可即。

智慧城市建设是一项复杂的系统工程，而政府各部门之间却存在较大的协同困难。在传统的行政管理体制下，各个部门各自为政，许多城市业务应用系统条块分割、自成体系，各部门不愿意放弃部门利益和权力，对开放数据及信息并不积极。不能通过信息资源共享发挥综合优势，就会使得重复建设、信息不一致等问题难以避免，而智慧城市建设也就难以取得更好的实际便民效果。

5. 城市之间各自为政，系统和数据之间难以整合，存在重复建设和投资浪费现象

许多城市政府是推动智慧城市建设的主体，而智慧城市发展规划主要是大型硬件或软件开发商制定的，智慧城市的重点也就自然侧重在技术和设备的覆盖上。在系统和数据的整合上，国家目前并没有针对智慧城市制定统一的标准，各个城市也是各自为政，不同城市之间、不同部门之间的数据难以共享和交换。有的系统限于部门内部，有的局限在条条之间。部门之间往往也要搭建不同的系统平台保障内部的正常运行，往往造成投资浪费。很多项目未经统一规划和可行性论证就仓促上马，也造成投入效率低下的问题。

三、中国智慧城市建设路径

目前我国正处在城镇化快速发展阶段，城市在社会管理、公共服务、基础设施、生态环境等方面相比发达国家面临更多的突出矛盾和挑战，因此我国建设智慧城市的需求更迫切，需要关注领域更广泛，解决的问题更综合，所需的统筹协调力度更大，必须集结各方力量探索走出一条有中国特色的智慧城市建设之路。

开展智慧城市建设要充分尊重城市的发展规律，一城一策、因地制宜地制定城市智慧化发展战略。中国智慧城市建设应以居民需求为导向，充分结合当前的高科技和互联网优势，激发城市创新能力，推动跨界整合和社会协同，优化资源配置，提升公共服务，将市场化服务通过智慧的方式连接，实现对城市的智慧化改造。

2014 年，中国城市和小城镇改革发展中心与 10 家单位共同发起成立了智慧城市发展联盟（见专栏 5），旨在鼓励企业跨界组合，以市场化力量为主导共同推动中国智慧城市建设以及与世界其他国家在相关领域的经验交流。

专栏 5　智慧城市发展联盟

智慧城市发展联盟在国家发展改革委的指导和支持下，于 2014 年 4 月 19 日成立。目前联盟成员单位包括：国家发改委城市和小城镇改革发展中心、神州数码、财讯传媒、上置集团、IBM、民生银行、亚信联创、建业集团、亿阳集团、乐视网、中国华录集团、新奥科技、新浪微博、软通动力、上海绿炳畅、中兴通讯、泰华智慧等单位。

联盟旨在按照国务院八部委指导意见精神及新型城镇化的发展要求，向社会传递智慧城市发展导向信息，推动城市治理、城市管理、公共服务创新；充分发挥联盟在引领中国智慧城市发展政策咨询、研究和市场推广的重要智库作用；以市场化为导向，构建互补而非竞争的合作机制，推动企业跨界联合；以样本城市为抓手，以中小城市为切入点，推动智慧城市在开展社会化、市场化服务方面发挥交流平台作用；推动中国智慧城市和国际智慧城市的合作、交流。

图 13　智慧城市发展联盟活动开展

（一）智慧城市建设应以便民和低碳为核心目标

智慧城市建设应坚持以人为本，以提升居民生活的方便程度为目标。智慧城市要把人的感受和需求放在首位，提升社会保障、医疗卫生和文化教育等民生领域的服务质量和水平，促进公众服务的均等化、便捷化，实现饮食更健康、出行更便捷、就医更方便等。

智慧城市还要坚持绿色低碳的智能可持续发展。智慧城市要构建资源节约、环境友好、循环高效的经济形态，提升交通、环境和公共安全等城市运行管理领域的智能化、精细化水平，降低城市能源消耗和污染排放，实现城市与生态环境和谐统一。比如日本柏之叶为实现低碳节能目标，采用统一的能源管理系统，有效控制家庭和社区能耗（见专栏6）。智慧城市发展联盟也积极支持推进低碳节能建设，成员单位新奥科技即采用最新的新能源技术，结合能源规划管理，推动绿色低碳发展。

专栏6　日本柏之叶智慧城市建设以便民和低碳为核心目标

日本柏之叶智慧城市位于东京东北部的柏市。它提出智慧城市三大建设理念，即环境共生、健康长寿、新产业创造，在此基础上细化出地域能源一元化管理、低碳型交通体系、地区医疗养护网络、创造个体价值的社会参与、开发个人创业空间等9大具体应用主题。

图14　柏之叶智慧城市服务内容

日本柏之叶智慧城市建设，很多技术直接针对家庭和人的生活习惯，与人的需求贴合紧密，生活实用性较强。比如，采用能源消耗可视化软件，方便需求管理。通过卡通冰块面积的变化显示家庭总用电量，十分直接、形象；利用IT技术，开通电动汽车（EV）、摩托车及自行车的共享服务以及按需行驶公交车服务，基于手机的无人出租/返还系统便可运行。

图15　柏之叶能源管理和产业创新

（二）智慧城市要走市场化发展道路

当前社会发展对智慧城市存在巨大的需求，而市场在资源配置上更为高效。智慧城市建设要重视市场配置资源的决定性作用，强化企业的市场主体地位，以企业为主体开展智慧项目的开发与建设。通过利用供求、价格、竞争和风险等市场化机制促进资源优化配置和效用最大化，用利益诱导和市场约束的“倒逼”机制加快智慧城市建设和应用技术创新。

政府也应更好地利用市场化的方式，依托现在的信息化、互联网先进技术提升城市治理和管理水平。通过与企业合作共同建设智慧城市，可有效提升政府在市场监管、环境监管、应急保障、治安防控、公共安全等领域的精细化治理能力，深化信息化应用水平，建立完善的信息服务体系，创新社会治理方式。

基于推动政府与企业建立合作、共同推动智慧城市建设的理念，智慧城市发展联盟协同成员单位与10个地方城市签订合作协议，希望依托联盟的力量，更好地推动当地智慧城市建设，打造中国智慧城市样板（见图16）。

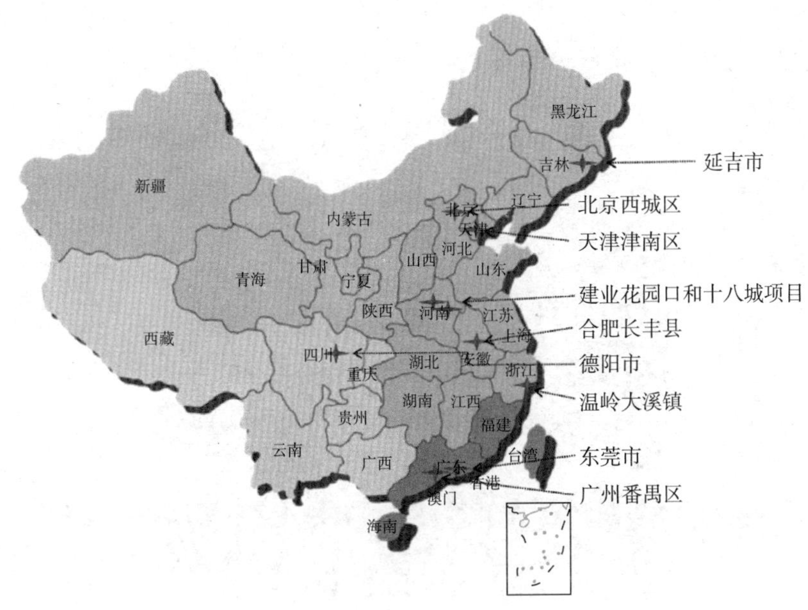

图16　智慧城市发展联盟样板城市分布图

市场化推动智慧城市建设，将以社会需求为根本出发点，可有效防止智慧城市成为新的形象工程，这一点日本柏之叶的做法值得学习借鉴（见专栏7）。政府主导推动智慧城市建设，将受到政绩因素影响，可能出现投巨资购置设备却忽视居民和企业的实际需求造成资源浪费的现象，也可能出现系统各自为政、缺少部门之间横向协同机制的问题，还可能导致城市之间盲目攀比、互补性差、缺乏科学论证和长远规划的智慧城市“大跃进”状况。因此必须依靠市场和企业力量，充分考虑居民需求，建设真正为居民所使用、产生实际价值的智慧城市。

专栏7　日本柏之叶以市场化方式推动智慧城市建设

日本柏之叶智慧城市主要是以民营企业为主推动的，包括擅长城市开发的三井不动产、以节能技术为主的日立电器、以精密测量为主的国际航业、以建筑设计知名的日建集团等20多家专业企业共同参与。

它以系统整合的方式，从电动汽车、能源、住宅、交通、物流等各种硬件、软件技术，以及智能操作管理系统的综合服务管理功能等方面，全面实现了智慧和低碳的各项技术应用。

图17　柏之叶智慧城市

（三）智慧城市建设可优先在新城新区、以智慧社区建设为切入点，逐步推广

新城新区是智慧城市建设的突破点。由于新建城区与老旧城区相比，信息共享、业务协同难度降低，并且智慧城市建设与新城市政设施规划、土地规划以及基础设施建设可以同步开展、同步实施，建设时期相对较短，资金回报机制更为明晰，因此新城新区应是全国智慧城市建设实践的重点考虑区域。同时，在智慧城市实践中，由于社区所具有的相对适

中的空间尺度，以及社区在城市生活和社会管理中的重要作用，再加上社区资源整合较为容易、商业模式相对清晰，智慧社区已经成为当前推进智慧城市应用实践的热点领域，也是未来城市社区发展和建设的重要方向。

如同城市一样，智慧社区需要对社区范围内的人口、就业、卫生、文化等管理职能和服务资源进行统筹考虑。智慧社区建设通过物联网将人、物、网络互联互通，构建形成智能化、网络化、信息化的全新社区形态，涉及智能家居、智慧楼宇、智慧交通、智慧物业管理中心、智慧交通、智慧医院、智慧商务等诸多领域。智慧社区可以说是智慧城市在较小空间尺度中的综合实践。智慧城市涉及方方面面，需要循序渐进，而智慧社区则便于实践，可作为智慧城市的先行试验，其成熟的发展模式易于在城市乃至全国尺度进行推广（图 18）。

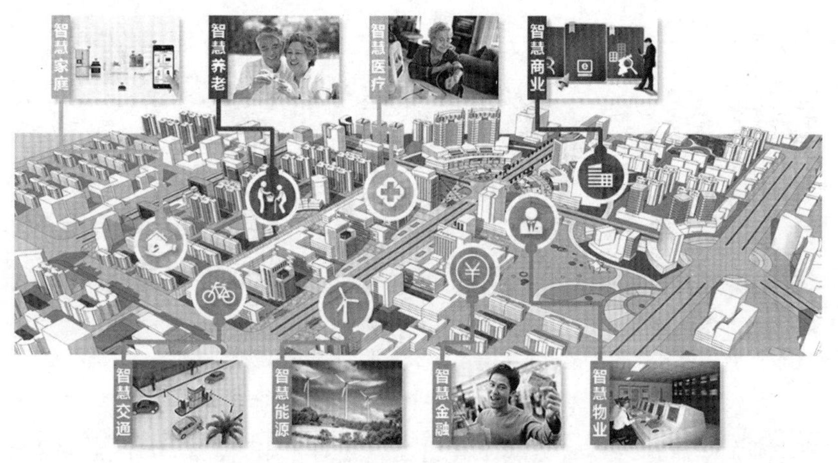

图 18　智慧社区样板包含多项智慧要素

从利益格局来看，智慧社区建设面临较好的地产转型发展机遇。当前互联网和高科技应用发展迅速，传统单一的地产开发模式难以很好地响应人们基于信息技术产业产生的新型需求，传统的一次性开发盈利模式很难持续。需要建立能提供更为智能化、便捷的服务以及由长期运营模式的新型地产开发模式，智慧社区是较为理想的选择，它在地产开发过程中，针对居民的实际需求，以进一步提高服务水平为目标，植入各类智慧要素。同时，智慧社区更注重从长期运营中获取利润，社区服务质量也将更加得到保障，如此形成良性长效发展机制，日本的藤泽可持续智能城市即是一个较好的实践案例（见专栏 8）。

专栏 8　日本藤泽可持续智能城市建设实践

日本藤泽可持续智能城市是 2010 年神奈川县藤泽市与松下集团合作开发建设的社区项目，主要致力于共同开创新的环境及街廓改造。2013 年 10 月 21 日最终确定了承担城镇商业设施、保健、福利及教育设施运营的企业。藤泽可持续智能城市总投资额约为 600 亿日元，增收预计在最初 30 年可达到约 400 亿日元。除了约 600 户独户住宅和 400 户公寓住宅之外，还将建设商业设施、保健、福利及教育设施。占地面积为 19 公顷。一期工程的合计 100 户独户住宅于 2014 年 3 月建成完工，并开始入住。整个城镇的计划人口约为 3000 人，预定 2018 年度全部完工。

图 19　藤泽可持续智能城市

日本藤泽可持续智能城市以节能减排和应对紧急情况为目标，松下集团在藤泽可持续智能城市提出了“百年蓝图”，致力于注重城镇持续性的开发。藤泽可持续智能城市重点通过可再生源的开发和利用，推广能源资源需求的智能化、可视化管理。通过使用各种现代技术减少家庭、社会的能源消费开支，提高能源资源的利用效率。诸如利用城市绿化与能源措施，将多余再生能源卖出所获得的收入管理，保持“藤泽 SST”社区的独立运作；构建智能家庭能源可视化及管理系统架构，通过用电量、燃气、用水量的可视化图像或数字表达提醒人们节约使用；采用可控制家用燃料电池“ENE－FARM”的创蓄联动系统，使太阳能发电系统、蓄电池和家庭能源管理系统（HEMS）实现联动，供应家庭生活应急用电；通过对整个街区的能源信息、住宅履历信息、家电设备信息及居民属性等生活信息进行汇总及分析，推动居民更节能地使用和更新设备等。

（四）智慧城市建设要注重整合资源和协同社会各方力量

智慧城市通过更全面的互联互通、更有效的交换共享、更协作的关联应用，使得智能化技术可发挥最大效用。智慧城市建设即是把城市中各个分散的系统进行整合的过程，也是促使政府、企业、居民建立协同合作关系的过程，使得城市成为具有较好协同能力和调控能力的有机整体，以快速、弹性应对各项未知挑战。当前，中国智慧城市发展联盟正着手打造跨界组合的模式（见专栏9）。

专栏9　智慧城市发展联盟企业跨界组合

智慧城市发展联盟在国家发展改革委的指导和支持下，于2014年4月19日成立。它包括IT、金融、新能源、智能交通、地产、媒体平台等多个领域，致力于通过企业之间的跨界组合共同推动智慧城市进程。

图20　联盟企业跨界合作

智慧城市建设注重实现资源整合，推动信息共享。城市管理涉及城建、交通、医疗、环保、文化、教育、产业发展、社区管理服务等诸多领域，智慧城市通过结合互联网，建立多方协调、信息开放、全民参与的公共管理模式，促进官民互动、部门协同、资源共享、政务公开，突破信息孤岛的政府治理瓶颈，使碎片化的公共管理和服务资源有效整合，有助于提升政府的效率和决策水平。

在智慧城市建设中，企业之间通过市场化的方式实现跨界组合，充分整合利用资源，通过利益纽带建立企业界在智慧城市领域的新型合作模式。企业跨界合作，将互联网、金融、保险、交通、医疗、养老、安防、能源、娱乐等各个领域的资源整合起来，共同推动智慧城市建设，见效更快，智慧城市内涵更为多元化，能更全面的满足居民的各项服务需求。

专栏 10　协同各方力量推动智慧城市建设的英国实践

曼彻斯特走廊是由曼彻斯特大学、曼彻斯特都市大学和曼彻斯特中心大学医院 NHS 基金共同合作规划的项目，是大学、医院等多部门协作的结果。曼彻斯特市政府也积极支持该项目，包括政府区域增长基金为该项目注入 200 万英镑的资金，用于支持推动科研相关的就业增长等。

英国曼彻斯特市诸多社会组织积极投入到推广节能减排行动中，并发动社会各方力量，形成协同模式。非盈利社区组织 Cooler 发起的碳素养项目联合曼彻斯特市政府、曼彻斯特 Arndale 购物中心、消防救援部门、媒体城市以及 20 多个社会保障住房小区和更多的社区组织等，通过形式多样的培训活动，为其员工、学生或住户提供碳素养培训，旨在提升曼城居民的低碳环保意识、主动发起和参与到绿色行动中来。在项目初期，Cooler 开展先期研究，聚集 30 多个组织成立项目办公室，并创建了碳素养标准。曼彻斯特所有的组织将按照标准要求，对员工开展碳素养培训，根据培训完成情况，个人、组织可获得相应级别和类型的奖励。项目如今已扩展到大曼彻斯特地区，并且成立了碳素养信托，以更好地支持项目的运转。

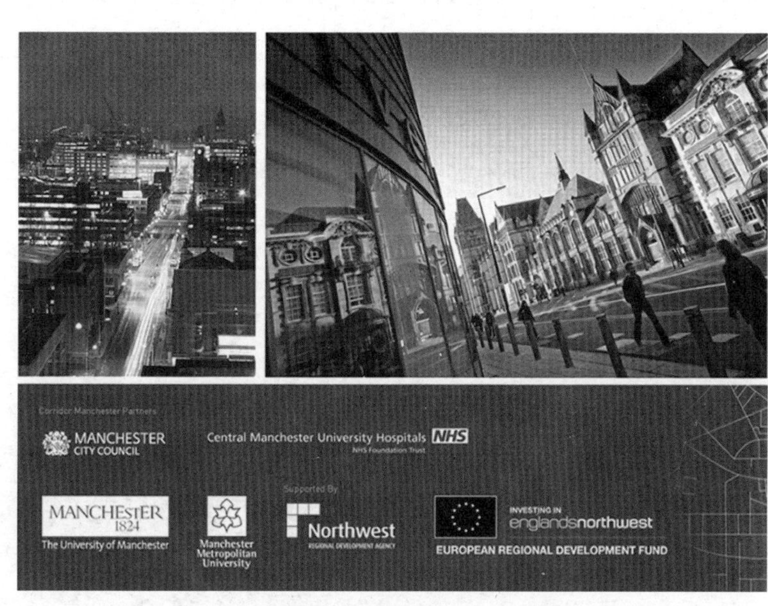

图 21　曼彻斯特走廊项目合作伙伴示意

（五）智慧城市建设应主动寻求多元化投融资模式

智慧城市建设涉及的行业众多、工程项目较复杂、建设周期较长，需要充足和持续的资金支持，在融资中只依靠政府财政资金很难满足，需要寻求更多的投融资渠道，广泛吸引社会资本参与，探索市场化的运营模式，鼓励投融资模式的创新。

（1）探索市场化运营模式

首先，应该建立完善“政府买服务、企业做运营”的投资运营机制，明确智慧城市投资导向，将市场能做好的服务交由社会资本投资建设。其次，可以引入服务外包机制，制定政府购买服务指导性目录，明确政府购买智慧城市服务的种类、性质和内容，鼓励社会资本设立专业运营公司或以参股方式承接项目。

（2）鼓励基础设施建设投资模式创新

公共财政资源要优先支持基础性、关键性、先导性的智慧城市设施建设和设备设施智能化改造升级。通过制定合作共建、项目补助、购买服务等引导政策，鼓励电信运营商及国内外大中型 IT 企业投资、承建智慧城市项目。积极探索 BT、BOT、PPP 等建设模式，鼓励民营企业参与智慧城市基础设施的建设、经营和管理。

专栏 11　政府与企业共同投入建设松岛智慧城市

“松岛新城”项目获得韩国政府的支持，政府投资的基础设施包括连接首尔的高速铁路系统和新的仁川国际机场，但该项目的建设资金主要是由私人筹集。目前参与建设的企业包括思科（Cisco）、盖尔（GALE）、浦项建设（POSCO E&C）、KPF 建筑师事务所等。

图 22　松岛智慧城市

松岛国际城市项目建设时期从 2003 年到 2009 年，计划未来人口为 25 万人。目前已开发项目包括国际业务园区、知识信息产业园区、生物园区、松岛国际化复合园区、松岛地标城市等。

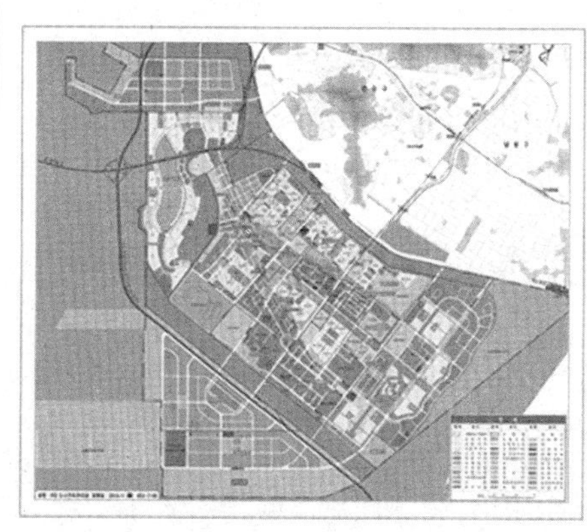

- **位置**：仁川延寿区松岛洞
- **面积**：53.4km²（1615万坪）
- **基础设施费**：21兆5442亿元
- **项目期间**：2003～2020
- **计划人口**：258728名（96315口）
- **开发项目实行者**

  仁川广域市，松岛科技园，NSIC，松岛全球化大学校园（株），松岛地标城市（股份有限公司），松岛国际化复合园区开发（株），海洋水产部，仁川港湾公社
- **计划现状**

  知识信息产业园区，生物园区，尖端产业集群，松岛地标城市，仁川新港等

图 23　松岛项目开发情况

附　录

附录一　智慧城市概念

类　型	概念提出者	智慧城市定义
政　府	欧盟委员会	当一座城市既重视信息通信技术，又重视知识服务、社会基础的应用和质量，既重视自然资源的智能管理，又将参与式管理等融入其中，并将以上要素作为共同推动着可持续的经济发展并追求更高品质的市民生活时，这样的城市可以被定义为“智慧城市”
	韩国	智慧城市是指通过 IT 与环境技术综合管理城市生活中必不可少的电、水、建筑等构成要素而实现的环保且宜居的 21 世纪城市
	日本	智慧城市，是在提高市民生活品质的同时，通过不断减轻环境负荷，促进健全经济活动，保持增长的一种新型城市
	英国	智慧城市是“未来城市”，智慧城市旨在从解决城市发展的问题出发，利用信息通信技术发展智慧城市，结合战略（可持续性、公民福利和经济发展）系统考虑的城市发展，以促进城市的可持续发展
学　者	邬贺铨（中国工程院副院长）	智慧城市是用智能技术，使得城市的关键基础设施有机组合，形成更有效的服务整体，使人与社会、人与人和谐共处，从这个意义上，智慧城市本身就是一个网络城市
	李德仁（两院院士）	智慧城市是将物联网和云计算技术融合到数字城市之中，对数字城市进行进一步提升，即数字城市 + 物联网 = 智慧城市
	王钦敏（致公党中央常务副主席、国际欧亚科学院院士）	智慧城市是充分利用信息化相关技术，通过监测、分析、整合以及智能响应的方式，综合各职能部门，整合优化现有资源，提供更好的服务、绿色环境、和谐社会，保证城市可持续发展，为企业及大众建立一个良好的工作、生活和休闲的环境，它包括城市智能交通系统、城市指挥中心、能源管理系统、公共安全、环境保护等
	杨冰之（北京大学网络经济研究中心主任）	智慧城市是基于数字城市之上，利用和融合更为先进的技术，促进人与物之间的互动，提高城市的智慧化程度

续表

类　型	概念提出者	智慧城市定义
学　者	胡小明（中国信息协会副会长）	智慧城市是信息化应用取得良好效益的知识型城市，但并不局限于信息化，而是城市整体发展的智慧
企　业	IBM 公司	运用信息和通信技术手段感测、分析、整合城市运行核心系统的各项关键信息，从而对包括民生、环保、公共安全、城市服务、工商业活动在内的各种需求作出智能响应
	华为公司	智慧城市是有效利用物联网、通信网、互联网的融合技术，构筑面向未来的绿色智能城市，以透彻的感知和度量、安全的接入和互联、智能的分析和交互、统一的平台与合作为特征，让平安的城市、高效的政府、绿色的产业、幸福的民生变为现实
	英国奥雅纳工程顾问公司（ARUP）	智慧城市是通过应用现代技术和设计，使不同城市系统间的关联和结构更加清晰、简单、灵敏、可延展。在智慧城市中，居民不仅能够了解他们与社区和更广泛的城市生态系统之间的关系，而且能够积极参与城市活动
	国际数据公司（IDC）	智慧城市能够提供无所不在的连接、先进的宽带服务、完整的无线环境
	商业词典（Business Dictionary）	智慧城市不是一个静态的概念，也没有一种绝对的定义。智慧城市是一个过程、一系列举措，它让城市变得更加宜居，以更快的速度应对新挑战
其他组织	美国独立研究机构 Forrester	智慧城市就是通过智慧的计算技术为城市提供更好的基础设施与服务，包括使城市管理、教育、医疗、公共安全、住宅、交通及公用事业更加智能、互通与高效
	智能城市委员会（Smart City Council）	智慧城市是将数字技术嵌入所有城市功能的城市。智慧城市致力于实现宜居性、拥有友好的工作氛围、可持续的城市生活
	美国电气与电子工程师协会（IEEE）	智慧城市汇集了技术、政府和社会，并包含以下特点：智慧的城市、智慧的经济、智慧的移动、智能的环境、智慧的公民、智慧的生活方式、智慧的治理
	中国智慧城市联合实验室（CSST－HUST）	智慧城市是通过广泛采用物联网、云计算、人工智能数据挖掘、知识管理等技术，提高城市规划、建设、管理、服务的智能化水平，使城市的运转更高效、更敏捷、更低碳

附录二　国家信息化相关政策梳理

时　间	政策文件	主要内容及影响
2002 年 8 月	国家信息化领导小组《关于我国电子政务建设的指导意见》	正式提出要重点建设并整合中央和地方的综合门户网站
2004 年 12 月	《关于加强信息资源开发利用工作的若干意见》	提出充分发挥信息资源开发利用在信息化建设中的重要作用，推进经济结构调整和经济增长方式转变，实现经济社会全面协调可持续发展
2005 年 1 月	国务院办公厅《关于加快电子商务发展的若干意见》	提出发挥企业的主体作用，大力推进电子商务应用、提升电子商务技术和服务水平，推动相关产业发展等八项意见
2005 年 6 月	国务院办公厅发布《关于做好中央政府门户网站内容保障工作的意见》	明确中央政府门户网站内容主要来源、保障方式和原则
2006 年 3 月	国家信息化领导小组《国家电子政务总体框架》	进一步明确我国电子政务未来一个阶段的价值取向和发展方向，电子政务转型的第三个标志
2006 年 5 月	《2006～2020 年国家信息化发展战略》	提出了推进国民经济信息化、推行电子政务、完善综合信息基础设施等 9 个方面的战略重点
2006 年 6 月	国家信息化领导小组《关于推进国家电子政务网络建设的意见》	建成基本满足各级政务部门业务应用需要的政务内网和政务外网，健全国家电子政务网络安全保障机制，完善国家电子政务网络管理体制，为电子政务发展提供网络支持
2006 年 9 月 7 日	国务院办公厅发布《关于进一步做好中央政府门户网站内容保的意见》	提出要进一步加大政务信息发布力度，切实增强网站服务功能，稳步推进流，建立健全内容保障工作的长效机制
2007 年 8 月	《国家电子政务工程建设项目管理暂行办法》	全面加强国家电子政务工程建设项目管理，保证工程建设质量，提高投资效益
2007 年 8 月 16 日	国务院信息办发布《关于开展政府网站“百件实事网上办”活动的通知》	围绕社会公众关心的教育、医疗、社会保障、交通出行、公用事业五个重点领域，提出首批政府网站应该提供的 100 项服务事项，电子政务转型的第五个标志

续表

时 间	政策文件	主要内容及影响
2010 年 10 月	《国务院关于加快培育和发展战略性新兴产业的决定》	立足我国国情和科技、产业基础，现阶段重点培育和发展节能环保、新一代信息技术、生物、高端装备制造、新能源、新材料、新能源汽车等产业
2011 年 4 月	国务院办公厅《关于进一步加强政务网站管理工作的通知》	对进一步加强政府网站管理提出了要求
2011 年 4 月	《关于加快推进信息化与工业化深度融合的若干意见》	全面加强国家电子政务工程建设项目管理，保证工程建设质量，提高投资效益
2011 年 11 月	《物联网“十二五”发展规划》	目标到 2015 年，我国要在核心技术研发与产业化、关键标准研究与制定、产业链条建立与完善、重大应用示范与推广等方面取得显著成效，初步形成创新驱动、应用牵引、协同发展、安全可控的物联网发展格局
2012 年 4 月	《国家电子政务“十二五规划”》	明确“十二五”期间电子政务主要目标和任务
2012 年 5 月	《“十二五”国家政务信息化工程建设规划》	提出“十二五”期间政务信息化的要求与任务
2012 年 6 月	国务院办公厅《关于大力推进信息化发展和切实保障信息安全的若干意见》	提出重点领域信息化水平明显提高、下一代信息基础设施初步建成、信息产业转型升级取得突破、国家信息安全保障体系基本形成四大目标
2013 年 2 月	《关于推进物联网有序健康发展的指导意见》	发布组织 10 个物联网发展专项行动计划
2013 年 8 月	《关于促进信息消费扩大内需的若干意见》	正式提出要在有条件的城市开展智慧城市试点示范建设
2013 年 12 月	《智慧城市时空信息云平台建设试点技术指南》	包括太原、广州在内的 9 个城市列入时空信息云平台建设的全国试点工作
2014 年 1 月	国家发展和改革委员会下发加快实施信息惠民工程有关工作的通知	通过实施信息惠民工程，实现信息化与民生领域应用的深度融合，进一步发挥信息化对保障和改善民生的支撑性和带动性作用

续表

时　间	政策文件	主要内容及影响
2014年1月	《2013年中国信息化发展水平评估报告》	城市信息化水平排名
2014年1月	《“十二五”智慧城市建设战略合作协议》	国家开发银行将在“十二五”的后三年内，提供不低于800亿元的投融资额度支持中国智慧城市建设
2014年3月	《国家新型城镇化规划（2014～2020年）》	要求推进智慧城市建设，统筹城市发展的物质资源、信息资源和智力资源利用，推动物联网、云计算、大数据等新一代信息技术创新应用，实现与城市经济社会发展深度融合
2014年4月	《关于加快推进城市公共交通智能化应用示范工程建设有关事项的通知》	确定在太原、石家庄等26个城市开展公共交通智能化应用示范工程建设
2014年8月	国家发改委、财政部、住建部等八部委联合发布《关于促进智慧城市健康发展的指导意见》	未来智慧城市建设的主要目标包括城市管理精细化、生活环境宜居化和基础设施智能化等五个方面
2014年8月	《促进智慧城市健康发展的指导意见》	明确提出了我国智慧城市的发展思路、建设原则、主要目标以及信息安全保障等要求
2014年11月	《关于加快实施信息惠民工程有关工作的通知》	提出实施信息惠民工程的重要意义、总体要求、重点任务和主要措施，增强民生领域信息服务能力，提升公共服务均等普惠水平
2014年11月	《关于开展养老服务和社区服务信息惠民工程试点工作的通知》	推进互联网、物联网等信息技术在养老服务和社区服务领域的广泛应用，更好地满足养老服务和社区服务需求
2015年1月	国家旅游局印发《关于促进智慧旅游发展的指导意见》	到2016年，建设一批智慧旅游景区、智慧旅游企业和智慧旅游城市，建成国家智慧旅游公共服务网络和平台；到2020年，培育若干实力雄厚的以智慧旅游为主营业务的企业，形成系统化的智慧旅游价值链网络

附录三 国家智慧城市相关试点梳理

时间	有关部委	试点工作	试点内容	试点城市
2012 年 10 月	科技部、国家标准委	智慧城市技术和标准试点	通过智慧应用、智慧产业、智慧运行三大体系的构建，推动我国自主创新成果在智慧城市中推广，旨在形成我国具有自主知识产权的智慧城市技术与标准体系和解决方案	20 个：南京、无锡、扬州、太原、阳泉、大连、哈尔滨、大庆、合肥、青岛、济南等
2012 年 11 月	国家住房城乡建设部	国家智慧城市试点	试点城市将经过 3 ~ 5 年的创建期，住建部将组织评估，对评估通过的试点城市（区、镇）进行评定，评定等级由低到高分为一星、二星和三星	共 90 个，其中地级市 37 个、区（县）50 个、镇 3 个
2013 年				共 103 个，其中市、区 83 个，县、镇 20 个
2015 年				共 84 个试点，包括北京市门头沟区等
2014 年 1 月	国家发展改革委	“宽带乡村”试点工程	将宽带建设定位为战略性公共基础设施，更好地发挥政府的引领作用，突出因地制宜和均衡发展，提升应用普及水平，全面支撑经济社会发展	6 个省/自治区：内蒙古自治区、四川省、贵州省、云南省、陕西省、甘肃省
2014 年 6 月		信息惠民国家试点城市	以解决当前体制机制和传统环境下民生服务的突出难题为核心，以实现信息化与民生领域应用的深度融合，进一步发挥信息化对保障和改善民生的支撑性和带动性作用	80 个城市，包括：深圳、佛山、苏州、芜湖、广州、温州、厦门、东莞、重庆、咸阳等
2013 年 9 月	工业和信息化部	电子政务试点	开展以云计算为基础的电子政务公共平台顶层设计试点，建设完善电子政务公共平台，制定电子政务云计算标准规范，全面提升电子政务技术服务能力	18 个省级地方和 59 个市（县、区），包括：北京、天津、安徽，北京市海淀区、内蒙古呼和浩特市、安徽马鞍山市

续表

时 间	有关部委	试点工作	试点内容	试点城市
2013年12月	工业和信息化部	国家信息消费试点	重点围绕建设信息基础设施、开发智能信息产品、整合政府公共服务云平台、拓展中小企业电子商务服务平台、引导信息消费体验等开展试点示范	68个，包括北京、天津、河北（石家庄、秦皇岛、唐山、邯郸永年县）、山西（太原）等
2012年12月	工信部和国家发展改革委	“宽带中国”示范城市（城市群）	在3年创建期内，创建“宽带中国”示范城市（城市群），其整体宽带发展水平及发展模式对于全国同类地区具有较大的示范和引领作用	39个城市（城市群），包括北京、天津、上海和长株潭城市群、4个直辖市及城市群、大连等35个其他城市及省直管县
2013年11月	工信部和欧盟委员会	中欧智慧城市合作试点	在中国和欧盟成员国中各选择15个试点城市开展智慧城市合作，组织中欧城市交流、撰写研究报告等，并撰写中欧智慧城市比较研究报告，全面开展试点城市间的合作	中方和欧方各15个试点城市，其中中方试点城市包括北京市海淀区、天津市滨海新区、上海市浦东新区、扬州市、南通市等
2012年12月	国家测绘地理信息局	智慧城市时空信息云平台建设	通过开展时空数据建设、时空信息云平台开发、支撑环境完善和典型应用示范等试点工作，探索智慧城市时空信息云平台的建设模式、共享模式和服务模式	共计10个，包括太原、广州、徐州、临沂、郑州、重庆、武汉、无锡、淄博、宁波
2014年				共计20个，包括咸阳、讷河、聊城等
2012年12月	国家旅游局	国家智慧旅游试点城市	利用云计算、物联网等新技术，通过互联网，借助便携的终端上网设备，及时获取旅游相关信息，从而推动旅游业的发展	共计18个，包括北京、武汉、成都、福州等
2014年				共计15个，包括天津、广州、杭州、青岛等

参考文献

[1] 中国电信智慧城市研究组．智慧城市之路——科学治理与城市个性．北京：电子工业出版社，2011

[2] 国家信息化专家咨询委员会．中国智慧城市发展战略、路径和关键要素研究．2013. 3

[3] IBM．智慧城市在中国白皮书．2010. 3

[4] 中国电子技术标准化研究院．中国智慧城市标准化白皮书．2013. 7

[5] 徐静，陈秀万．我国智慧城市发展现状与问题分析．科技管理研究，2014（07）

[6] 许庆瑞，吴志岩，陈力田．智慧城市的愿景与架构．管理工程学报，2012，26（4）

[7] 邓国臣，李洁茹，熊苹．智慧城市建设若干问题及思考．测绘科学．2014（10）

[8] 李建明．智慧城市发展综述．中国电子科学研究院学报．2014（03）

[9] 闫彬彬．智慧城市建设经验及启示——以台湾桃园为例．经营战略，2013（11）

[10] 安小米．面向智慧城市发展的信息资源管理协同创新策略．情报资料工作，2014（3）

[11] 吴胜武，闫国庆．智慧城市——技术推动和谐，杭州：浙江大学出版社，2010

[12] 李秉仁．数字城市建设城市发展新动力．信息化城市管理，2011（1）

[13] 徐狄军，王坤．“智慧位置”服务宁波智慧城市建设．第十三局华东六省一市测绘学会学术交流会．pp. 202～206

[14] 徐春燕．智慧城市建设模式及对“智慧武汉”建设的构想．武汉：华中师范大学硕士学位论文，2012

[15] 郭为．融合，让数字城市更美好．交流与沟通，2010

[16] 张梅燕．快速城市化进程中城市持续发展的挑战．商业时代，2013（33）

[17] 杨冰之，郑爱军．智慧城市发展手册．北京：机械工业出版社，2012

[18] 金江军．迈向智慧城市：中国城市转型发展之路．北京：电子工业出版社，2013

（课题组成员：赵蕃蕃、郑明媚、吴晓敏、徐勤贤）

专题报告四

多规融合势在必行

当前，传统规划理念和模式已经不能适应经济新常态、市场经济发展和新型城镇化的要求，迫切需要改革、转型和创新，新常态、新理念、新技术为多规融合提供了新动力。我们认为，多规融合势在必行，只有通过促进多学科融合、转变规划理念、完善规划体系、创新技术方法，才能从根本上发挥规划对城镇化健康发展的引导和调控作用。

一、我国城镇规划现状与突出问题

（一）规划体系现状

据中国城市规划学会统计，我国法律规定各级政府必须编制的规划达80多种，除此之外，还有大量的非法定规划。当前，我国主要的规划类型包括国民经济和社会发展规划、城乡规划、土地利用规划和环境保护规划。

现行规划体系从纵向看可分为国家级、省级、市县级、乡镇级、社区（村）级；从横向看可分为各部门和行业规划，如发展规划、土地规划、城乡规划、环境保护规划、产业规划等；从规划层级上可分为战略规划、区域规划、总体规划、详细规划、专项规划等。这些规划从不同层次和不同角度对经济发展、城市建设、国土资源、环境保护、空间利用等实现引导与调控，对促进我国社会经济发展、实现资源有效配置及保护等方面发挥了重要作用。

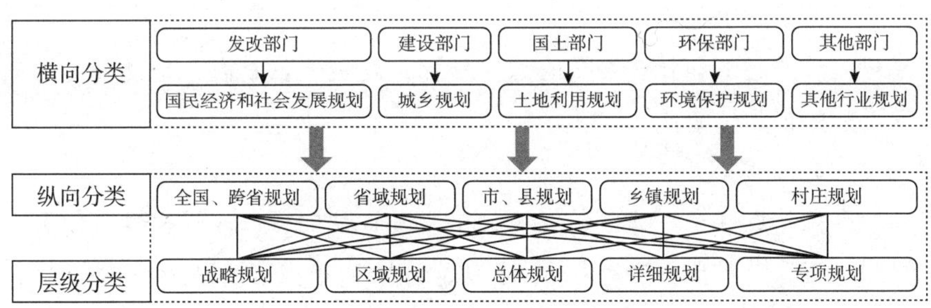

图1　我国现行规划体系示意图

（二）存在的突出问题

当前城镇规划突出问题表现在两个方面：一是规划本身的问题，二是由于规划不当造成的问题。具体来说，主要涵盖以下几个方面。

1. 规划本身存在的问题

（1）政府参与过多，影响了规划的科学性

从规划管理角度而言，政府在规划编制和管理过程中发挥着重要的，甚至是决定性的作用。各类规划在规划法律法规制定、相关的规划标准、规划编制以及规划审批和规划资质管理甚至是规划编制人员方面都有明显的政府部门属性，还具有因利益而产生的强烈的排他性，如在城镇规模等各类规划目标确定、城镇战略定位、空间布局安排等方面，缺乏从公众利益和城市发展整体利益的角度考虑问题，导致规划目标内容不符合公众和城市发展需求。在强势政府主导下，规划机构和规划人员没有发挥自身向地方政府说明科学发展、合理发展的责任，甚至助长了地方政府盲目发展的要求。同时，由于采用“政府负责、部门落实”的垂直管理方式，在编制内容、审批机构、实施过程和监督方式等环节，规划间存在标准矛盾、内容冲突和实施分割等问题，严重影响规划的严肃性和实施效能。

专栏1　四大规划的主要内容

（1）国民经济和社会发展规划

由发改部门负责编制和管理的国民经济和社会发展规划（以下称“发展规划”），是对地区重大建设项目、生产力分布和国民经济重要比例关系等作出规划，为国民经济发展远景规定目标和方向。由于发展规划涉及经济和社会发展的总体目标，战略地位较高，是统领各专项规划的依据。

（2）城乡规划

由住建或者规划部门负责编制和管理的城市总体规划和城镇体系规划（以下称“城乡规划”），是为了对城乡空间资源进行合理配置和改善人居环境，其根本目的是促进城乡经济社会全面协调、可持续发展。从《城乡规划法》对城乡规划的定义可看出，城乡规划的实质是政府在其管治范围内提供公共物品、建立空间秩序、落实发展规划的重要手段。

（3）土地利用规划

由国土部门负责编制和管理的土地利用规划（以下称“土地规划”），是各级人民政府依法组织对辖区内全部土地的开发、利用、治理、保护在时空上所作的总体安排和布局。规划确定的耕地保有量、占补平衡要求、新增和存量建设用地及范围和指标审批制度，是国家进行宏观调控的最有力手段。土地利用规划成为覆盖范围最广、执行最严格、影响面最大的空间规划。

（4）环境保护规划

由环境保护部门负责编制和管理的环境保护规划是为协调环境与经济发展做出的合理安排，其制定的环境保护目标和措施是国民经济和社会发展的有机组成部分，是环境决策和管理的重要依据。在新形势的要求下，为实现环境与经济、土地、资源协调发展，也在不断地寻求规划思路和方法的突破，加快对规划编制、审批程序、标准进行完善，以保证环境保护规划真正在经济社会快速发展中起到应有的作用。

（2）计划思维模式，与地方发展实际需求不匹配

规划指标和资源配置自上而下。从几个主要的规划来看，规划指标的确定基本按照自上而下的模式，下级规划根据上级规划的目标，确定自己的发展目标。规划过程中，上级确定规划的基本思路、基本原则、发展目标等，下级照葫芦画瓢。城乡总体规划中，规划标准的制定也是全国一刀切的模式，不考虑因地制宜，不考虑发展特点，城市规模主要参考上位规划中划分的等级规模给定的指标。在公共服务资源上，呆板地按照规划人口配置，很少分析人口的流动性、年龄结构、收入结构等现实因素。土地规划虽然将指标分为约束性和预期性两类，但从国家到省、市、县政府，采用层层下拨的行政分配机制，而不参考地方的发展实际需求，造成土地指标与地方实际发展需求不匹配，有的地方用地指标紧缺、不够用，而有的地方指标闲置。计划思维导致各级政府同类规划中的内容也缺乏针对性，在规划实施过程中，严重影响了地方的多元化发展。

（3）物质性规划为主，忽视城市居民需求

①规划内容以物质新增和建设为主。我国目前城乡规划的主要内容仍停留在物质规划层面，规划的重要内容和目标是解决城镇物质环境建设的空间布局问题，侧重于土地资源配置、基础设施空间布局、工程设计等。然而，规划远不止于工匠乃至艺术性的形体勾画，而是一项应该蕴藏着理性的社会科学实践。在规划过程中，不仅需要提供终极方案模式，即“是什么”的问题，而且需要提供所涉及的各种选择以及方案形成的依据，即“为什么”的问题，还要尽可能阐明规划将带来的影响，即“怎么样”的问题。中国目前的城市规划中很少探究“为什么”和“怎么样”的问题，以致于编制出来的规划犹如无源之水、无本之木，实施中困难重重，最终流于“纸上画画、墙上挂挂”的形式。

②规划忽视了“人”的需求。规划忽视了社会公平、环境保护和可持续发展等问题。对人的关注或者“以人为本”的观念不突出，很少关注就业等公共服务需求。

③规划学科设置以物质性为主。目前，我国高校城乡规划专业的课程主要包括城市规划原理、区域规划、建筑设计、城市规划与设计、城市经济学、城市地理学、城市工程系统规划、城市生态与环境保护、城市规划管理与法规、城市设计、城市道路与交通规划、公共建筑设计原理、住宅建筑设计原理、建筑构造、建筑结构等。基本是以物质性学科为主，而和居民生活息息相关的公共服务类内容几乎没有涉及。

（4）体制分割严重，规划间不协调

规划体系的构成与职能是由政府管理体制制度决定和规范的。规划作为一项政府行为，它的编制、实施与运作是在政府管理体制架构的基础上开展的。长期以来，各规划管理职能部门之间相互推诿、争夺管辖权、执法冲突等现象广泛存在，这不仅影响了规划管理的整体效率，更严重损害了规划效力的发挥。突出表现在以下几点。

①规划管理条块分割严重且矛盾重重。随着国家行政权力的部门化，规划由一张蓝图不断调整为多层次、多部门的规划，但由于缺乏信息资源的有效交换和共享，以及利益和协调运作机制造成规划管理体制的分割，造成规划的多头管理和标准各异，加之规划编制依据的资料口径和

编制期限不统一，导致规划内容冲突不协调。

②规划法律法规体系不完备，政出多门。各类规划所依据的相关法律之间本身就存在众多条目的冲突，相关标准和统计口径也不一致，如土地利用总体规划采用 12 个一级类和 57 个二级类标准（GB/T 21010－2007）；新版的城市用地分类标准（GB50137－2011）中，城乡用地分类采 2 大类、9 中类和 14 小类的划分方式，两规在标准分类的层级上就无法对应。在城市建设用地分类标准上，两者缺乏数据的直接沟通和可比性，矛盾集中。

③国家和省级政府对地方规划管控难。随着中央不断将事权下放到地方，地方政府在经济发展中的作用和对城市发展的控制能力逐步得到加强。而国家和省一级的规划在管理与控制力量方面偏弱，缺乏对地方发展及时有效的把控。地方政府上报的城市总体规划的审核、批复经常滞后于城市发展建设的步伐。

2. 规划不当造成的问题

（1）优先考虑利益，淡化了规划的职能和责任

规划是以社会的综合最优发展为目标，并且应更倾向于对社会弱势群体和公益事业的保障。出于增加财政收入目的，地方政府有做大城市规模的动力，规划师出于承揽规划业务增加经济收入的目的，与地方政府做大城市规模的要求相一致，造成了规划价值目标和理念的偏差。规划人员对规划职能的理解发生了扭曲。规划本身被当成了目标，变成为市场服务、拉动经济增长的工具，而忽略了其作为政策工具的调控和再分配功能。规划存在盲目追求政绩、不重视公共服务等问题。如宜川投资千万移民新村两年面临拆迁，群众质疑规划，指责浪费；广州新建小区排水不当，被雨水所淹，引发居民对居住区规划的指责。

（2）目标脱离实际，很多规划方案难以落地

在传统经济发展模式下，我国经济的快速发展带动了城市建设的日新月异，以扩大占地规模、人口规模等为主的增量规划成为规划的主要特征。

规划编制不考虑当地经济社会发展阶段和趋势、历史文化基础以及资源环境承载力等条件，在发展目标制定、参照标准选取、产业选择、

基础设施建设等方面脱离当地发展实际。特别是一些规划对人口规模、用地规模一味求大，而不考虑当地人口基数和产业发展等情况，导致规划目标无法实现，按规划配置的基础设施极大浪费。例如西部某省会城市提出规划建设3个新区（规划人口总计700万，规划用地总面积为860平方公里）和5个新城（规划人口总计280万，规划用地总面积为407平方公里），新区新城总规划建设总面积达1267平方公里，而2011年该市建成区面积仅162平方公里，总人口439万。近年来，随着人口、资源、环境压力与矛盾的显现，这种以增量为主的规划方式愈发显得难以为继，城市无序蔓延、土地管理失控成为许多城市尤其是特大城市所面临的共同问题。

（3）追求标新立异，规划也变成形象工程

一些规划单位在规划编制中，投地方政府领导所好，以概念为噱头，试图通过吸引眼球的各种视觉效果来打动地方政府，助长了当前规划过度追求标新立异、贪大求洋、复古仿古的风气。据不完全统计，类似“国际大都市”、“森林城市”、“花园城市”、“田园城市”等城市概念达40余种，“东方日内瓦”、“东方迪拜”、“重回明朝”等口号层出不穷，盲目崇洋媚外、简单跟风造城。例如，山西某市为恢复古城，政府投入数百亿元，而该市财政收入仅有六七十亿元，城市政府为此负债上百亿元。

目前城市发展建设中普遍存在的形象工程问题，如新城新区、CBD（中央商务区）、生态城、楼堂馆所等，过多追求“高、新、奇”，马路公园广场过多追求“宽、大、洋”，规划为这些形象工程浪费土地、浪费资金提供了合法依据。例如山东某市规划建成由10条机动车道、2条非机动车道、1条中心绿化隔离带、2条小绿化隔离带、2条外侧绿化带组成的超宽大道，最宽处达102米，占地千余亩。又如，某市城区人口90多万，重金聘请国际知名规划大师，耗资近30亿元规划建设占地405亩的市民文化艺术中心。

（4）忽视经济成本，规划造成的浪费事件频发

规划的实施是需要成本的，而当前的规划编制不考虑地方经济支撑能力，不不计算实施成本。规划目标设定、项目安排和建设时序方面不

考虑地方经济支撑能力，忽视对规划实施所需要的资金数量和来源的分析和测算，造成资源浪费和利用效率低下。

①城市道路规划建设方面。一些城市不考虑道路拆迁成本和道路实际流量等因素，大建奢华型的景观大道和利用率不高的工业大道，造成资金和用地空间浪费。

②新城新区规划方面。规划为了满足地方政府的政绩需求，盲目规划了大批的新城新区和产业园区等。有些新城新区缺乏人口集聚，沦为了“空城”和“鬼城”，产业园区由于没有企业入驻，投入产出比较低。

表1　河南省某县地均产出

	某产业聚集区	中心城区
建成区面积（平方公里）	8.7	18.69
产值（亿元）	60	243.2
地均产出（万元/亩）	46.7	76.7

注：中心城区产值为“二产”、“三产”生产总值。

③商业设施用地规划方面。城市商业设施用地数量和分布的配置不考虑城市的人口规模、人口分布和实际需求，造成商业设施规模过大，进驻成本高，完全超过了本地居民的消费能力，造成商业设施浪费。

专栏2　河南某县商业用地规划超出需求

河南省某县，中心城区规划商业服务业设施用地面积为280多万平方米，按照常规的商业开发成本，至少需要每年每平方米1万~1.5万元的营业额才能维持盈利。假设该县商业用地按容积率1.0来算，就有280万平米的商业建筑面积，每年需要消费280亿元以上才能保证商业设

施的可持续。2013年，该县城镇居民人均可支配收入为1.9万元，假定其可支配收入的20%用于在该地区的商业消费，则需要736万人。然而，该县中心城区的规划人口为30万人，现状城市中心城区仅有14万人。

二、多规融合的新动力

（一）经济新常态为规划转型指明新要求

2014年底召开的中央经济工作会议，分析了我国经济新常态的特征，要求认识新常态、适应新常态和引领新常态。规划是政府管理、统筹安排城市资源，提供公共服务的重要依据，是实现经济社会发展目标的综合手段。为了更好地促进城镇健康发展和加快地方经济发展方式转变，规划要在认识经济新常态的基础上进行相应的改革。

1. *经济发展速度调整要求规划转型*

经济发展速度调整要求规划少一些跨越式发展，多一些常规性发展。改革开放以来，我国经济体制改革不断深化推动了生产力迅速发展，加之充足的生产要素供给和外需拉动，我国实现了经济高速增长。根据国家统计局数据，1979～2012年，中国经济年均增速达9.8%，而同期世界经济平均增速仅为2.8%。2012年以来，国民经济总量基数增大的同时，支撑经济发展的资金、技术和人力资源要求以及政策要求发生变化，加之受到国际金融危机的外来影响，促进经济增长的“三驾马车”动力不足，表现为出口需求下降、国内消费不足、投资增速下滑、经济增速呈现逐渐放缓的态势。国家统计局公布数据显示，2014年中国GDP突破60万亿，同比增长7.4%，增长水平低于2013年。我国经济增长从高速增长阶段进入经济中高速增长的新常态，要求规划编制时充分尊重经济发展规律，多一些常规性发展，少一些跨越式发展，规划目标尤其是经济增长指标的确定要谨慎、慎重，避免盲目发展造成资源和资金的浪费。

2. 经济发展结构调整要求规划转型

（1）经济发展结构调整要求规划做好增量控制和存量优化

经济新常态的另一重要特征就是支撑上一轮经济高速增长的要素发生了变化，如全球经济繁荣带来的需求、人口红利、廉价劳动力、低土地成本、低环境成本、政府干预政策等。同时快速经济发展所积累的矛盾逐渐显现：能源、原材料进口需求量大且成本升高，劳动力红利逐步减弱，环境承载力逼近上限，产业结构粗放，产能过剩等。经济发展方式正从规模速度型粗放增长转向质量效率型集约增长，经济结构正从增量扩能为主转向调整存量、做优增量并存的深度调整。规划思路要求控制新增城市资源开发利用，不盲目开发占用新的空间，做好存量城市资源的开发利用，提高城市资源利用效率。在新的思路要求下，城市更新改造和城市低效闲置用地开发等将成为规划的重点。

（2）经济发展结构调整要求规划促进资源效率提高

传统经济发展方式导致环境承载力逼近上限，提高资源环境利用效率，节约集约利用资源是经济发展方式转变的重要内容。应顺应人民群众对良好生态环境的期待，推动形成绿色低碳循环发展，走可持续发展之路。规划要促进城市规划与发展规划、环境保护规划相衔接，健全空间规划体系，协调城市建设、产业发展与环境保护之间的关系，重视产业门类的选择，降低单位 GDP 能耗，保障城市建设、生产活动在环境承载力允许的范围内运行。

（3）经济发展结构调整要求规划产业思路转型

产业结构调整是促进经济转型发展的重要方式。中国经济已由短缺经济变为过剩经济，特别是加入 WTO 以来变成了面向全球市场的过剩经济，产能过剩问题日益突出，产业结构调整的重点是压缩和淘汰产业产能过剩产业、低附加值产业。规划要从促进经济可持续发展的角度出发，不盲目追求经济发展速度，制定产业发展负面清单，严格限制高耗能、高污染、低产出、低用地效率行业的发展。

3. 经济发展新动力要求规划转型

（1）经济发展新动力要求规划有利于经济新增长点培育

新常态下，我国经济和社会发展呈现出诸多新的特征：随着全社会个性化，多样化消费需求成为主流，新技术、新产品、新业态和新模式的投资机会大量涌现，新的经济增长点不断涌现。新常态下，第三产业将成为经济发展的重要支撑，新兴产业、服务业、小微企业的作用更加凸显，生产小型化、智能化、专业化将成为产业组织新特征。规划要有利于经济新增长点的培育，在搞活市场推动创新的原则下正确引导市场主体行为，为政府履行经济调节、市场监管等职能提供依据。同时，城市空间格局要适应生产方式和产业组织方式的变化，坚持紧凑城市理念，提高空间利用效率，要为产业和就业提供“众创空间”，降低个人和企业进入成本，便于小型化、特色化的产业培育。

（2）经济发展新动力要求规划有利于人力资本和创新资源发展

随着人口老龄化日趋发展、农业富余人口减少、要素规模驱动力减弱，经济增长将更多依靠人力资本质量和技术进步。经济新常态的一大特征是我国经济发展的动力由要素、投资转向创新驱动。人力资源成为城市发展的核心竞争要素，因此要重视人力资源的吸引和集聚。要求规划坚持以人为本的原则，重视提升公共服务和社会事业发展水平，为人力资源创造良好的生活发展环境，保持城市发展活力。具体还包括保障和改善民生，关注低收入群众的生活；保障就业，加大对公共服务的投入力度；促进城乡一体化发展，以城带乡，缩小城乡差距，提高城郊及乡镇地区的民生状况，引导医疗、教育、文化、基础设施等各项资源的相对均衡配置。

（二）市场经济发展要求规划突出新功能

当前，中国经济正处于转型发展的关键阶段，改革进入攻坚期。十八届三中全会提出了《关于全面深化改革若干重大问题的决定》，指出经济体制改革是全面深化改革的重点，核心问题是处理好政府和市场的关系，改革要着力解决市场体系不完善、政府干预过多和监管不到位问题，使市场在资源配置中起决定性作用和更好发挥政府作用。市场和政府作为资源调配的两种手段和方式，是促进经济转型的双引擎。规划作为政府管理和调节市场的手段，对资源配置和部署具有重要指引的依据，必须在经济转型的背景下进行改革。

1. 从政府角度出发，强调对公共资源配置的作用

在市场经济条件下，政府的规划职能要以公共服务为主要导向，加强资源利用、环境保护和公共服务等领域的管理和约束，为经济发展创造良好的环境和平台，明确规划在具体内容、发展目标、实施措施方面的要求，同时还要建立考核评估制度。规划是市场经济条件下政府对城市发展进行调控引导、规避市场失灵的主要手段。政府通过科学规划，统筹安排各项发展建设，确定分期目标，安排建设时序，调控土地供应，以空间秩序为平台，以公共投资为导向，引导城市高效持续发展。

规划应代表城市居民的整体利益和长远利益，切实从居民需求出发，不能仅仅考虑某一个人、单位或某一个利益集团的局部利益。规划实施应以经济的、行政的和技术的法律法规为依据，借助已有的规范协调各方关系，保障城市的整体利益和长远利益。

2. 明确规划范畴，为市场发展留出空间

对于由政府发挥作用的领域，如基础设施建设、公共服务、生态环境治理等方面，规划要强化其约束性，明确其建设、服务、保护的标准，确保普惠公平、社会事业平稳运行、社会整体从中受益、生态环境得到保障。对于可以应该由市场发挥作用的领域，如对市场主导型和需求主导型的产业的发展等领域，必须要体现出市场对资源配置的决定性作用，规划则不能越位，不做过多的干涉，做好基本保障工作；同时充分发挥和利用市场的活力，调动市场主体的积极性，实现社会主义市场经济条件下对规划理念和性质的理性定位。

3. 完善机制体制，为市场主体保驾护航

重视规划编制过程中的公众参与和市场化运作，按市场经济体制的要求，深化改革，调整改进现行的规划编制和规划管理方式。坚持动态化的规划管理理念，市场经济条件下城市发展存在着诸多不确定因素，规划不可能制定出完全与城市未来发展完全一致的管理程序与条例，需要动态性的规划与管理对城市系统对状况迅速做出判断与决策，根据城市发展战略总体原则，不断进行调控。

根据依法治国的要求，规划管理也要实现从“人治型”向“法制化”

转变。适应市场经济发展要求，加强规划管理的法制建设，改革规划的制定、审批、执行和修改等管理方式，从规划编制到实施环节均应纳入法定程序，健全规划决策机制和责任追究机制，增强规划的严肃性和实施管理的科学性。

（三）新型城镇化发展对规划提出新任务

改革开放以来，我国的城镇化进程经历了快速的发展，但在快速城镇化过程中积累了突出矛盾和问题，如市民化进程滞后、建设用地粗放低效、城镇空间分布和规模结构不合理、管理服务水平不高和体制障碍等，带来了产业升级缓慢、资源环境恶化、社会矛盾增多等风险。城镇发展模式转型刻不容缓，城镇化进入以提升质量为主的转型发展新阶段。2014 年 3 月，中共中央、国务院发布了《国家新型城镇化规划（2014 ~ 2020 年）》，提出了以人为本、四化并举、优化布局、生态文明、文化传承的中国特色新型城镇化发展道路。新型城镇化对城市发展提出了一系列新的要求，要解决好人、地、财三个核心问题，城市发展模式需要向更平衡、更集约、更人性的方向转变。规划要以实现和推动新型城镇化发展为核心目标，积极引导城市发展模式的转变。

1. 更加注重人的城镇化

人口城镇化是新型城镇化的重要特征和内容。而传统的城镇化发展重视物质的新增和建设，却忽视人的需求和服务；重视城镇化率水平的提高，却忽视城镇化质量和内涵的提升。2013 年，我国常住人口城镇化率达到 53.7%，而户籍人口城镇化率仅为 35.7% 左右，外来转移人口虽然在城镇解决了就业，但受到传统城乡二元体制的束缚，难以真正融入城市并在医疗、教育等方面享受与城市居民均等的福利和权益。新型城镇化发展要求明确提出了以人为本、公平共享的原则，强化以人为本的理念。规划加强城市发展相关的经济、社会、文化等方面的研究，切实从常住人口的需求出发，加快社会事业发展，提升公共服务水平。同时结合国情，注重农业转移人口市民化的过程，切实从农业转移人口的群体利益和需求出发，配合户籍制度改革，加强基础设施和公共服务建设，提高城镇化质量，维护社会的稳定团结。

2. 更加注重空间集约节约利用

过去的土地城镇化速度快于人口城镇化速度，表现为城市快速扩张、城市建设用地增长与人口增长不匹配、城市土地利用效率低下且方式粗犷。城市建设“贪大求快”，新城新区和工业园区用地过大、人口密度低，缺乏特色，出现“千城一面”的现象。新型城镇化发展要求转变粗犷扩张的发展模式，以盘活存量用地为重点，促进城市建设用地集约高效利用。依据城市自身的条件，体现城市特色，倡导多样性差异化发展。城市规划工作应更注重从实际出发，加强前期分析，挖掘城市的发展规律、历史文化特点和地域特色，切实将分析成果运用到规划当中，促进城市内涵式发展，保障城市的文化传承。同时随着用地空间进一步紧缺，空间扩张方式从新增转为以存量盘活和内部挖潜为主。

3. 更加注重城镇化资金的多元化可持续

城镇化过程中需要大量的资金投入。据国家开发银行估算，2014 年至 2017 年，我国城镇化投融资资金需求量将达 25 万亿元，平均每年需要 8 万多亿元投入，约占全年全国近 40 万亿元固定资产投资额的 20%；到 2020 年前中国需要至少 50 万亿元的新投资用于城市建设。在过去的发展模式中，地方融资工具单一，地方投融资平台和土地出让收入是地方推动城镇发展的重要资金来源。地方政府没有建立适应城镇化资金需求的多元化投融资机制，融资方式仍以银行贷款为主，最终还款来源还是土地收入。仅靠地方财政投资不仅难以满足巨大的资金需求，而且不可持续，蕴含着巨大的风险隐患。随着土地指标紧缺和中央政府对地方债务管理的加强，城镇建设和发展的资金来源发生变化。规划一方面应考虑增加城镇资金的来源途径，另一方面要加强对资金的使用方向进行约束和引导。规划应重点加强对基础设施项目、公共服务和社会事业发展等的规划，切实保障资金尽可能地用于公益性领域和项目。在规划实施和政策保障方面，创新投融资模式，充分调动社会资源，引导社会资本融入城市发展和城镇化建设。

（四）简政放权要求规划编制管理适应新环境

简政放权是行政审批制度改革核心，是政府职能转变的重要内容。

2013年3月，《国务院机构改革和职能转变方案》拉开了新一轮转变政府职能的大幕。从政府管理角度而言，简政放权的核心思路是最大限度减少中央政府对微观事务的管理，减少对生产经营活动、一般投资项目和资质资格等的许可和审批；对保留的行政审批事项要规范管理、提高效率；发挥地方政府贴近基层的优势，把由地方实施更有效的审批事项，坚决下放给地方。截至2014年底，中央政府已经取消和下放9批共798项行政审批等事项。

中央简政放权赋予了地方政府更大的行政管理权限，地方政府应顺应改革思路，更好地发挥政府职能，规划编制和管理首先应进行改革。简政放权赋予地方政府和基层更多可利用、可调控的资源，消除了一些经济社会发展方面的束缚。规划应认真梳理地方和基层可发挥的优势，充分发掘基层潜力，促进经济社会协调发展；做好规划思路融合工作，根据中央要求，积极开展“多规合一”的实践和探索；明确资源环境保护方面的约束条件，统一地方经济社会发展战略思路，积极做好土地规划和城市规划在用地指标和空间布局方面的协调。从规划编制的角度而言，简政放权激发了市场活力，地方政府应顺势而为，注重公共服务水平提高和促进社会事业发展，塑造和创造良好的投融资环境，有利于新的经济增长点和增长动力的培育；做好规划实施的跟踪服务，优化规划实施政策建议，发挥规划对于经济活动和社会生活的规范和保障作用。

从规划管理的角度而言，地方政府根据行政管理职能转变的要求，以提高行政管理审批效率为核心和目标，进行了一系列的探索和改革。一是规划管理相关部门的职能整合。根据需要将一些职能相近的部门、业务范围趋同的事项相对集中，由一个部门统一管理，最大限度地避免政府职能交叉、政出多门、多头管理，从而提高行政效率，降低行政成本。如上海、武汉和广州等地已经将规划管理部门和国土管理部门合并。二是相关管理权限的下放。将一些非重点区域和新区的行政审批权下放到下级规划分局，切实提高决策效率，激发地区活力。三是优化行政审批流程。精简审批事项，优化内部收文、流转、审批、决策程序，采取提前介入、并联审批、跟踪服务、联合办理等手段，在保证决策质量的前提下缩短审批时间。

专栏3　上海市和广州市规划和国土部门整合探索

2008 年，上海市率先实行这一机构改革。规划国土职能整合后，首先重点解决了原先城市总体规划和土地利用总体规划之间存在的矛盾冲突，由三条控制线——城市建设用地范围控制线、基本农田保护线、产业区块控制线来统一城市建设的边界；其次在城市总体规划实施层面引入土地管理的年度计划，使规划能够真正引导开发建设而不停留在“纸上画画、墙上挂挂”；第三，简化城市建设项目审批流程，建立高效统一的审批平台，对接土地与规划的核心审批程序。

广州市则是于2012 年率先开始“三规合一”探索，逐步解决用地低效粗放、项目落地困难、生态用地蚕食、审批效率低下、多规各自为政等问题，盘活城市存量土地资源，提高建设效率。在此过程中，有关部门越来越意识到国土管理与规划管理的关系日益密切，机构调整是大势所趋。2014 年 12 月，广州市正式公布调整方案，原国土资源和房屋管理局与规划局合并，而房屋管理部门则并入广州市建委。

三、多规融合改革思路

随着经济社会的不断发展，原有规划体系及技术方法已难满足未来城市发展建设的需要。规划亟待从学科建设、思想理念、体制机制、技术方法等方面进行变革，整合资源要素，实现多规融合，以规划改革促进经济社会持续、健康发展。

（一）促进多学科融合

经济和社会发展规划、土地利用规划、城乡规划、环境保护规划以及其他规划之间加强衔接协调，形成多规融合，已成为大势所趋。以往相对封闭的规划学科体系已经很难适应多规融合的发展要求。应综合运用经济学、社会学、城市规划、地理学、生态学、环境科学等学科的方法，构建多学科融合的规划学科体系。

1. 构筑多学科融合的规划学科体系

目前经济和社会发展规划、城乡规划、土地利用规划、生态环境保护规划的编制内容侧重点及规划编制人员的学科背景均不相同（见表2），规划编制人员很少跨界编制其他部门的规划，在部门规划各自为政的时代，这样的学科发展并没有受到大的挑战。但多规融合对大规划学科的发展提出了前所未有的要求，其规划技术与方法不可能通过城乡规划、土地利用规划中的某个单一学科来实现，必须建立多学科融合的大规划专业教育框架，支撑多规融合的理论与实践发展。

表2　部分规划主要内容、要求及相关知识体系

	经济和社会发展规划	城乡规划	土地利用规划	环境保护规划
主要编制内容	发展目标、指标体系、项目及规模	城市性质、城市规模、空间结构、发展方向等	耕地保护范围、用地总量及年度指标	划定四类生态环境功能区，明确保护与控制要求
编制人员学科背景	经济学、区域经济学、产业经济学为主	城市规划专业为主	土地资源管理、土地利用规划	环境规划与管理专业
主要专业课程设置	微观经济学、宏观经济学、计量经济学、货币银行学、国际贸易、国际金融、产业经济学等	城市规划基本原理、城市规划设计等	土地资源学、土地管理概论、不动产法学、地理信息系统等	环境工程、环境系统工程、城市环境规划与管理等
编制资质要求	无	有资质	有资质	无
资质管理部门	无	住房和城乡建设部	国土资源部	无

①逐步形成综合性的学科设置。在原先专注于本专业的课程设置基础上，拓宽加入规划领域相关的其他学科内容，成为必须掌握的基础知识。

②注重课程实践中运用多学科融合思维方法。在规划课程实践运用过程中，把原先单一技术为主理论知识扩展到多学科互通的应用。

③将规划从业人员培养成为综合思维能力和多元化知识结构背景的

新型规划人。

2. 建立适应多学科融合的规划运行机制

一是打破封闭单一的规划编制机构，形成多元化规划编制新机构。截至目前，我国公布的甲级城乡规划编制单位规划机构共306家，土地利用规划甲级资质单位225家，主要以事业性质及国企性质的设计院及民营外资设计公司为主。一些规划机构代表了各自主管部门的利益，相互交叉衔接少。有些部门通过规划机构的资质管理，抬高了准入门槛，形成垄断；同时造成规划学科单一，形成了一个个封闭的学科话语圈。应打破规划的部门垄断，开门编规划，逐步削弱甚至取消各类规划机构资质资格许可和认定，强化个人专业资质和法律责任。跨学科、多元化团队的规划全过程参与，有助于在编制阶段对相关规划进行综合协调，将规划协调的矛盾在编制过程中逐步解决。

二是建立动态的多学科参与的编审和评估体系，高效落实“多规”成果。“多规融合”的编制、实施效果不能寄希望于一次会议、一个规划、一个评审解决，应形成专人负责、会议磋商和信息交流等合作机制。在各个规划推进过程中，统筹协调好相关事宜，包括各部门的沟通协调、规划的推进组织；各个规划主管部门负责相关部门的规划，平行推进相关规划编制，跟踪实施进展，并对实施情况进行评估。

（二）转变规划理念

“多规融合”首先是规划理念的变革，要坚决抛弃过去的一些错误观念与做法，打破部门利益阻碍。要面向经济新常态下的发展需求，创新规划理念，为社会提供尊重经济规律、以人为本、集约高效、因地制宜的融合性规划。

1. 尊重经济规律

规划应更加尊重经济发展规律，清晰界定政府与市场各自的作用，充分体现市场对资源配置的决定性作用。在规划中综合运用经济分析、成本与产出分析、空间定量分析、多方案情景比较分析、风险分析等方法，充分研究经济运行的方式与特点，转向更为尊重经济规律的规划。

2. 突出以人为本

规划要正确处理人与物的关系，从“以物为本”转变到“以人为本”，要突出重视人的全面发展。应将持续提高人民的生活水平、满足人的多元化需求作为经济发展的出发点和归宿，作为衡量规划优劣的主要标准。高起点、高质量地做好规划，充分发挥规划的龙头作用，促进城镇化水平和质量的提高。

3. 实现多规融合

及时总结国家“多规合一”试点市县的经验教训，结合各地实际情况，形成可复制、可推广的试点经验。尽快建立统一衔接的空间规划体系，探索整合相关部门规划管理职能，实现从“部门规划各自为政”向“多规融合”的转变，提升规划对经济社会发展的实际指导作用，提高政府对规划的实际管控能力，加快推进国家治理体系与治理能力现代化。

4. 促进集约低碳

通过规划，促进城市发展走集约高效、绿色低碳、提高资源利用效率的道路。将集约低碳的理念真正落实到各类规划中，使城市建设更加集约紧凑，使居住、交通、城市管理等各方面的运行效率和能源利用效率都得到提高。通过规划，积极引导城市居民的低碳生活方式，发展分布式可再生能源，促进产业的低碳化，推动低碳基础设施的城乡一体化。

5. 强调因地制宜

规划工作应该切实结合各个地方的实际条件，围绕人的合理需求和城乡发展愿景，不搞“一刀切”、“一阵风”，杜绝抄袭照搬，强调因地制宜，制定出科学合理又切实可行、具有可操作性的规划，以“接地气”的高水平规划指导地方发展建设。

（三）改革规划体制机制

1. 完善空间规划体系，创新规划衔接协调机制

完善空间规划体系，要立足从目前“总体庞杂、群龙无首、各成体系”的现状转变为“统一衔接、功能互补、相互协调”的新型空间规划体系。要打破部门分割，减少国家和省级层面的体制束缚，结合地方实

际情况有序推进大部制改革，考虑整合相关部门的规划管理职能。

积极探索构建以“1+3”为主的地方空间规划体系。“1”是指在经济和社会发展规划中，明确提出促进多规融合的衔接协调机制和技术手段，使之成为真正统筹全域发展、统领多规的“市县发展总体规划”，明确对多规的指导内容，强化对多规的融合与衔接协调。“3”是指国土部门的土地利用规划、住建部门的城乡规划、环保部门的环境保护规划，三者及其他规划要以“市县发展总体规划”为依据，加强部门规划之间的横向衔接协调，逐步实现多规融合。

2. 明确规划定位，推进规划编制改革

要进一步明确各类规划在规划体系中的定位与作用，突出强调多规融合，明确各类规划的核心任务，积极推进规划编制改革。

经济和社会发展规划应重点明确多规融合的创新机制体制和技术手段，重点强化空间规划内容，使之成为全面统筹地方经济社会发展、全面统领多规的上位规划，即“市县发展总体规划”。发展总体规划应在统一多规目标期限的前提下，为多规提供主要规划依据，做到“有据可依、有据必依”，推动实现多规融合。

城乡规划应在城市开发边界的限定要求下，更加关注城镇空间的规划建设，合理城镇功能布局，加强存量优化，处理好保护与发展的关系。同时，对城乡规划的编制内容进行适度瘦身，更加强调城市总体规划的战略性与指导性，合理调整规划的刚性与弹性，提高资源配置效率。

土地利用规划应进一步突出对耕地的保护，划定永久基本农田红线，更加注重对接地方的实际用地需求，合理确定用地指标与布局。

环境保护规划要充分体现生态本底要求，保护城乡生态网络体系，划定生态保护红线。

3. 推进治理体系和治理能力现代化，深化规划审批改革

要以多规融合为突破口，推进治理体系和治理能力现代化。处理好政府、市场和社会三者的关系，建立政府主导、多方参与的社会治理形式，使规划能对市场和社会主体起到引导作用。通过多规融合的统一信息平台建设，实现审批流程优化、部门内部联动和审批信息共享，大幅提升行政审批效率。

规划审批体制改革的方向应为“简政放权、抓一放多”。针对过去部分规划编制审批周期过长、效率低、难以有效满足地方经济社会发展实际需求等问题，应考虑逐步将城市总体规划、土地利用总体规划的审批权从上一级人民政府下放给市县地方政府，将“市县发展总体规划”的审批权放在上一级人民政府，以提高规划的行政审批效率，提升地方政府对规划的实际管控能力。

（四）创新规划技术方法

1. 形成多规融合技术方法体系

多规融合的基本理念是以“一本规划、一张蓝图”统领经济社会发展规划、城乡规划、土地利用规划、环境保护规划以及其他各类专项规划，统筹城市发展建设，应重点推动三种技术方法创新。

首先，应统一规划标准体系。在现有的各类规划中，经济指标、人口规模、用地规模等基础数据在不同部门中都有不同的统计标准，带来不同的数据规模，导致各类规划的“相同类别不同规模”的矛盾。因此，应统一各类规划的标准体系，包括统一城市空间数据、经济规模、人口数据等基本数据统计标准；统一城市用地分类标准，对城市用地分类标准重新进行明确的界定；统一规划的规划期限标准，明确其近期、中期、远期的规划期限与时间节点。

其次，应统筹规划城市的总体目标、定位以及强制性内容。很多城市都有数量繁多的规划成果，有着各种各样的定位、目标、发展方向，导致城市发展建设常常陷入迷茫，城市建设、项目落位、生态保护都不知该以什么规划为准，甚至在规划编制时，很多编制人员都有“若无法提出一些新颖的定位、战略词汇，就如同没有专业水平，无法体现自身价值”的思想，这也是导致城市各类规划定位差异较大的主要因素。因此，应统筹规划城市发展时序和各发展阶段的经济、社会、建设规模等总体目标，以及空间管制分区、“三区三线”等强制性内容。

第三，应统一规划编制平台。现阶段各个规划都有自己的基础技术平台，例如城市规划多以 CAD 图形处理软件为技术平台，土地利用规划则是以 GIS 地理信息系统为技术平台，不同的操作系统、基础数据、空间坐标为“多规”的融合带来更大的难度。因此，应统一规划编制平台，建立专业数据库，在规划平台明确“多规融合”的主要内容，为下一步编制经济发展规划、城市总体规划、土地利用总体规划、环境保护规划及其他专项规划提供基本信息服务与协调平台。

2. 充分利用大数据

随着规划思维从“以空间为本”到“以人为本”的转变，人的空间需求成为规划关注重点，而将人的意识和行为趋向落实到数据层面的“大数据”为城市规划技术方法带来了重大创新。

一是大数据带来的量化数据对传统规划数据的技术创新。在规划过程中，“公众参与”一直是各个规划想做却做不好的研究，主要是因为该工作仍是以样本分析为主，无法真正体现公众需求与意愿。例如某县进行公众参与调研，询问是去A市多还是去B市多，这个调研情况中需要考虑当地发展水平、人的年龄、工作等不同情况带来不同的结果。现在实行的样本调研，基数少、信息少，得到的结果不尽如人意。而在大数据时代，可以通过手机等移动电子设备量化分析有多少人去A市，这些人中又有多少是去购物、旅游、就医、上学等，为“公众参与”提供量化分析。大数据对数据的认知，以及对海量数据量化的研究分析，使得规划从“静态规划”向“动态规划”转变。

二是大数据对传统规划的经验指标、规范的技术改革。例如，城市规划实施的“千人指标”，通过居住人口规模配给服务设施，但在交通发达的现代社会，职住分离现象普遍存在，按传统规划指标配给，工作区和居住区的服务设施配给会出现偏差。城市中在人均年龄较大的片区出现“有学校没学生”的现象，而在人均年龄低的片区则是“有学生没学校”的现象，这些都是传统规划经验指标、规范与人的需求不符的现象。在大数据时代，可以通过移动设备、传感器等高科技产品搜集人的感知数据，使人的需求体现在空间上，为规划提供更多的信息，从而指引规划从技术规范向满足公众实际需求转变。

3. 借助互联网平台

随着互联网的快速发展，互联网信息平台已经成为承载城市数据、获取城市信息的主要平台，互联网平台的融入对规划的技术方法创新具有重大意义。

一是提高规划编制效率。规划的基础是数据信息，在传统的规划方式下，仅靠现场调研时在各部门收集相关数据，既烦琐又浪费时间，有时还需要二次收集。在规划的意见征询以及审查期间，让专家、公众在较短的时间内对规划提出意见，效果难以保证。同时在规划编制的过程中，也缺少与各个部门的对接。互联网平台的引入可以极大改善数据收集慢、部门衔接难等问题。首先可以引入智慧应用或是网络平台，让规划人员与各部门形成实时互动。在规划初期，资料的收集可以在平台通过数据共享完成；在规划过程中，也可以通过平台与各部门加强衔接，进行实时对话。在规划审查过程中，可以通过网络平台上传规划成果，供地方政府、相关专业人员以及公众参与评审，也可以通过网络平台举行网络会议，既快捷又方便地收集各部门与公众的意见与建议。

二是给规划信息、技术等的研究讨论提供平台，激发积极性。传统规划信息多是通过专业学术期刊发表，实时性较低、查询困难、难以实现互相讨论，且多是有一定研究成果的规划信息，缺乏开放式的讨论，制约了规划研究发展。而在信息互通的网络时代，微博、微信等网络平台成为信息交流传播的主要平台，实时性更强，查询更容易，获取信息也更全面，同时也给公众提供讨论平台，更多的理念、研究在这些平台上发生碰撞。互联网平台给规划提供了更宽松、更实效的信息交流平台，丰富了信息获取渠道。

（课题组成员：文辉、白玮、荣西武、许景权、
张晓婧、黄欢、戴映雯、吴若谷）

专题报告五

城镇化视角下的治霾对策

2012年末至2013年初，全国出现的严重雾霾天气影响了近8亿人口，其中京津冀地区是重灾区之一。此次事件使中国成为国际社会关注的焦点，被视为继伦敦毒雾、日本工业污染、美国洛杉矶光污染事件后第四次大型环境事件。雾霾不但对人体健康造成实质威胁，还给社会生产生活带来巨大的经济损失。雾霾以及近年来频发的各种环境问题，冲击着中国的传统发展模式，敲击着政府工作的警钟，呼唤着国民的环境意识。治理大气及环境污染是影响我国未来经济社会发展和人民生活质量的重要议题。2014年是中央和地方政府下大力气向雾霾宣战的一年，但根本解决问题需要一个长期的过程。本文试从广义的城镇化的角度出发，首先分析了城市生产生活的能源结构、城市规划建设、城市交通等因素与雾霾现象的关联，再从社会、经济角度提出基本的治霾难度判断，最后以改革、创新和转型三大思路，借鉴国外经验，着重从利用市场化经济手段、建立区域协调发展机制、优化产业和能源结构以及完善相关法律法规体系和管理实施保障等方面，提出了综合性的治霾对策。

一、雾霾来袭

（一）雾霾现象与成因

1. 雾霾笼罩全国

尽管我们不愿承认，但雾霾现象已不幸成为现阶段全国性的一种“常态”，且形势严峻。根据环保部发布的全国霾日分布图，我国东部沿海和中部内陆地区均为雾霾多发区。其中，污染较重的区域主要为长三角区域、京津冀及周边地区和东北部分地区，雾霾平均暴露时长为70～100天。环保部的月报统计显示，深秋到初春是雾霾多发季，其中12月和1月最为严重（图1）。全国范围内这两个月中平均有10～12天为中度到重度雾霾天气。重污染期间呈现出污染范围广、持续时间长、污染程度严重、污染物浓度累积迅速等特点，且主要污染物以PM2.5为主。

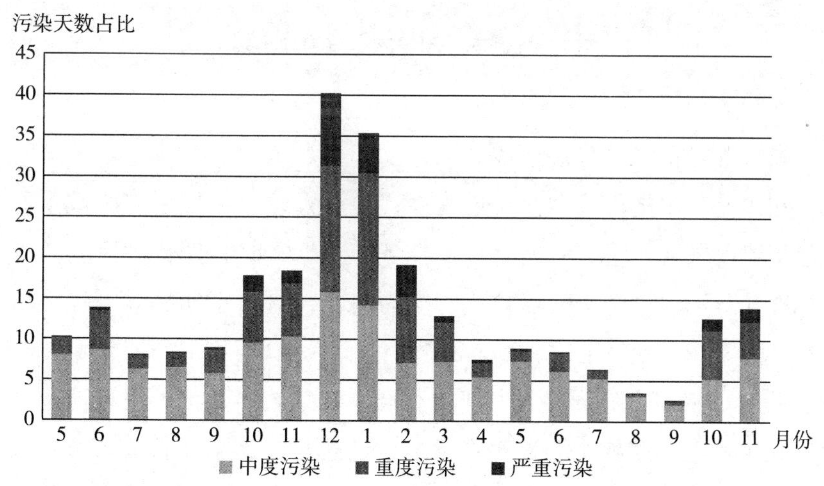

图1　2013年5月至2014年11月全国中度以上污染当月占比

资料来源：环保部。

2. 成因分析

(1) 污染物来源

细粒子污染是全球性的重要环境问题之一。雾霾中直径小于 2.5 微米 (PM2.5) 的颗粒物影响较大，对人体危害也更严重。我国自 2012 年起才将 PM2.5 浓度纳入环境空气质量新标准。PM2.5 的化学成分极其复杂，主要包括硫酸盐、硝酸盐、氨盐等有毒性细颗粒污染物。我国大气污染物的主要来源有燃煤、工业排放/建筑施工、机动车尾气排放等，道路扬尘、秸秆燃烧、烹调油烟、土壤中的重金属污染等对雾霾产生均有“贡献”（图 2）。具体来讲，京津冀地区的主要污染来源则是燃煤 34%、机动车 16% 和工业 15%①。河北和天津地区的燃煤、化工、重金属冶炼都是重金属污染的来源。北京城市大量的机动车排放造成氮氧化物大气浓度上升，也是硝酸盐同步上升的原因之一。

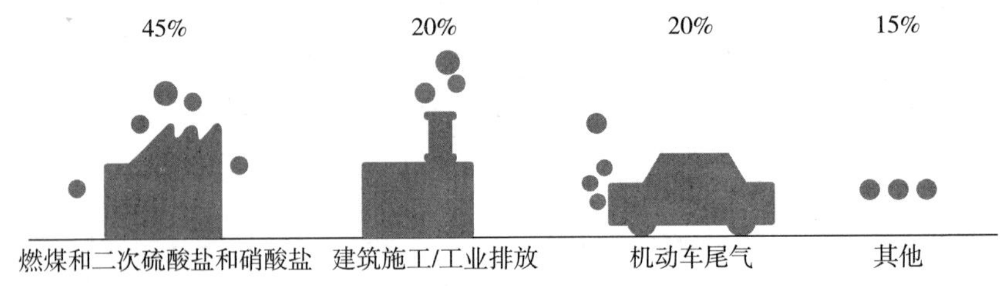

图 2　中国大陆主要大气污染物来源

数据来源：德国银行。

(2) 粗放的产业发展模式

在快速工业化和城镇化的过程中，各地方政府习惯于将施政重心放在经济建设领域，政府职能以服务经济为主。GDP 长期作为重要政绩考核标准导致地方政府不惜以环境污染为代价，追求短期见效的经济增长方式。国家在税制、土地政策方面给予了高污染的第二产业过大的倾斜。虽然近 10 年来我国的产业结构不断优化，但第二产业仍占主导地位（图 3）。在工业内部结构中，处于主导地位的建材、冶金、石油炼化、火力发电、化工和重型装备制造占工业总比重达 79%，生产过程中排放的工

① 数据来源于中科院物理研究所。

业污染占全国总污染的60%以上。燃煤电厂、工业、采暖产生的主要污染物为二氧化硫、氮氧化物、一氧化碳和可挥发有机物（SO_2、NOx、CO、VOCs）。国务院在节能减排“十二五”规划的通知中指出，我国国内生产总值约占世界的8.6%，但能源消耗占世界的19.3%，单位国内生产总值能耗仍是世界平均水平的2倍以上。旧型的“工业化路线”和“重化工业化”浪潮是城市雾霾天气形成的重要源头。

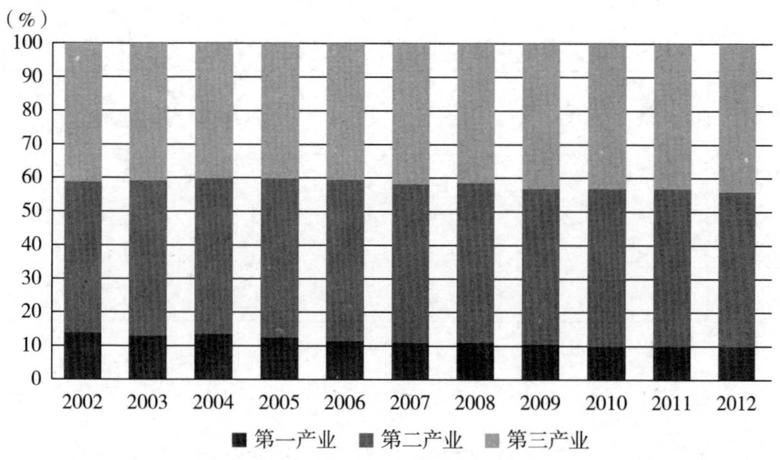

图3　2002～2012年我国国内生产总值构成

数据来源：国家统计局。

（3）能源结构的制约

长期以来我国能源的供给结构以煤炭为主，煤炭能源消费比重达67.5%～68.5%，远远高于世界平均水平（表1）。近5年来全国煤炭消耗量仍逐年增加（表2），已是全世界其他国家的总和。石油、天然气所占比重较低，太阳能、风能、核能等新能源利用因为市场开发与产业发展不匹配、处于全球产业分工的加工制造低端环节以及政策体制等方面的问题，发展更为滞后。而与其他能源相比，煤炭的能源转化率较低，对环境污染最为严重。我国近8成的发电厂仍依靠煤炭发电，煤炭开采量的一半以上用于发电。煤燃烧形成的二次硫酸盐和硝酸盐，和煤不完全燃烧产生的挥发性有机物进入空气，都会加剧雾霾的形成。

表 1　　全国近 5 年能源消费结构（%）

年份	原油	天然气	煤	核能	水力发电	再生能源
2009	17.74	3.68	71.16	0.73	6.37	0.32
2010	17.62	4.03	70.45	0.69	6.71	0.50
2011	17.67	4.50	70.39	0.75	6.01	0.68
2012	17.68	4.73	68.49	0.80	7.12	1.17
2013	17.79	5.10	67.50	0.88	7.23	1.50

数据来源：中国能源统计年鉴。

表 2　　中国、美国、欧盟及全世界各主要能源消耗量占比（%）

国家	原油	天然气	煤	核能	水力发电	再生能源	总量（百万吨油当量）
中国	17.7	4.7	68.5	0.8	7.1	1.2	2735.2
美国	37.1	29.6	19.8	8.3	2.9	2.3	2208.8
欧盟	36.5	23.9	17.6	11.9	4.4	5.7	1673.4
世界总计	33.1	23.9	29.9	4.5	6.7	1.9	12476.6

数据来源：《BP Statistical Review of World Energy 2013》。

（4）机动车尾气排放

近年来我国机动车保有量的快速增长、油品质量参差不齐、道路拥堵等因素导致汽车尾气排放成为大城市雾霾产生的主要来源之一。机动车尾气排放的污染物主要是氮氧化物、一氧化碳和可挥发有机物（NOx、CO、VOCs）。据中国汽车工业协会统计分析，2013 年全国汽车产销双双超过 2000 万辆，增速大幅提升，再次刷新全球纪录，已连续五年蝉联全球第一。在汽车保有量大幅增加的同时，汽油品质过低也是加剧雾霾天气的重要原因。目前，除了北京、上海、南京、广州、深圳等城市已完成油品升级外，内地多数城市还在使用国 III 或以下品质标准的汽油。我国目前多数城市采用的国 III 油品标准与欧盟 2009 年开始实施的欧 V 标准相差了 140ppm（表 3）。除此以外，我国汽油新标准与欧盟和《世界燃油规范》相比还存在几方面的差距。其中包括：国标对蒸气压分级不细、数值偏高，欧盟和《世界燃油规范》的标准是按不同的季节和地区确定上下限，而我国只按季节规定了上限；国标里对芳、烯烃和硫的含量要求尚低，欧盟要求汽油硫含量不超过 10μg/g，烯烃含量不大于 18%，芳烃含量不大于 35%，而我国最高级别的汽油（国Ⅳ）控制指标为硫含量不超过50μg/g，烯烃含量不大于28%，芳烃含量不大于40%；对含锰金属抗爆剂（MMT）的要求不严。《世界燃油规范》明确规定不允许加入MMT，而我国还在使用，最高级别的汽油（国Ⅳ）的锰含量控制指标为0.008g/L；对添加清净剂的要求不全面，且无相关控制指标，目前尚无法检验是否加了清净剂。

表3　世界燃油规范、欧盟和我国国内汽油标准硫含量指标（ppm≯）

世界燃油规范	I类	II类	III类	IV类	
	1000	200	30	10	
欧盟	欧I	欧II	欧III	欧IV	欧V
	1000	500	150	50	10
国内	国I	国II	国III	国IV	国V
	10	800	500	150	50

注：欧盟汽油标准和《世界燃油规范》最具影响力，被许多国家引用。

（5）城镇化的影响

城镇化，特别是近年来我国大型和特大型城市的发展，是否对雾霾有所影响一直存在争议。大城市聚集了上百万乃至几千万的人口，单就日常生活产生的污染对大气质量的影响就不可忽视。以北京为例，年平均PM2.5排放中，燃煤占26%、机动车19%，来自烹饪源的油烟型挥发性有机物也占到11%①。从空间角度看，大城市或城市群连绵的城市建成区，侵占了耕地、林地等可以调节气候的开放性空间；高建筑密度造成的近地面大气稳定、风速小、湿度大，导致了城市静风、辐射逆温、城市热岛等现象：人工硬质环境替代了自然环境，使得地面冷却加速、辐射逆温增加、易于云雾的形成；大量人工高蓄热表面使得城区近地层气温高于郊区、导致城市大气环流异常；学术界甚至讨论建筑物或组团对城市风道可能产生的影响。这些因素都妨碍了污染物的扩散，造成了大气污染加重。此外，部分城市由于交通规划发展落后，城市功能布局不合理导致交通拥堵等因素也加剧了机动车排放污染。国内外几大城市对比显示，我国城市的人均道路面积不高（图4）。其中，北京的道路建设用地仅为城市总面积（五环内）的7%，纽约的这个数值是25%，街道

① 数据来源于中科院大气物理研究所。

的密集程度远大于北京；北京近郊区的几个大型住宅区、远郊区的一些新城没有配套相应的就业岗位，而大部分的机关单位仍聚集在中心城区，导致了交通流高峰时段进出城的潮汐。道路拥堵导致的怠速行驶以及交通扬尘等因素加剧了雾霾。数据显示，在畅通和拥堵两个不同的状态下，汽车在怠速状态下PM2.5的排放是顺畅行驶时的五倍以上①。

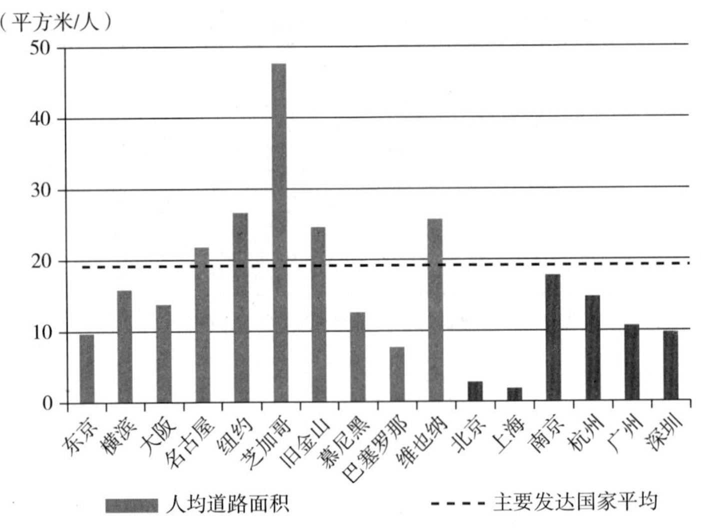

图4 国内外主要城市人均道路面积对比

有研究报告显示，改革开放30多年来，我国的工业布局整体呈区域分散趋势发展。随着我国梯度纵深式的城镇化发展模式和国家大的区域发展战略的推行，更多的工业企业落户在中西部城市、中小城市、甚至有在各地村镇遍地开花的局面。这与各级政府以GDP增长为主要考核指标有关，长期以来重经济增长轻环境保护。我们认为，工业污染源在空间上的分离加剧了环境污染和治理难度。大城市往往对管辖区的工业企业执行更高的标准、更严格的监管。管理的疏松和难点主要出现在散布在中小城镇和乡村的小型工业。然而，利用要素的低成本优势、承接大中城市淘汰的产业链下游的低端污染型企业，是很多小城镇招商引资、发展地方经济的唯一模式。如果使用强制性的行政手段加强地方小工业的污染整治，必须要兼顾考虑当地的就业、地方经济的多样化发展模式

① 国家环境保护部污染防治司的相关数据。

以及小型企业对成本提升的承受能力。

（6）生态环境自净功能丧失

系统功能完整的生态环境对于人类活动产生的废气和废物具有消纳和自净的功能。我国长期过重的经济结构和能源结构使得生态环境质量的持续下滑，有限的生态承载容量不堪重负，中国正在进入“生态还债”期。2014 年的中央经济工作会议明确指出“现在环境承载能力已经达到或接近上限”。在经济进入新常态的转型期，生态环境污染事件大规模频发，经济发展与生态保护的矛盾已到了前所未有的高度。

专栏 1　国外雾霾的成因

雾霾并非中国特有的天气现象。著名的“伦敦烟雾事件”与“洛杉矶光化学烟雾事件”在当时都引起了全社会的广泛关注。

1952 年“伦敦烟雾事件”爆发，伦敦的主要污染物来源于煤炭的燃烧，既包括工业生产过程中的大量煤炭燃烧，也包括市民为取暖而采取的家用供暖燃烧，后者较前者甚至要更多一些。在工业污染源方面，煤炭在英国工业化进程中扮演了非常重要的角色，是支撑工业革命后工业经济快速发展的主要能源。以煤为燃料的各类工厂排放的烟尘以及硫氧化物等有害气体大量排入大气中，伴随秋冬季节的静风天气和城市上空的逆温层，继而形成了严重的烟雾污染事件。在生活污染源方面，“比佛报告”曾指出，按照单位煤炭燃烧所产生的烟尘计算，家庭供暖的煤炭燃烧排放是工业排放的两倍，并且其排放的高度也比工业排放低得多①。

洛杉矶较早的污染来源于垃圾焚烧。在当时，人们被允许在自家后院的焚烧炉中焚烧垃圾。随着城市不断扩张蔓延，汽车的使用变得普遍而流行，洛杉矶在 20 世纪 40 年代就拥有 250 万辆汽车，尾气促使空气质量逐渐恶化。1943 年洛杉矶发生重大的光化学烟雾事件，其

① Report of the Committee on Air Pollution；Cmd. 9322：HMSO 1954.

元凶正是机动车排放的含碳氢（CH）、氮氧（NOx）化合物和一氧化碳（CO）的尾气。另外还有炼油厂、供油站等其他石油燃烧排放。这些化合物在光化学作用下产生一系列中间污染产物，并最终形成低空臭氧污染。不同区域范围下的空气污染原因不尽相同，不同范围层面的污染源导致污染物相互叠加或发生化学反应，导致空气污染成为区域、国家乃至全世界所面临的共同问题。

表 4　　洛杉矶不同区域范围下主要污染源概览①

范围	污染源
局部污染	工业排放，电厂烟雾
区域污染	城市烟雾，酸雨沉淀
全球污染	氟氯碳，CO_2
个人污染	氡气，吸烟，烹饪
职业污染	石棉，有毒气体，烟尘

3. 不利影响

雾霾给生产生活均带来了直接、间接的经济损失。雾霾直接危害人体健康。中科院研究已经基本证明大气污染与呼吸道疾病死亡率正相关。雾霾中 PM2.5 浓度的增加会引起城市大气酸雨、光化学烟雾现象，导致大气能见度下降，阻碍空中、水面和陆地交通，导致航班延误、取消、事故等情况发生。雾霾灾害导致近地面层紫外线减弱、有损农作物的日照条件，影响质量、产量，危及农业的安全生产。雾霾还会直接影响旅游业、服务业等第三产业的发展，以及部分第二产业发展。另外，雾霾也增加了普通市民的生活成本和带来了各种隐性不便。

专栏 2　国外雾霾事件的社会经济后果

一方面，雾霾对城市居民的健康产生了直接的危害。伦敦烟雾事

① UCLA 大气与海洋科学网站文件，Los Angeles Smog – The Gaseous Pollutants. pdf。

件发生后两个月内有近12000人死亡；洛杉矶光化学烟雾事件频发期间，加州南海岸盆地超过6500人早死亡、4100人入院，产生了10万名哮喘及其他呼吸道疾病患者、8400名急性支气管炎患者。

另一方面，烟雾事件也给国家和地区带来了巨大的经济损失。1954年“比佛报告”指出，烟雾事件给英国带来的经济损失达2.5亿英镑①；而在1970年，一个针对空气污染的经济和技术研究项目指出这一数字已增加到4亿英镑②；洛杉矶烟雾事件造成柑橘减产，仅1950～1951年，美国因大气污染造成的损失就达15亿美元③。

（二）雾霾是与发展阶段有关的产物

1. 工业化的阶段

并非每个西方发达国家都出现过严重的大气污染。类似雾霾这样的大气污染问题一般是由长期超过环境承载能力的污染排放和该地区极端不利的气候条件共同作用的结果。国际案例分析表明，大气污染问题往往在社会经济扩张膨胀期快速积累，到达一定程度后大规模爆发。例如，20世纪50年代的伦敦烟雾事件出现在“二战”后经济复苏、制造业的繁荣发展时期。目前我国“三产”的比重与20世纪50年代的英国类似（专栏3表格），也面临着先污染再治理的尴尬。尽管政体不同，环境保护都不幸地被置于追逐经济利益的诉求之后。随着经济发展，社会需求发生根本性转变，产业结构在市场的调节下转变为由第三产业占主导，西方社会的环境问题才主动、被动地扭转了局面。

2. 城镇化的阶段

产业发展是城镇化的驱动力，城镇化是经济发展的产物。20世纪70年代的洛杉矶光雾事件出现在美国快速城镇化、郊区化，州际、区域及

① Report of the Committee on Air Pollution；Cmd. 9322：HMSO 1954.

② An economic and technical appraisal of air pollution in the United Kingdom；Programmes Analysis Unit：HMSO 1972.

③ “美国洛杉矶光化学烟雾事件”，天津职业大学公开课。

都市区层面都存在着大量的通勤人口流动的背景下。改革开放 30 多年来，我国的城镇化率从 1978 年的 18% 提高到 2013 年的 53.7%，目前我国城镇常住人口已达 7.31 亿[①]。过去我国工业化和城镇化的发展一直依靠人口红利。但是，拐点已在 2012 年出现，我国劳动年龄人口首次出现了绝对数量的下降。据国家统计局预测，未来的几十年内这个数值将会持续减少。城镇化发展将从农村剩余劳动力数量推动，逐步向人力资本带动结构转型推动的机制转变。根据新常态的定义，我国未来一段时间的经济发展也从高速发展阶段演变到中高速阶段。城镇化发展也逐步从土地扩张的外延式增长到减量、存量的内涵式调整模式演变。值得注意的是，我国雾霾出现的时期正值城镇化高潮末期、社会经济生活的转折期，各方面、各行业的改革显得尤为紧迫。

专栏 3　国外雾霾事件与经济发展、城镇化的关系

烟雾事件与城市产业、能源结构的关系。1948 年到 1962 年间，伦敦地区曾多次发生空气污染事件，其中 1952 年 12 月 5 日开始的“伦敦烟雾事件”影响最为严重。这期间空气中黑烟（颗粒物的一部分，主要包括含碳颗粒物、煤烟等）和首要污染物 SO_2 的浓度都达到非常高的水平，后者的日均浓度超过世界卫生组织（WHO）标准近 200 倍。

伦敦烟雾的形成与其在工业革命后经济的快速崛起以及大量化石燃料特别是煤炭的消耗是密不可分的。“二战”以后，伦敦人口急剧膨胀，1950 年代开始进入繁荣时期，制造业发展迅速并高度依赖能源，产业燃煤需求量十分庞大。在当时，煤炭消耗量占总能源消耗量的比重高达 76%，当前我国的这一比例为 66%。

我国现阶段的“三产”比重与 20 世纪 50 年代英国的产业结构与能源结构有着很多相似之处。尽管出现的主要污染物不同，但“二产”——特别是高污染、高能耗的重工业，占产业结构重要地位的工业

① 国家统计局 2013 年数据。

化社会，似乎不可避免地正如伦敦一样也面临“先污染再治理”的尴尬问题。

表 5　　中英两国雾霾严重爆发时期产业及能源结构对比

指标		英国（1950s）	中国（2013）
产业结构	第一产业	4%	10%
	第二产业	51%	43.9%
	第三产业	45%	46.1%
能源结构	煤	76%	66%
	石油	24%	18%
	天然气	0%	6%
主要污染物		黑烟，SO_2	PM2.5，PM10，NO_2

注：英国数据来源于 Deutsche Bank，CEIC，Department of Energy & Climate Change UK，Angus Maddison，World Economy. 中国数据来源于《中国统计年鉴 2014》。

烟雾事件与城镇化发展阶段的关系。纵观整个美国的城市发展阶段，似乎不难理解洛杉矶地区烟雾发生的根源所在。从“二战”后到 2000 年左右，洛杉矶人口、车辆、经济得到了迅速增长，都市区人口由几百万上升到近两千万。1940 年代，美国城镇化率已达 56.5% ，处于城镇化快速发展时期，大量外来人口涌入都市区，给城市节能减排、交通拥堵缓解、管理和治安等带来了更大压力。

与此同时，1940 年代的美国已经进入郊区化阶段，“二战”以后郊区化进程更是进入加速期。郊区化期间，都市区的数量和规模不断增大，人们的活动空间也迅速扩大，公路质量提高特别是州际高速公路网快速发展，小汽车的使用已非常普遍。在州际层面、区域层面及都市区层面都存在着大量的人口迁徙流动，同时大都市郊区与中心区之间存在大量通勤需求。因此，较高的机动车保有量与大量尾气排放在某种程度上具有当时发展阶段背景下的时代特征。

在某种程度上，空气污染是经济高速发展到一定阶段的必然产物。不同国家、地区经济发展水平有着很大差异，但伴随经济的不断发展，人类对环境产生的负面影响在全球达成了一定共识，而以雾霾为例的空气污染事件绝非偶然。虽然中国当前发展中出现的雾霾问题并非历史的简单重复，但纵观世界其他国家发展经验，其中不难找出一些规律。2010 年各国数据对比显示，伴随一个地区的经济增长，人均能源使用量、CO_2排放量均不断攀升，特别是处于经济发展初期的大部分发展中国家，经济发展带来的能源使用量呈现惊人的突飞猛进态势。而伴随城镇化水平的不断提高，机动车的使用也越来越普遍，每千人机动车保有量逐渐增加。因此，在快速发展时期如未能及时跟进污染治理与管控水平的提高，同时该地区自然气候条件不利于污染物的扩散，那么就很可能要面临雾霾等空气污染问题。

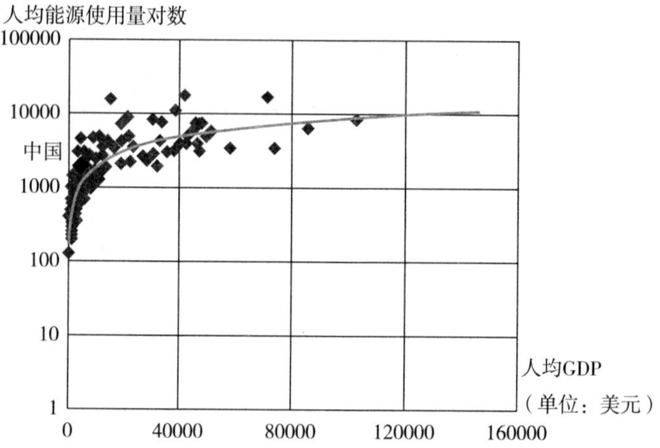

图 5 世界各国人均能源使用量与经济发展关系

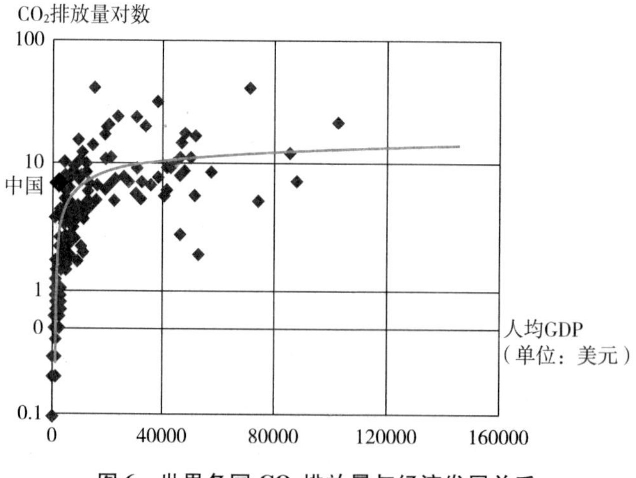

图 6 世界各国 CO_2 排放量与经济发展关系

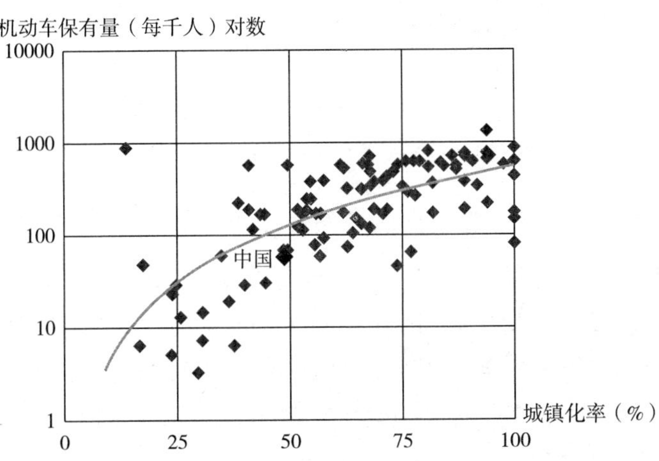

图 7　世界各国机动车数与城镇化关系

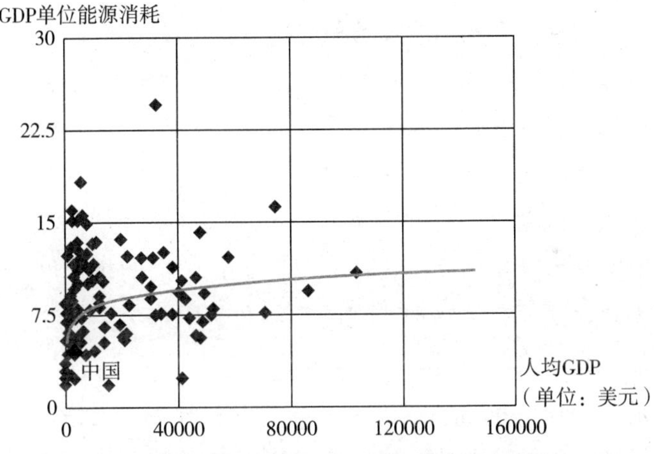

图 8　世界各国 GDP 单位能耗与经济发展关系

注：GDP 单位能源消耗是指平均每千克石油当量的能源消耗所产生的按购买力平价计算的 GDP。

以上四个图表资料来源：根据世界银行 2010 年各国数据绘制。

当经济发展持续推进并达到发达经济体水平以后，社会经济对能源的消耗仍保持在较高水平，但增长已经极其缓慢。处于此阶段的发达经济体，其管控水平与治理技术都足以处理好能源消耗及空气污染问题，并且单位能源消耗产生的购买力平价 GDP 增长空间逐渐减少，经济增长对能源的依赖降低，同时能源使用效率达到新的较高水平。

二、治理雾霾的难度判断

（一）治理雾霾是一个长期的过程

从英美经验看，雾霾治理的周期都在 30 年左右。严重雾霾天气从 1948 年到 1962 年持续笼罩伦敦，通过有效控制燃煤，污染物浓度自 20 世纪 60 年代起有显著下降。随着去工业化的推进，困扰伦敦的黑烟和硫化物分别在 80 年代和 90 年代才降至 WHO 的安全水平。但直至 2010 年，伦敦的 PM10 的年平均水平仍略高于欧盟标准，充分说明了大都市治理环境的艰巨性和长期性。

2014 年是中国向雾霾全面宣战的一年。当前的治污减排技术已经比上世纪有了很大进步，我国的技术和理念更新也基本可做到与世界同步。从技术因素考虑，我们势必可以用比西方国家更短的时间达成治霾目标。但如上文所述，我国雾霾的成因多重叠加、更为严重，各部门、各行业、各区域不同主体间的利益博弈也更加复杂。我们的社会发展阶段属于工业化、城镇化、机动化的三化重叠期，经济发展仍属于中高速增长期。与其相对应的是生产生活污染排放总量巨大；长期的粗放型发展使得社会整体环境观念薄弱；体制和法制的改革和落实都需要一定时间。这些因素都增加了我们治霾的难度和长期性。

治霾是一个科学问题、技术问题，更是一个社会经济的综合问题。治霾更要发展，环保兼顾社会经济的可持续发展是我们未来面临的重大挑战。

（二）治理雾霾是一个制度演变的过程

1. 雾霾治理是政绩考核制度的演变过程

当前我国对地方政府官员的考核指标主要是以 GDP 总量为主。通常情况下，雾霾治理短期内只有投入、不见产出，因而官员偏向于选择短期见效益、见政绩的（工业）企业。考核制度的转变是转变发展理念与方式，促进产业结构调整的重要动力。因此，在政绩考核体系的设计中，应将雾霾治理成效纳入其中，完善评价、考核官员政绩的方法，客观、全面地统计和评价一个地区或部门的治理效率和发展成就，从而引导并改变地方政府的行为方式。2014 年 5 月国务院办公厅印发《大气污染防治行动计划实施情况考核办法（试行）》，首次提出对各省（区、市）人民政府的空气质量改善目标完成情况实施年度和中期考核，空气质量改善目标以各地区 PM2.5 或 PM10 年均浓度下降比例作为考核指标。这项改革有利于推进地方政府向重视雾霾治理的政绩观转变。目前已有省市开始行动。2015 年 1 月 17 日，浙江省政府办公厅印发的《浙江省大气污染防治行动计划实施情况考核办法（试行）》指出，从 2015 年起，各设区市的环境空气质量和大气污染防治重点任务完成情况与领导干部的政绩及考核挂钩。此举将 PM2.5 纳入官员考核，在环保方面为其施加压力，势必加速雾霾的治理。但仍需关注的问题是，为保证各设区市的 PM2.5 监测数据的真实透明，需配套建立科学合理的空气质量监测的监管体系，依真实的数据考核政绩，才能更有效发挥考核作用。

2. 雾霾治理是政府职能体系的演变过程

地方政府职能呈现条块分割的状况，越到基层，雾霾治理工作的责任往往越大，却没有与这些责任相匹配的财权和事权等。地方政府部门之间也因职能划分较为分散而导致断层分割问题。环保部门拥有环境治理的职能和权限，有权力对环境问题做出分析并提出解决方案，但涉及资金的划拨则需由人大会议通过和部门领导班子决定，再由具体财政部门划拨并由行政监督部门督查资金的具体用途。这一系列繁杂的流程将导致雾霾治理的时滞性和行政困难。在区域政府间协作层面，目前对雾霾污染实行区域分割管理，根据行政区域的界定划分大气保护范围，各区域政府部门之间由于行政隶属上非直接上下级关系，难以实行统一领导，使雾霾污染问题成为了“公地悲剧”。因此，雾霾的治理是一个制度改革的过程。不同政府层级、政府部门和行政区域之间应进行有效整合与合作，减少环境治理的决策流程，确保在最短的时间做出并落实最有效的决策。

（三）治理雾霾是一个利益博弈的过程

雾霾现象产生的背后既涉及政府的政策价值取向，也涉及到多元主体的利益追求。单纯追求 GDP 增长的粗放式经济增长方式是催生雾霾的重要源头，而全体民众成了雾霾的直接受害者。从英美等国的环境治理过程来看，期间中央政府与地方政府、地方政府各部门、环保组织以及各利益集团之间将存在着长期的博弈。当前，诸多重污染企业存在着污染监测设备形同虚设，环保数据失真造假等多种“花样繁多”的违规行为，表面是企业做手脚、耍猫腻，实则是企业与政府、地方与中央之间的利益博弈。

区域间的发展差距也导致在治霾上的利益差异。典型的是京津冀，不同省份和城市间因为发展阶段的不同，对发展的需求不同，给治霾带来难度。京津冀区域经济发展水平具有比较明显的梯次性特征，按照世界银行对不同国家收入分组标准，北京市和天津市已经达到富裕国家水平。北京的人均 GDP 超过 1 万美元，而河北省只有中等收入水平。北京的第三产业比重已经超过 76%；而天津和河北省主要城市大多还处于大力发展工业的阶段，产业转型升级压力较大。其次，补偿与激励机制很难到位，地区间收入差距造成治污意愿差异。居民收入较低地区，对于大气环境保护的意愿也低于居民收入较高地区。最后，不同地区由于工作重点和模式不同，实际治霾步调很难统一，容易产生个别地区“搭便车”的现象，只污染不治理或多污染少治理，最终影响整个区域内的雾霾治理。

我国环境污染的代价一直在攀升，“十二五”期间的环境污染治理投资总额约为 3.4 万亿①。如果 GDP 中扣除生态退化与环境污染造成的经济损失，我国经济增长速度仅有 5% 左右②。因此，雾霾治理的前提是政府转变发展思维，改变现有利益格局无法撼动高污染企业的困境，真正树立以社会大众普遍的、长远的社会福利为根本价值追求的观念。我们要更清醒地认识经济增长和环境治理成本之间的博弈，个体利益与公众权益、长远社会福利之间的博弈，努力在各主体博弈过程中寻求最佳利益均衡点。

---

① 该数据引自国家环境保护“十二五”规划第七章实施重大环保工程的相关测算。

② 该数据引自 2012 年 12 月 15 日中国社科院副院长李扬在“中国循环经济与绿色发展论坛”的发言。

专栏4 国外雾霾事件发生与治理过程中的利益博弈

(1) 有关洛杉矶光化学烟雾来源的争论

洛杉矶光化学烟雾事件频发期间，关于烟雾的来源，在社会各界意见之间产生了很大分歧，不同意见和声音的背后是不同利益群体所代表的利益价值。起初普通市民怨声载道却无能为力，关于烟雾的来源缺少一个合理的解释。此时一些好莱坞明星通过广告创意表示了不满与抗议。当地最大的媒体《洛杉矶时报》雇用了一个空气污染专家展开调查，结论是空气中的大部分污染物来自汽车尾气中没有燃烧完全的汽油，只有一小部分来自工厂的废气以及焚烧炉。然而这一结论很快收到了美国最大的汽车制造商福特公司的工程师的反驳，其宣称汽车尾气会立刻消散在大气中不可能制造雾霾。最终，雾霾的成因由一位科学家通过实验揭示了真相，其罪魁祸首正是汽车尾气。

由此可以看出，利益博弈延缓了真相浮出水面的速度，同时也明晰了治理雾霾过程中需要克服的不同利益主体环节。而在与汽车商之间的博弈中取胜，成为了洛杉矶后来治理措施成功的重要标志之一。

1970 年美国《清洁空气法》修正案出台实施后，监管者依照新的法律，规定所有汽车上必须装上尾气净化器。政府的新规马上遭到了汽车制造商的激烈抗议。制造商一开始抨击这种装置在技术上不可能实现，而后又抱怨成本太高。制造商的抗议导致这个法令一度中止，一直到 1975 年，按照法律的强制性规定，所有的汽车才实现全部安装净化器。这被认为是治理洛杉矶雾霾的一个具有实质意义的关键技术举措。

这一做法提高了汽车制造商的汽车生产成本，但同时也通过对老旧汽车产生的更新换代要求，给汽车工业带来更多的需求。此外，由于洛杉矶是最早强制使用尾气净化器的城市，结果不仅缓解了雾霾问题，还为美国打造了一批目前在世界领先的尾气净化器生产厂商，让美国人掌握了尾气净化器最关键的核心生产技术。

(2) 伦敦雾霾治理过程中的利益博弈

伦敦空气污染的防控与治理，不仅仅是政府在起着作用，更是多方利益主体参与、充满博弈又不乏合作的过程。在各大高校、环保组织与媒体的合力宣传与教育下，通过研讨会等形式，英国公民的环保意识被逐渐培育起来。在强大的社会基础上、深厚的自治传统下，英国公民对政府在环境问题上的决策与执行过程给予高度关注，参与到政策制定过程中的讨论、决策和执行等多个环节，并与主流媒体、社会团体等共同起到了很好的监督作用。有关空气质量的数据也不会被官方独家垄断，而是在《自由信息法》的保护下，公民具有向政府环保机构索取相关数据且不得被拒绝的权利。

伦敦的实践正是根据各利益主体的行为偏好，通过建立有效的协调与激励机制，实现了不同主体行为的优化策略，促使整体向利于雾霾治理的方向发展。

此外，伦敦实践经验表明，经济发展与雾霾治理可以两不误。在1950～1980年代的时期里，英国大量削减煤炭和机动车使用，实现了空气质量的显著改善；而在这段期间内，在剧烈的能源结构变化和积极的空气质量管控下，其 GDP 增长依然实现了在一定水平上的稳定。这主要得益于在削减煤炭和汽车使用的情境下，这样的政策也催生了新能源、铁路、地铁、电信行业的成长和发展。

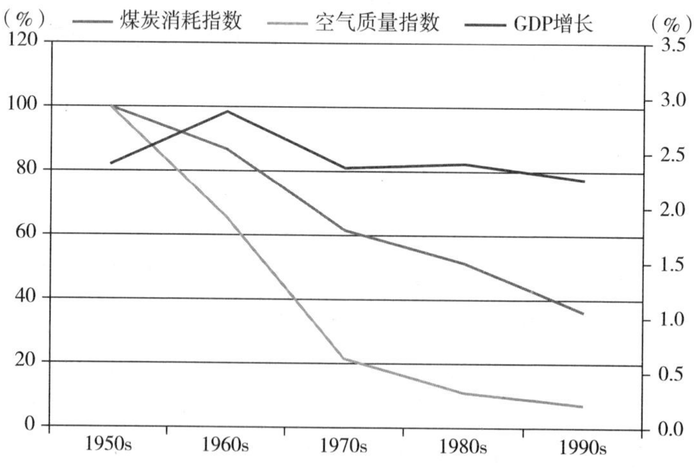

图 9　英国煤炭消耗、GDP 增长与空气质量变化（1950s～1990s）

资料来源：Deutsche Bank，Office of National Statistics UK，Department of Energy and Climate Change UK，AEA Environmental Protection。

（四）治理雾霾是一个成本抬升的过程

雾霾现象是由于过去相当长一段时期内我国城镇发展不惜以环境恶化为代价来换取发展收益所造成的，且在以往的产品定价对资源稀缺和环境破坏成本的反映较少，因此，越来越多的学者普遍认为治理雾霾的实质是中国经济的“去泡沫化”，是经济发展中环境成本“显性化”了①。而通过经济手段推动雾霾治理是被认为是“预计能够取得良好效果”的一种手段。

从宏观层面来看，雾霾治理的经济成本到底有多大？会对中国的经济走势造成多大的影响？这些问题由于普遍缺乏系统的量化分析，尚未在中国经济学界达成一致共识，但可确定的事实是雾霾等环境因素已经越来越多地进入到经济学界的分析框架里。中央政府和各级地方政府也正在投入巨额资金到大气污染治理当中。2013 年 9 月国务院发布的《大气污染防治行动计划》中提出大气污染防治行动计划共需投入 1.75 万亿元；2013 年末，财政部表示中央财政已安排 50 亿元资金用于京津冀及周边地区大气污染治理。这一政策起到了良好的带头作用，大批城市也紧跟着宣布将投入巨额资金治理雾霾。2014 年，中央财政又安排大气污染防治专项资金 100 亿，比 2013 年的 50 亿又翻一倍。

从另一层面来看，雾霾是过度追逐高污染 GDP 的代价，治理的成本也将由全社会承担，影响到生产生活的方方面面。因此，无论企业还是个人都应正视这些变革带来的经济成本的逐步增加。以钢铁企业为例，由于今年开始实施新环保法，钢铁企业为了达标，吨钢的环保投资需要加 13%，运营费用约增加 200 元/吨，而这部分成本因钢企在产业链中竞争激烈，难以转移给下游，使得钢铁企业的运营压力增大②。治理雾霾需要对环境污染治理带来的成本进行重新的认识和宣传，树立大众新的环境成本思维，提高社会整体的承受成本意愿，同时也应注意的是，雾霾

---

① 谢丹，“彻底拿下雾霾，经济会降几个点?”，《南方周末》，2014 年 03 月 13 日，http：//www. infzm. com/content/98864（2015/04/29）。

② “钢铁业环保治理承压 吨钢成本增百元转移存难”，网易财经，2015 年 3 月 4 日，http：//www. china－esi. com/News/52619. html。

治理的成本需要在政府、企业、公众之间得到公平的分配。

（五）治理雾霾是一个观念矫正的过程

雾霾不是偶发气象问题，因而不能再把雾霾看成独立的环境污染问题。雾霾是中国几十年旧常态发展的必然产物，是生态严重失衡的表征，其背后隐藏着发展方式、产业结构和消费观念、生活习惯等一系列深层次问题。而发展方式、产业结构与环境容量资源密切相关，消费观念、生活习惯则与人文素养、风土人情紧密相连。治理雾霾，恢复生态平衡，必须要有更大的视野，要从根本上治霾，根除污染源，才有可能全面治理雾霾，这就需要在全国范围实施覆盖全行业的梯度治理长效措施。

应提高各级政府、企业、社会组织以及广大市民的环保意识，将环境保护作为决策的主要依据之一、政府工作考核的重要指标之一，并大力提倡绿色生产生活理念。建议利用市场规律结合行政手段进行环境要素控制监管，完善法律法规、优化管理结构、多部门协作、多主体参与，实现产业结构和能源结构优化调整、区域协调发展、合理的城镇化发展。这个过程需要持续的政策指导和有力的政策执行。

（六）小结

通过上述分析，我们可以看出治理雾霾的难点和突破点主要在于观念认识的矫正和制度管理方面的改革创新。治霾是一项复杂长期的系统工程，但雾霾是可以治理的。在判断清楚问题和难点的基础上，下文将从经济和行政手段角度出发，从财税体制改革、建立利益补偿机制、政府考核监管体制改革、建立区域联防联动机制、能源结构和产业结构调整、建立健全法律法规以及排放标准升级等方面详细阐述治霾的思路和操作建议。

三、治霾对策

（一）尊重市场经济规律

仅仅依靠行政手段无法在雾霾治理中取得良好的效果，治理雾霾首先应尊重市场规律，以经济杠杆推动雾霾治理。

1. 推动环境税制改革

环境税意在通过市场机制来分配环境资源，以排放主体为对象，把环境污染和生态破坏的社会成本内化到生产成本中去。我们可以借鉴发达国家的环境税制，包括增设或绿化能源税、交通税、污染税、资源税等税种。

广义的环境税改革包括两方面内容。一是研究单独开征“碳税”、“硫税”等税种的可行性。美国、德国、日本、挪威、荷兰、瑞典、法国等国都征收二氧化硫税。我国可首先针对雾霾问题，从重点污染源和易于征管的课征对象入手，循序渐进实施环境税的征收。二是“绿化”现有税种，如资源税的“绿化”。例如煤炭资源税于2014年12月由从量计征改为从价计征，吨煤税负比原来增加了十几倍。此改革依靠市场公平竞争中的“优胜劣汰”的机制，倒逼企业开发有利于节能降耗的工艺、技术和产品，淘汰落后和过剩的产能。又例如通过提高燃油附加税等交通税的方式，控制机动车的过度消费。

专栏5　美国征收环境税及其主要效果

1971年，美国国会一项议案就提出在全国范围内针对硫化物排放征税，并于1972年出台《二氧化硫税法案》，率先开征二氧化硫税。这一法案规定，对于二氧化硫浓度达到一级标准以下的高浓度地区，每排放一磅二氧化硫即征税15美分；达到一级标准但不到二级标准的地区，每排放一磅二氧化硫征税10美分；达到二级标准以上的地区则免征税。

二氧化硫税是作为一种环境税，更确切地说是作为一种污染税而设计的。税务部门征税时，会对发电厂、大型工业企业等大排放源进行定期监测，并根据上述税率来计收直接环境税；对小排放源而言，则根据其所耗燃料的含硫量来计税，属于间接环境税。

1987年，美国国会又建议对一氧化硫和一氧化氮的排放实施征税。自此以后，美国逐步建立起一套相对完善的环境保护税收制度，主要有对损害臭氧的化学品征收的消费税、汽油税、与汽车使用相关的税收和费用（如卡车、拖车消费税，轮胎税等）、开采税、固体废弃物处理税（费）、二氧化硫税、环境收入税等，还有较多的环境税收优惠政策。在税收优惠上，既有详细的直接减税细则，也有加速折旧制度，还有企业所得税抵免的政策，例如：

①清洁燃料税收扣除；

②对酒精汽油混合燃料的税收优惠；

③加速折旧——对投资于某些污染控制技术特别采用加速折旧，从而鼓励企业投资于污染的防治；

④减免州的销售税和财产税——对污染控制设备的购置者免除部分或全部财产税或销售税；

⑤雇主的交通津贴——雇主为雇员购买的公共交通月票，可作为一般的经营费用被扣除。其目的是鼓励人们使用公共交通工具，控制汽车尾气的污染，同时，缓解高速公路的拥挤状况。

美国征收环境税至今，对空气环境的改善收效显著。例如洛杉矶的汽车拥有量虽然增加了3倍，但汽车尾气排放却降低了98%。自颁布实施《二氧化硫税法案》以来，美国上空一氧化碳的浓度下降了58%，同期二氧化氮的浓度下降了25%，二氧化硫浓度下降了53%，直径为10微米或更小的颗粒物其环境浓度则下降了25%。

2. 引入“第三方治理”

按照“排污者付费、治污者赚钱”的原则，推行“把治污权交给第三方”的创新管理模式。排污企业将治污责任通过合同方式向环境服务公司转移和集中，治理设施转由环境服务公司进行运营，借此降低治污成本，提高治污效率。环境公司由过去单纯的设备制造、工程建设，拓展到投资运营服务，推动环保产业发展。利用合同能源管理、能源管理师制度等节能服务新机制改善能源管理，促进脱硫、脱硝等设施运营等污染治理业务基本实现专业化、市场化、社会化。

（二）建立利益补偿机制

1. 建立健全成本分担机制

治霾是一项投资大、见效缓的长期的公共工程，应该在树立全社会共同承担环境治理成本思维的基础上，利用市场规律，多渠道筹集资金，从污染贡献界定、责任划分等多个方面建立健全成本分担机制。现阶段可按照“谁污染谁治理、谁受益谁补偿”的原则，联合中央政府、地方政府、企业以及社会各界资金的投入，公平合理分配雾霾治理成本。企业分担环境成本意味着需增大技术改造和管理的投资，一方面通过缴纳环境税、资源税来体现，另一方面也势必部分体现在产品价格中（例如电价、成品油价），使每个市民也成为分担主体。

对于我国来讲，雾霾治理的成本分担机制还需符合现阶段的国情，并非简单地算账收费。以 2013 年 2 月国务院会议提出的油品质量升级为例，一方面需要“按照合理补偿成本、优质优价和污染者付费的原则合理确定成品油价格”，按照炼油企业消化一部分、消费者负担一部分的原则确定油品质量升级加价标准；另外，还需要兼顾不同消费群体影响，“完善对困难群体和公益性行业补贴政策”。在汽、柴油价格因质量升级提高后，中央财政将按现行油价补贴机制对种粮农民、林业、渔业、城市公交、农村道路客运等困难群体和公益性行业给予补贴；在运价调整前，对出租车继续由财政给予临时补贴。同时，各地要建立健全公路客运、出租车运价与成品油价格联动机制，并可按联动机制及时疏导汽、柴油加价对上述行业的影响。

2. 探索建立全国碳排放、污染排放交易市场

碳排放权交易是给企业排放设定上限，通过配额交易降低减排成本的重要制度。因此，碳交易既可以通过市场手段让企业之间消除环境成本带来的不公平竞争，也可以倒逼企业主动进行产业转型升级，从而促进节能减排和缓解雾霾。自 2011 年 11 月起，发改委批准“两省五市”作为碳排放交易试点。截至 2014 年 11 月底，我国已经交易二氧化碳 1436 万吨，累计成交金额突破 5 亿元。现国家明确提出“深化碳排放权

交易试点，加快建立全国碳排放交易市场”①。未来应更大程度地发挥市场在资源配置中的作用，提升雾霾治理的区域性成效。

此外，由于我国东中西部地区存在巨大的经济水平差异，各种污染物排放水平不同，环境意识也存在较大的差异。建议通过建立全国性的污染物排放交易平台，给区域污染划定上限，敦促污染排放严重的区域减排或通过与经济欠发达地区进行指标交易和利益补偿争取发展空间。

（三）建立区域协调发展机制

1. 强化政府间合作治霾机制

建议成立国家大气污染联防联控工作领导小组，解决当下最急迫、最突出的环境问题，推动政府间合作治霾机制的建立。这既包括纵向上中央政府与地方政府间的关系，也包括区域内横向政府间的关系。中央政府要建立完善的法律法规和空气质量标准，推动区域合作机制的建立，完善对地方政府的考核体系来转变经济发展模式；地方政府要构建合作平台，协调好彼此之间的利益关系，建立区域雾霾天气预警机制等措施，以实现对雾霾天气的有效治理。

2. 落实区域联动治霾机制

一是建立区域协同治霾机制。打造区域治霾管理平台，着力创新驱动，利用技术创新引领区域性治霾，推进区域联防联控。在全国范围需按各地的雾霾污染程度制定梯度性的治理规划，组织开展雾霾防治技术研究。超越行政界限，以权威的行政资源调度能力，指导不同省市采取对应措施。切实推进污染治理而非污染转移，实现针对性治理，提升治理效率。

二是统一区域制度、措施和监督。统一区域污染物排放标准，避免重污染企业利用环境标准差异在区域内部转移；建立全国性的污染物排放交易平台，保证总量控制指标的全面落实；统一区域雾霾治理标准，保障治霾成本分摊公平有效，完善相关配套制度与监督机制。

---

① 《国家应对气候变化规划（2014～2020）》。

专栏6　国外区域协调联合防控机制

建立跨行政区的空气管理机构。1977年，洛杉矶都市区的100多个大小城市成立了跨县市的南加空气管理局。管理局不属于辖区内任何一个县市政府，无须看地方行政领导眼色行事，只对董事会负责。董事会成员大体由民选代表构成。经费和人员配备并非直接和地方政府挂钩，机构能依据保护环境、增进民众健康的宗旨独立运作。同时因雇佣大量优秀人才，它在环保问题上具有绝对权威，尤其是相关技术问题①。该局所需经费，依照地方法律，主要由辖区内工厂的营运税、环境许可证收费、排污费等收费等转移支付承担；不足部分，由联邦政府、州政府、加州空气资源局等予以补助。

在这样的角色下，南加空气管理局负责根据联邦政府的法律法规制定和落实地方环境保护法规，对各种可燃物燃烧排放标准、燃料器具和车辆的排放标准以及固定污染源的排放标准、相关环境许可证都做了明确规定，并且严格执行，对南加州地区空气污染问题的改善做出了巨大贡献。

（四）加快能源、产业结构调整

我国的大气污染情况比曾经的西方工业社会来得快、来得猛，想要让它去得快、去得彻底势必需要政府更积极有效地主动干预，从源头控制、从能源改革配合产业结构优化落实工作。

1. 调整能源结构，提高能源效率

以化石能源为主的能源结构和较低的能源使用效率是造成雾霾的主要原因之一。调整能源结构方面，我国已提出了“减煤、稳油、增气”的能源结构调整的战略目标。长期以来，煤炭是我国能源的主体。根据国家煤炭工业“十二五”规划，我国已为煤炭消费设定了约束性指标，即2015年全国煤炭消费量控制在39亿吨左右。国务院发布的《大气污

① 周江评，“市政厅城市案例：洛杉矶治霾经验”，澎湃研究所，2014。

染防治行动计划》指出，2017年煤炭占一次能源消费比重要降低到65%以下。

在减低总量的同时，也应大力推广脱硫技术，降低污染物排放。还要进一步提高能源利用效率。我国能源利用效率约为36.3%，比发达国家低10%。在管理方面，鼓励和支持各用能企业和排污单位展开节能审计和能源计量审查，提高高耗能项目在土地、环保、节能、技术、安全等方面的市场准入门槛，逐步淘汰落后产能；在技术创新方面，应依靠技术积极采用无害化的新工艺、新技术，有利于降低原材料和能源的消耗，实现少投入、高产出、低污染，尽可能把对环境污染物的排放消解于生产过程之中。

同时，政府应加强对新能源发展的引导和研究，为可再生能源的资本税收出台相关优惠政策。在具体耗能较高的领域，如交通运输领域应推广高清洁甲醇燃料，推进绿色建筑，降低建筑能耗。

2. 优化“二产”：技术改造、结构升级

根据国外经验，改善大气质量一般从区域产业布局调整开始。但简单的空间转移已不足以缓解北京、上海等大都市区和城市群的环境问题。以大幅削减区域生产力和就业为代价也是行不通的。第二产业是至关重要的，一个国家有了强大的制造业才能创造剩余价值投资研发，使经济和技术良性循环。

目前，我国第二产业内部结构仍以重污染高能耗的类型为主。因此，改革目标一是要加快传统制造业的技术改造，以市场和行政手段刺激企业转型，促其提高能源使用效率、更新减排设施、使用清洁新能源、加强与环境有关的研究和管理的投入；同时淘汰不达标企业，提高入行标准。二是要增加技术密集、创新型、集约高效、低碳环保型的现代制造业的比重。在政策和财政上扶持战略性新兴产业，努力提高国内创新环境、培养有竞争力的特色中小型企业、龙头企业；同时有针对性地引导外商投资从一般加工业向研发、高端设计和高附加值制造业等领域拓展。

3. 扶持“三产”：同步增长

西方社会的大气污染问题往往是随着第三产业占GDP主导后逐渐得到彻底改善的。目前世界发达国家的“三产”化水平在70%以上。2013

年，我国第三产业增加值占 GDP 比重首次超过“二产”，达到 46.1%（表6），仍有相当大的提升空间。

表6　中国与五大发达国家三次产业增加值占 GDP 比重对比（%）

指标	中国 2013	法国 2013	德国 2013	英国 2013	日本 2012	美国 2012
第一产业	10	1.7	0.9	0.7	1.2	1.3
第二产业	43.9	19.8	30.7	20.2	25.6	21
第三产业	46.1	78.5	68.4	79.2	73.2	77.7

数据来源：国家统计局《2013 年国民经济和社会发展统计公报》、世界银行数据（更新至 2013）。

第三产业的重要性在于对第二产业的支持和吸收由第二产业技术升级所产生的剩余劳动力。第三产业是中国未来的经济发展和就业的潜力所在。但我们不应一味模仿某些西方国家的经济结构，过度削减实体经济。欧洲较为稳定的经济体德国就保持了 30% 以上的第二产业比例。我国同样适合走注重实物财富、四化联动的道路，保持第二产业、第三产业同步增长，最大限度地推进城市经济发展中的资源循环利用，提升生产性服务业的水平。偏袒一个产业而放任另一个产业的增长会导致经济失衡。在全球经济危机的背景下，未来我国的经济支柱之一是提高内销产品品质、继续扩大内需。这需要依靠制造业和服务业的同步升级，并利用这个契机将绿色环保概念融入生产服务中的观念转变。同时，应打破部分服务业的行业垄断、增强市场的公平竞争，确保产品价格提升的可接受性，保持市场的积极性，和环境成本在政府、企业和纳税人之间的合理分配。

（五）运用合理的行政手段

1. 建立健全考核监管体系

建立雾霾治理考核体系，健全监督监管体系。将治理雾霾纳入各地政府官员业绩考核，要确认责任主体，制定责任目标，明确分工，各负其责，把责任目标完成情况作为责任单位和责任人工作考核的重要内容。同时，建立主管部门、监督机构、新闻媒体、市民多方参与的监督监管体系，形成全社会参与雾霾治理的局面。

2. 从城市治理角度加强治霾

提供更好的服务、加快城市基础设施和公共环境建设。大力发展公共交通，推广城市电动汽车和天然气汽车等，促进城市能源清洁化，加强绿化，严格控制扬尘污染。

推动智慧城市建设，充分利用信息技术等手段，提高环境监控和管理能力，及时公布监测结果，建立雾霾预警和应急预案；针对问题进行精准的实时、点对点的防范管理。

3. 信息公开、加大宣传

增加《环境信息公开法》在法律操作中的可行性。明确政府的环境信息公开职责范围，扩大政府环境信息公开的行政机构范围。落实企业环保责任的承担，追究严重污染企业不公布、未按规定公布环境信息的相关负责人的责任。加大宣传力度。鼓励绿色出行、绿色消费，推动全民参与治霾。为应对严重雾霾需要依法实施强制管控措施时，要做好前期公示工作，赢得公众的理解与接受。

（六）完善相关法律法规的制定和执行

1. 修订完善相关法律法规

我国的《大气污染防治法》相对国外的《清洁空气法》等法律还有较大差距。目前存在宣示性条款多、实际可执行条款少、法律责任机制薄弱等问题。建议在借鉴国外经验的基础上（专题6）、呼应2015年1月新出台的《环境保护法》，根据我国国情，进一步加强和细化《大气污染防治法》的法律责任，设置更为严格的、细化的空气质量标准和监管程序。

此外，建议制定专门的《大气污染联防联控管理法》，作为国家或地方级的大气污染联防联控工作领导小组工作的有力依据；建立重大污染事项通报制度，实现监测信息与污染防治技术共享；建立区域大气污染联防联控长效机制。

2. 向国际标准看齐

我国污染物排放标准的制定长期滞后。国际经验显示，标准的提高需要一个过程，要符合社会经济发展规律。建议我国确立排放标准的动态提升机制，逐步向欧美标准看齐；同时完善环境影响评价、排污许可证管理条例等机制措施，达到标本兼治的效果。

提高燃油质量标准也是治霾的关键一环。长期以来，我国油品质量标准滞后于汽车排放标准。建议利用节能减排资金适当资助油品质量的改进，同步建立发达的公交系统和实施严格的机动车排放控制体系。

3. 完善公众参与制度

公益诉讼制度的完善对于大气污染防治法制的建设具有积极的推动和监督作用。目前新出台的环保法已将提起环境公益诉讼的主体扩大到在设区的市级以上人民政府民政部门登记的相关社会组织。最新通过的《北京市大气污染防治条例》也提出有关环境公益诉讼受理部门的规定。未来还应进一步完善环境公益诉讼制度，细化具体适用规则，明确公共利益的内涵和边界，鼓励公众的广泛参与。

专栏7　国外法规治霾经验

(1) 伦敦法规治霾经验：成立专门机构，出台相关法律

“伦敦烟雾事件”后，英国政府在各方压力之下，成立了比佛委员会，专门负责调查烟雾事件的成因和制定应对方案。在比佛委员会的推动下，英国于1956年出台了《清洁空气法》，同时成立了清洁空气委员会（由住房和地方政府部的部长出任主席）。

该部法律规定在伦敦城内的电厂都必须关闭，并要求大规模改造城市居民的传统炉灶，减少煤炭用量，逐步实现居民生活天然气化，冬季采取集中供暖等。此外，该部法律提出了“烟尘控制区”的概念，针对主要污染源——城区的家庭燃煤，在城区设立和扩大烟尘控制区，并规定在控制区内所有燃煤壁炉都必须改造成燃油或燃气，实在无法改造的则须使用无烟燃料。政府为改造分摊70%的改造成本，并制定了严格的惩罚制度。伦敦于1968年修订了《清洁空气法》，赋予清洁空气委员会主席限制地方政府设立烟尘控制区的权限。

表7　　伦敦污染物浓度变化和烟尘控制区覆盖范围①

单位：微克/立方米	1956年	1969年	1976年
SO_2浓度	320	153	76
黑烟浓度	280	59	32
烟尘控制区覆盖率	0%	50%	90%

“烟尘控制区”对空气污染改善效果显著。自1960年代开始，最核心的措施就是大幅扩大了烟尘控制区的范围。截至1976年，伦敦市90%的区域被控制区所覆盖。在控制区内严格管控措施下，伦敦市冬季的能见度增加了三倍，在12月的伦敦市中心，阳光天气比1958年增加了70%。SO_2和黑烟的浓度在短期内大幅下降，10年降幅超过80%。到1975年，伦敦的雾霾天数已经从每年几十天减少到15天，1980年降到5天。

北京也在2012年、2013年分别实施了“煤炭控制区”政策、发布了《2013～2017年加快压减燃煤和清洁能源建设工作方案》，采取对工业锅炉及居民取暖设备的改造措施力争实现2015年核心区无煤化。但与伦敦不同的是，北京市雾霾的主要来源不仅仅是工业生产和居民取暖中的煤炭燃烧，治理雾霾还需更多其他措施。

20世纪80年代后，汽车尾气逐渐替代工业排放成为伦敦空气污染的首要威胁。当时，伦敦的机动车保有量达到了244万辆，道路交通堵塞日趋严重②。自1981年以来，伦敦乘汽车外出的数量增长了20%，占所有上班行程的43%③。1974年，政府颁布了《污染控制法》，规定机动车燃料的组成，并限制了油品（用于机动车或壁炉）中硫的含量。在此基础上，政府应对交通污染采取了包括优先发展公共交通网络、抑制私车发展，以及减少汽车尾气排放、整治交通拥堵等在内的一系列措施。此后政府陆续出台或修订了一系列法案，如《汽车燃料法》

① Royal Commission on Environmental Pollution, Fifth Report. Air Pollution Control: An Integrated Approach.

② 顾向荣，“伦敦综合治理城市大气污染的举措”，《北京规划建设》，2000年第2期，pp. 36～38。

③ 颜永光，“20世纪中后期伦敦环境污染及其治理的历史考察”，《湖南师范大学》2008年。

(1981 年)、《空气质量标准》(1989 年)、《环境保护法》(1990 年)、《道路车辆监管法》(1991 年)、《环境法》(1995 年)、《国家空气质量战略草案》(2001 年)、《污染预防和控制法》(1999 年)等法律法规及相关方案措施，进一步完善了伦敦大气污染治理的法律法规体系。

(2) 洛杉矶法规治霾经验：民间推动加强立法规制——“地球日”光化学烟雾污染事件后，加州政府指派了一名专家巴克曼成立了一个委员会负责空气治理，该委员会提出了放缓重污染行业的增长、建立高效公交系统、逐步淘汰使用柴油车等建议，但实施效果有限。直到 1970 年《清洁空气法案》出台，洛杉矶的雾霾才得到了根本控制。该法案将大气污染物分为基准空气污染物和有害空气污染物两类，并第一次界定了空气污染物的组成。同年成立环保局（Environmental Protection Agency），专门负责监督法案的实施。这一法案促使全国范围内污染标准的制定成为可能，并且使监管者在面对全国性的汽车和石油巨头时终于有据可依。

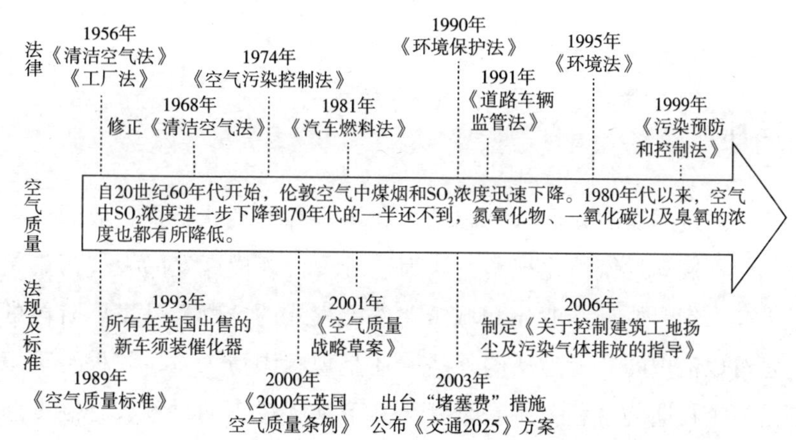

图 10　英国颁布《清洁空气法》以来的大气污染治理法律法规体系

资料来源：根据相关资料①②补充完善后绘制。

---

① 任毅斌，“基于伦敦治污经验的中国城市空气污染治理探讨”，《河北工业科技》2013 年第 5 期，pp. 386 ~ 390。

② 余志乔、陆伟芳，“现代大伦敦的空气污染成因与治理——基于生态城市视野的历史考察”，《城市观察》2012 年第 6 期，pp. 21 ~ 32。

实际上，美国国会最早在 1967 就通过了最早的《清洁空气法案》，这部法案的主要内容是扩展了联邦政府在环保方面的职能，但没有制定检测标准和强制措施，最终它被证明是一部失败的法案①。直到 1970 年 4 月 22 日，2000 万美国民众通过游行呼吁保护环境，迫使立法机构意识到环境保护的迫切性，后来这一天被美国政府定为“地球日”。《雾霾之城——洛杉矶雾霾史》（Smog town：The Lung - Burning History of Pollution in Los Angeles）一书的作者雅各布曾这样说道：“治理雾霾是一个长期的过程，洛杉矶从 1943 年第一次雾霾的出现到 1970 年《清洁空气法案》的出台经历了整整 27 年。在这过程中遇到各种各样的阻力，来自汽车公司，来自石油公司，此外还有政府和立法者的不作为。如果你回过头去看，你会发现真正推动这项事业的是那些普通的民众，想象一下如果没有《洛杉矶时报》，没有哈根斯米特，没有‘地球日’上的示威群众，我们今天肯定还会生活在雾霾当中。”②

四、结语

本文通过翔实的数据分析总结了我国雾霾的现状特征、成因以及不利影响。本文立足城镇化视角，认为现阶段大规模爆发的大气污染是我国过去几十年粗放型工业化和城镇化发展模式的产物，是发展阶段的产物，是可以治理的。无论从国外经验还是现状国情来看，要根治环境污染都是一个长期的过程，将是全社会上下观念矫正的过程，是制度演变的过程，是利益博弈的过程，是新标准、新管理体系建立的过程，是政策法规贯彻执行和不断调整的持续过程。

我们强调，治理雾霾首先应尊重经济规律，利用合理经济杠杆制定

① 周恒星，“洛杉矶雾霾之战”，《中国企业家》2013 年。

② Chip Jacobs, William Kelly. Smog town: The Lung - Burning History of Pollution in Los Angeles. Overlook Press, 2008.

切合实际的、可操作性强的行政和市场调控和奖惩手段；从控制污染源头出发，加快企业节能减排方面的技术改造，在保证国家经济稳定增长的同时，优化升级第二、三产业的内部结构；树立全社会的环境责任意识，将环保纳入政绩考核和重要经济决定的决策过程中；建立合理的成本分担和利益补偿机制，并将成本提升控制在一定范围；借鉴国际经验，推进税制改革，逐步完善相关法律法规的制定和执行；建立区域联防联控的管理和财政机制，形成多部门协作、多主体参与的治霾联合行动，达到治标治本的效果。

（课题组成员：曾宇、周静、姜鹏、刘琰、
王雪娇、曹琳、孙超然、郗望）

专题报告六

城镇化国际合作的现状与展望

截止 2014 年底，中国城镇化率已经达到 54.77%，城镇常住人口达 7.5 亿，比欧盟总人口还要多 2.2 亿。中国城镇化发展速度之快，农村向城镇转移人口规模之大，都是史无前例的。中国的城镇化不仅成为拉动内需、促进中国经济增长的引擎，更引起了世界的瞩目，成为推动世界经济增长的重要力量（见图 1）。

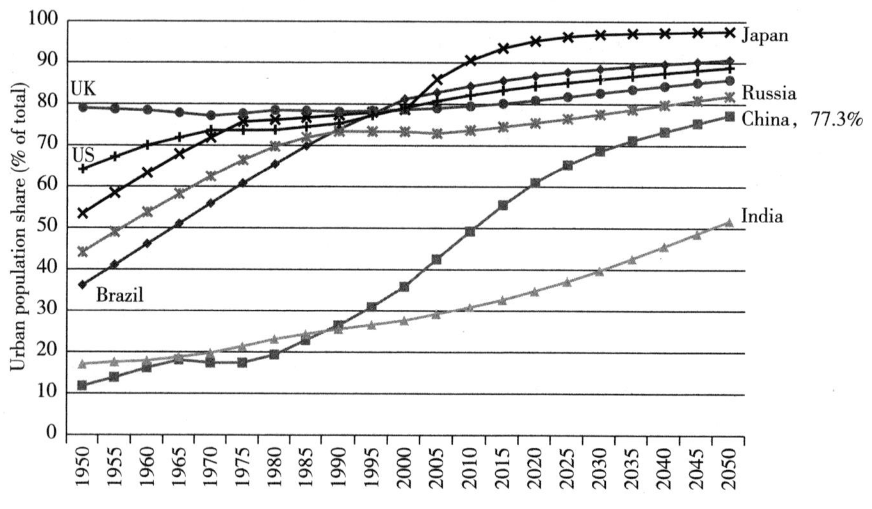

图 1　中国和世界部分国家城镇化发展趋势

资料来源：OECD 中国城市政策评估报告，2015 年。

一、城镇化国际合作背景

随着中国经济全面、深刻地融入到世界经济中，中国的城镇化与国际的交流、合作也不断加深，从国家战略层面提出了多个中外城镇化领域加深合作的框架性文件，也与其他国家的政府、城市、企业、机构等，在具体领域开展了多种形式的合作。

中国当前正处于城镇化的重要阶段和经济社会转型升级的关键时期，拥有巨大的发展潜力和空间。城镇化作为刺激经济和拉动内需的有力引擎，吸引了世界的瞩目。从 2012 年与欧盟联合签署《中欧城镇化伙伴关系共同宣言》，到 2014 年初发布《国家新型城镇化规划（2014 ~ 2020 年）》中提出要延伸城镇化领域现有国际合作平台，再到提出“一带一路”发展战略、积极筹建的亚洲基础设施投资银行、批准通过《亚太经合组织城镇化伙伴关系合作倡议》① 等举措来看，中国正在从国家战略的层面，不断构建并大力推动城镇化领域国际合作大框架。

表 1　　城镇化领域国际合作重要文件摘编

时　间	名　称	相关内容
2015 年 1 月	《中国与拉美和加勒比国家合作规划（2015 ~ 2019）》	中拉将围绕政治与安全、贸易投资金融、基础设施建设、能源资源、工业、农业、科技人文等重点领域开展整体合作
2014 年 11 月	《北京纲领：构建融合、创新、互联的亚太》	确定将“城镇化”作为亚太发展新动力的五大支柱之一，签署《亚太经合组织城镇化伙伴关系合作倡议》

① 《北京纲领：构建融合、创新、互联的亚太——亚太经合组织第二十二次领导人非正式会议宣言》，2014 年。

续表

时　间	名　称	相关内容
2014 年 11 月访华期间	英国社区及地方政府事务部大臣皮克斯与国家发展改革委副主任徐宪平联合签署《关于加强绿色、低碳城镇化合作的谅解备忘录》	支持中英两国绿色、低碳城镇化方面研究、企业投资、经验借鉴、产业园区等领域的合作
2014 年 10 月	《中德合作行动纲要：共塑创新》	致力于深化工业、城镇化及农业等领域的创新合作
2014 年 9 月	《中华人民共和国和印度共和国关于构建更加紧密的发展伙伴关系的联合声明》	探讨新的经济合作领域，包括产业投资、基础设施建设、节能环保、高技术、清洁能源、可持续城镇化等
2014 年 7 月	《第六轮中美战略与经济对话框架下经济对话联合情况说明》	城镇化领域合作作为附录内容专门列出
2014 年 6 月	《中华人民共和国政府和大不列颠及北爱尔兰联合王国政府联合声明》	欢迎在全面、以人为核心的城镇化方面的密切合作，同意加强在低碳城市规划、空气和水污染治理、医疗发展和改革方面的政策交流和技术合作
2014 年 3 月	《国家新型城镇化规划纲要（2012～2020）》	深化中欧城镇化伙伴关系等现有合作平台，拓展与其他国家和国际组织的交流，开展多形式、多领域的务实合作
2013 年 9 月	《习近平在哈萨克斯坦纳扎尔巴耶夫大学的演讲》	发展与沿线国家的经济合作伙伴关系，共同打造政治互信、经济融合、文化包容的利益共同体、命运共同体和责任共同体
2013 年 11 月	《中欧合作 2020 战略规划》	将可持续发展框架下“城镇化”领域列为重要合作倡议之一
2013 年 11 月	国务院副总理张高丽出席“中欧城市博览会”开幕式	加强政府间的沟通和协商，发挥企业主体作用，有效利用各种平台和完善合作交流机制，全面加强中欧城镇化合作
2013 年 11 月	李克强总理出席“中欧城镇化伙伴关系”论坛闭幕式并讲话	中欧新型城镇化合作潜力巨大，将成为中欧合作的重要支柱

续表

时　间	名　称	相关内容
2013 年 7 月	《第五轮中美战略与经济对话框架下经济对话联合成果情况说明》	中方致力于推动工业化、城镇化、信息化、农业现代化进程，欢迎与美方适时进行信息交流、经验分享和务实合作
2012 年 5 月	《开启中欧城镇化战略合作新进程——李克强在中欧城镇化伙伴关系高层会议开幕式上的讲话》、《中欧城镇化伙伴关系共同宣言》	着力从城市群、城市基础设施、城市公共服务和城市管理在内的 14 个方面推动中欧城市间、企业间在城镇化领域的务实合作

二、城镇化国际合作的重点领域

城镇化国际合作覆盖范围广、领域多，既有传统行业，也有前沿领域，涉及经济、能源、教育、社会保障等方方面面。随着城镇化国际合作的逐步展开，合作领域将超越传统的贸易往来，变得更加宽广；合作层次将超越简单的买卖关系，以提升合作水平为目标，向更高层次发展。所以未来城镇化国际合作可围绕智慧城市、低碳生态城市、基础设施建设、大城市治理、都市圈规划、产业发展等领域开展研究课题或合作项目。

1. 智慧城市领域

智慧城市作为信息化与城镇化的最佳契合点，将成为经济转型、产业升级、城市提升的新引擎。截至 2014 年底，各部委公布的智慧城市试点即超过 400 个，预计未来市场规模将达万亿元以上。智慧城市的相关议题将是未来一段时期内社会各界关注的热点。国外在城市发展和精细化管理方面具备的先进经验与技术，也迫切需要与中国的城镇化相结合，共享市场，因此，智慧城市也必将成为城镇化国际合作的重点之一。2015 年初，中国城市和小城镇改革发展中心与日中经济协会共同签署了《就智慧城市等领域加强合作谅解备忘录》，确定双方将从技术层面积极推进和加强两国经济界在以智慧城市为中心的新型城镇化领域的务实合作。另外，目前中韩智慧城市产业园项目已在广东省东莞市东城街道落地，希望利用韩国的技术和经验，推动东城实现创新驱动、转型发展，为东城建立普惠化公共服务、精细化社会管理及现代产业发展体系提供保障。现场集中签订的有合作意向的项目共 26 项。总投资预计超过 65 亿元。

2. 低碳生态城市领域

中国在低碳生态城市领域已经积极开展了多项国际合作，包括城市绿色建筑、城市生态环境保护与治理、城市能源供应与管理等。中国与欧洲国家在低碳生态领域也开展了多项合作。例如，欧盟与住房和城乡建设部联合开展的“中欧低碳生态城市合作项目”，该项目作为“中欧低碳、城镇化和环境可持续项目”的子项目，在国内选取 8 个试点城市，开展低碳生态城市相关的政策、标准和技术集成研究并进行试点示范，希望通过中欧在可持续城镇化领域相关政策、技术的研究、示范与经验共享，提高中国实现城镇可持续发展、建设低碳生态城市的能力。另外，德国能源署与住房和城乡建设部合作，共同推动的倡导建筑节能理念的“被动屋”① 项目，目前已经在国内十几个城市开展了试点工作，并取得了成功。在活动方面，中日双方政府于 2006 年创办中日节能环保综合论坛，就是旨在通过论坛促进中日双方在能源和环境保护领域的具体务实项目合作，截止 2014 年底，论坛已成功举办八届，两国机构、企业在这一平台下累计签署合作项目达 218 项。

3. 基础设施建设领域

城市基础设施包括交通运输、机场、港口、桥梁、通讯、水利及城市供排水、供气、供电设施等各方面的内容，是经济社会发展的基础和必备条件。中国在城镇化进程中开展的大量基础设施建设不仅成为中国过去几十年经济增长的强劲动力，积累的丰富产能也成为对外输出的重要内容，也为投融资领域带来了巨大市场，这些都使其成为城镇化国际合作中的重点关注问题。2014 年 3 月 18 日，第三次中印战略经济对话探

① “被动屋”是建筑节能理念和各种技术产品的集大成者，通过充分利用太阳能、地热能等可再生能源使采暖消耗的一次能源不超过 15 千瓦·小时/平方米的房屋。

讨了在产业投资、基础设施建设、节能环保、高技术、清洁能源、可持续城镇化等领域的合作，并确定未来五年将争取向印度工业和基础设施发展项目投资200亿美元。近期由中国主导成立的亚洲基础设施投资银行就是中国主导的基础设施领域国际合作的一个亮点，除亚洲国家外，英国、法国、德国等国也纷纷提交申请成为意向创始成员国。由此可见，基础设施领域不仅是促进本国及本地区经济持续稳定发展的因素，也是全球经济复苏时期多边合作的重点内容。

此外，国际机构对中国城镇化一直保持着高度关注，多年来，联合国开发计划署、世界银行、亚洲开发银行等国际机构已与国务院发展研究中心、国家发展改革委宏观经济研究院、中国城市和小城镇改革发展中心等知名智库开展了城镇化相关领域的项目与研究课题合作（见表2）。

表2　国际机构在中国城镇化领域参与的重大研究课题

报告名称	相关机构	内容概述
2012年9月，《中国城镇化战略选择政策研究》	中国城市和小城镇改革发展中心（亚洲开发银行东亚局、国家发展改革委规划司技术援助项目）	报告围绕中国城镇化存在的问题及背后成因，研究中国城镇化战略选择政策，展开了中国城镇化进程的路径与格局、空间布局和结构比较、环境挑战与对策、区域交通发展、关键性体制机制五大专项研究，对中国城镇化发展趋势做出了基本判断，并提出了促进中国城镇化健康发展的基本政策措施
2013年8月，《2013中国人类发展报告——可持续与宜居城市：迈向生态文明》	联合国开发计划署、中国社会科学院城市发展与环境研究所	报告探讨了在城镇化大背景下，中国经济、社会和环境挑战间的联系，着重指出这三者会对政府在人类发展方面的关注点产生影响，并列举了多个有关中国城镇化管理的重要研究成果及政策性建议
2014年4月，《中国：推进高效、包容、可持续的城镇化》	世界银行、国务院发展研究中心	报告全面系统地阐述和分析了中国城镇化取得的成就和面临的挑战，对城镇化进程中迫切需要实施的改革提出了具有可操作性的政策建议，建言中国要推进高效、包容、可持续的城镇化，同时描述了改革情境下2030年的中国城镇化格局

续表

报告名称	相关机构	内容概述
2015 年 4 月，《中国国家城市政策评估报告》	经济合作与发展组织、国家发展改革委、中国城市和小城镇改革发展中心	这是经济合作与发展组织首次以中国城镇化为主题进行的研究，采用城市功能区的方法，重新制定融合了土地使用、交通及劳动力市场的城市边界。并对城市的土地、劳动力市场及城市治理等方面给出了政策性意见

三、城镇化国际合作的现有模式

地方政府是城镇化国际合作的主体，城镇化国际合作主要有友好城市型、示范园区型和交流机制型三种模式。

（一）友好城市型

我国友好城市活动起源于 1973 年，由中国人民对外友好协会主管，归口外交部领导。地方友好城市工作归口各省、自治区和直辖市人民政府外事办主管。截至 2014 年底，我国的 30 个省、自治区、直辖市（不含港澳台地区）与国外已经成功建立 2120 对友好城市①（图 2）。

专栏 1　友好城市

友好城市（Friendship Cities）也称姐妹城市（Sister Cities/Twin Towns），是世界各国地方政府（省、州、市、县）之间通过协议形式建立起来的一种国际联谊与合作关系，是“友好省州与友好城市”的简称。友好城市关系建立的目的是推动建立双边地方政府之间在文化、教育、经济、旅游以及其他社会生活各方面的全面合作。不同的城市基于双方的地理条件、经济基础、支柱产业、人口文化等特色，选择具有类似特征的或具备借鉴参考意义的对象，通过缔结友好城市或构建经济合作项目，促进双方在经济、外交和社会领域的发展。

① 中国国际友好城市联合会统计数据。

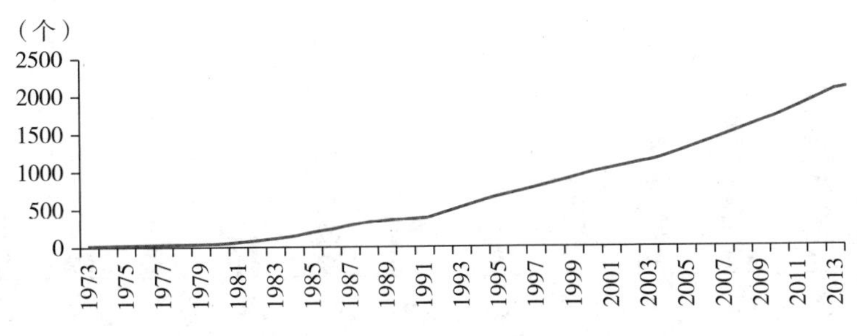

图 2　全国历年对外结好城市数量

数据来源：中国国际友好城市联合会友城统计。

此外，其他机构和组织也开辟了多种城市外交渠道和对外合作窗口。例如，中国市长协会在促进城市国际合作方面发挥了积极作用。通过与多个国家及地区的市长协会或地方政府组织建立合作关系，引进国外资金与高技术，促进城市层面开展的经济技术合作。

1. 我国友好城市的特点

我国友好城市在40年的发展过程中，呈现了增长快、数量多、区域特征明显等特点。

第一，我国友好城市数量增长迅猛。从全国友城每年新增数量来看，根据中国国际友好城市联合会公布的《全国历年对外结好一览表》显示，1973～1977年结对友城数仅为5个，2010～2014年五年间新结好的友城数量则达到467个，尤其是2011年首次突破了年度缔结100对友城的大关。再从单个国内城市与国外城市结对数量来看，根据中国国际友好城市联合会公布的《全国各省、自治区、直辖市建立友好城市关系一览表》显示，仅北京市就与国外60座友好城市建立了友城关系，上海市的国外友好城市数量则高达71个。

第二，我国友好城市结对具有明显的区域特征。国内侧重于东部沿海等经济开放地区，国外侧重于欧、美、日等经济发达的地区和国家。国内城市对外结好主要集中于东部沿海等省份，按统计数量，江苏、广东和山东分别以267、167、146对位列前三名。国外与我国建立友好城市关系的前十名国家中，基本为日本、美国和欧洲等国家和地区。

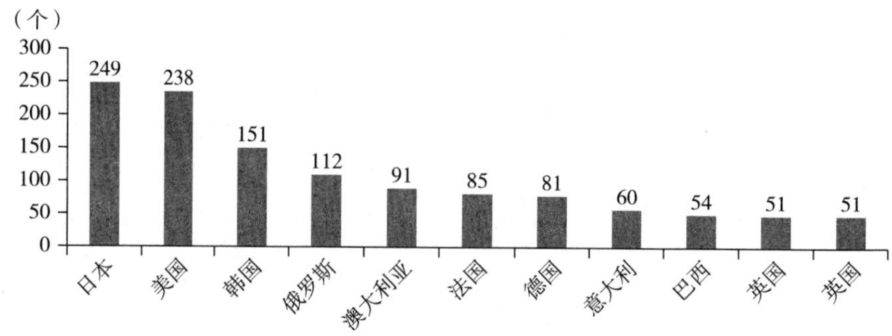

图 3　世界各国与我国建立友好城市数量

数据来源：中国国际友好城市联合会友城统计。

2. 我国友好城市发展存在的问题

第一，国内友好城市审批程序烦琐，行政色彩浓厚。国内主要由中国人民对外友好协会发起成立的中国国际友好城市联合会负责协调管理我国同外国建立和发展友好城市关系工作，但申请缔结友城程序繁琐，申请后给予支持不足。从申请程序上看，2007 年三门峡市就与韩国东斗川市建立了友好联系，2008 年两市签订了加强交流合作的协议书，为两市正式建立友好城市关系奠定了基础，但直到 2011 年两市的友好城市关系才得到中国国际友好城市联合会认可。

专栏 2　中国人民对外友好协会关于中外友好城市建立的要求

根据中国人民对外友好协会发布的《友好城市工作管理规定》（2002 年 2 月修订版），我国的友好城市工作由中国人民对外友好协会主管，归口外交部领导。地方的友好城市工作归口各省、自治区和直辖市人民政府外事办主管。

中外建立友好城市遵循以下要求：①与我国开展友好城市工作的对象所在国已与我国建立正式外交关系；②我国省级地方政府以及对外开放城市可以与外国建立友好城市关系；③双方省、州、市的行政级别应对等，一般情况下我国省市不与外国市以下的地方政府建立友好城市关系；④认真细致选择结好对象，要注意双方开展交流合作的互补性，并征求全国对外友协及我国驻外使（领）馆的意见；⑤严格履行报批手续，经有关省、自治区和直辖市人民政府审批后，报送全国对外友协核准后转外交部批准。

第二，友城合作重视交流交往，务实合作不足。国家层面开展友好城市工作，主要是为了促进经贸、外交、文化往来。但从我国友城实际开展工作情况来看，城市在与国外城市建立友好关系后，往往由于缺乏具体项目支撑，没有实质推进或者实际推进过于缓慢，导致友好城市发展不容乐观。根据2015年1月12日中国国际友好城市联合会发布的《关于注销全国40对友城关系的通知》，为进一步加强对全国友好城市工作的管理，推动我国友城工作持续健康发展，通过各省市自行摸底调研，并报全国友协批准，对长期没有来往、无实质合作的友好城市进行了清理，包括三门峡与澳大利亚墨累桥市友城关系在内的全国40对友城关系被注销。值得注意的是，三门峡市于1994年与澳大利亚墨累桥市缔结为友好城市，2015年友城关系注销。但同时早在2010年，三门峡市又同时在中国国际友好城市联合会官网发布消息寻找美国、欧盟国家友城。这说明，一方面中国城市不断寻求与国外城市建立友城关系，但另一方面，建立友城关系后却无实质推进。

第三，友好城市合作项目的数量、内容及成果缺乏统一全面的统计。首先，友好城市数量统计混乱。国内与国外对友好城市统计有不同的标准。仅以德国为例，其友好城市工作主要由德国联邦城市议会负责。根据其内部资料显示，截至2014年中德友好关系的城市共98对，其中按照结好类型不同分为三类，经政府批准的54对（即经中国人民对外友好协会全国友协认可），自行达成的17对，以及已具有合作项目的城市27对，并比较全面地分层次统计了双方合作成果。而反观我国对外友协相关统计，仅有经对外友协正式批准的81对这一个数据，对已达成实质项目的城市间合作数量的统计严重缺失。二是缺乏对友好城市合作项目内容及成果的统计。例如，由于缺乏统一的信息统计系统，在全国对外友协批准的2120对友好城市中，有多少对城市有实质项目的开展，多少对属于缺乏实际项目支撑，都未从可知。从友好城市管理层面来说，缺乏及时项目跟进、信息搜集与成果共享，极大地影响了友城工作的开展，一定程度上鼓励了“有名无实”的友城现象。

3. 开展友好城市型国际合作的启示

第一，友好城市结对工作需要夯实基础。中外城市之间建立友好城市关系，需要以双方之间项目合作为基础。在已有基础上建立结对关系，有利于促进具体项目在友城关系帮助下更加深入和广泛的开展，防止友城关系浮于表面，在后期工作推进中没有实质进展。

第二，对项目内容和项目成果要及时跟进及总结，为其他项目开展提供良好的借鉴作用。目前已有友城项目成果丰富、内容多样，对其他具体项目的开展具有很好的借鉴意义。但是，这些合作项目达成后，在项目的具体跟进阶段，如果加强公开渠道的统计及信息公开，同时在具体项目统计里明确类型，特别是明确与城镇化和城市发展相关的项目边界，科学指导开展其他结对城市务实合作。

（二）园区示范型

合作示范园区是经济建设的重要引擎之一，也成为开展国际交流与合作的重要载体，吸引着国外资金、技术以及先进的管理经验，推动区域产业结构调整和产业升级，促进区域发展。最早开始的国际合作工业区诞生在改革开放后的深圳经济特区。这个时期的工业园区国际合作模式比较单一，还是以引入外资企业投资建厂为主。随着我国整体经济实力的不断提升，国际合作园区的建设也进一步优化提升，逐步从以前的发展新型工业为核心，转向开发更加多元化的合作模式和发展方向。合作园区的领域也从最初的中外工业合作园拓展到中外生态合作园、中外科技合作园、中外创新产业园、中外健康智慧园等①。

1. 中外示范园区的特点

第一，起点高，多为政府间合作。如中新苏州工业园区、中新天津生态城、青岛中德生态园等，多数合作园区为双方政府间合作，与传统

① 刘妾，"国际合作园区的未来发展——来自中德生态园的启示"，《国际经济合作》2013年第3期，pp. 42～45。

国内园区相比，国际合作示范园区更加能够立足于园区长远发展。

第二，发展模式转变为政府引导、企业主导。园区的经营管理模式已从早期的由政府直接经营，发展为政府提供政策扶持、规划指导等职责范围内的高效行政服务，把园区经营交给独立投资、自主经营、市场化运作的企业主体。以政府为主导，以市场为导向，以企业为主体是我国国际合作示范区的发展趋势。

第三，注重产业结构调整及优化升级。产业园区是产业结构调整及优化升级的重点区域，近年围绕产业结构调整、传统产业技术改造和高新技术产业发展，以企业为主体，以政府推动为手段，以资金支持为支撑，各产业园区纷纷共同研发和转化了大批高质量的项目，实现了产业结构的优化。

第四，以绿色发展理念为指导。各园区在新区设计、旧区改造的过程中，突出节能、环保理念，力求实现低能耗、低污染、低排放的产业集聚，倡导绿色生活。此外，在产业培育中也着重突出低碳产业，在管理服务中也着重强调低碳意识。

2. 中外示范园区发展存在的问题

第一，土地资源的制约。土地是园区经营的基本资源和重要的生产要素。由于土地需求量大，报批程序多、时间长等问题，不少园区用地保障存在困难。随着招商引资的力度加大、企业的增加，土地将继续制约园区发展。用地紧张导致一些已经签约的项目无法尽快落地，被迫由园区所在地政府负债经营，或不惜加大园区建设成本采取分步开发的例子也屡见不鲜。

第二，园区发展水平较低，同质化趋向明显。由于缺乏论证和科学规划，许多示范园区存在低水平重复建设现象，产业结构“同构化”和“低度化”较严重，制约了资源的产业聚集效应，难以形成优势产业集群。其次，龙头企业偏少。目前示范园区普遍存在核心竞争力的龙头企业少、入园企业大而不强等现象，对中小企业带动力有限。此外，示范园区规模小、入住企业少、拓展速度慢等问题，也严重削弱了发展后劲。

第三，园区管理服务能力有待加强，招商机制欠缺足够灵活性。在园区建设和运行中，政府的全力引导和全方位服务对于园区健康发展至关重要。虽然目前各级政府成立了不同形式的推进机构，但是普遍存在着机构松散、职能较差、协调性不强、控制力不足等问题，政府管理服务的方式方法仍需要改进。另外，部分园区围绕产业链招商引资力度不够，且存在着“重签约，轻服务”、“重建设，轻投产”、“重项目引进，轻基础设施配套”等问题。引进企业产业关联度不高、互补性不强、产业链缺乏，也严重影响了园区企业的生存和发展①。

3. 中外示范园区发展的启示

第一，高标准规划，科学制定产业布局。调整优化园区用地结构，坚持规划先行，着眼长远发展，是打造特色鲜明、产业链完善、规模集聚效应明显的产业园区的首要条件。

第二，进一步完善与提高园区管理运行机制。土地经营模式是阻碍园区发展的主要症结，对于许多新兴发展模式，政府并未制定充足、完善的法规政策来扶持或规划其发展，因此在制度建设上，需要完善有效的运行机制，才能够保障园区的可持续发展。

第三，加强招商引资。吸引国家、集体、个人企业入园，参与建设。目前多数园区以政府投入为主，企业投资、招商引资、个人投资只占有很小的比例。一方面制约园区建设与发展，另一方面不利于建立市场竞争机制。因此，园区建设需要建立多层次、多渠道、多形式的投资机制，形成多元化格局。

（三）交流机制型

通过建立交流机制开展合作也是城镇化国际合作的一个重要手段。这种合作具有形式多样、操作灵活的特点，既有政府间交流合作机制，也有民间层面的促进交流合作机制。

1. 交流机制型国际合作的特点

目前国内以交流机制形式开展国际合作的类型大体分为签约型、会员网络型、论坛等三种类型。

签约型交流机制，是由国家层面签订框架协议，在中方进行试点，

① 周锋，《山海协作示范园区建设现状与对策研究》，中国农业科学院，2012年。

开展城镇化框架下的国际交流。签约型交流机制具有起点高的特点，工作方案的实施是由自上而下的框架制定，与自下而上的具体工作推进相结合的方式进行的。

会员网络型交流机制，是通过汇集各国知名企业的会员机构，通过年会、论坛等形式，甚至在中国城市合办中国特色的论坛，探讨城镇化框架下的问题，并衍生一系列的项目合作。会员网络型交流机制的特点是会员来自不同领域，视角更宽泛、议题多样化，有利于头脑风暴，碰撞出思想的火花。

论坛型交流机制，是目前我国比较流行的机制，嘉宾代表范围广泛，有助于深入探讨，并为我国城镇化的政策制定者们提供很好的借鉴。论坛型交流机制形成某一领域的品牌后，更能汇聚各个层面的顶级代表，共同深入探讨某一领域合作。

2. 交流机制型国际合作存在的问题

由于交流机制的本身发起方、发起的平台性质不同，在合作机制开展的进程中，必然累积一些问题并面临一些新的挑战。

第一，签约型交流机制“有名无实”。目前，随着改革开放的不断深入，签约型交流机制是比较新兴的交流机制，借鉴成功经验十分重要。目前，我国签约的一些合作项目框架平台非常高，但是由于国际合作机制落后，后期往往流于形式，并未产生好的结果。

第二，会员网络型交流机制内容设计与实际需求不符。从达沃斯论坛来看会员网络形交流机制的问题，有一个很高的共识，那就是未来的达沃斯论坛应解决议而不决的问题。某些与会者认为论坛有时并没有成功地就世界经济和政治的主要问题提出自己的解决方案，很多讨论浮于表面，议题过于宽泛。

第三，论坛型交流机制缺乏具体成果支撑。论坛型交流机制是目前我国比较流行的机制，嘉宾代表范围广泛，有助于深入探讨，并为我国城镇化的政策制定者们提供很好的借鉴，但缺乏成果支撑。

3. 开展交流机制型国际合作的启示

第一，签约型交流机制不仅要注重形式，还要注重质量，制定详尽的后续发展计划和工作方案，将项目做成精品范例。制定相关扶持政策十分必要。在工作开展的进程中，中国城市和小城镇改革发展中心在中欧城镇化伙伴关系的框架下，推出了两个中欧新型城镇化示范区（上海临港和广东佛山），并与欧洲发展机构协会、中国欧盟商会、欧中可持续发展城市化示范中心正式签约，配套组织了中欧城镇化合作新模式研讨会、分论坛。之后，组织了多次调研，在沟通的基础上，制定工作方案和计划，推动具体项目的落实。

第二，会员网络型交流机制可以针对某些全球性、地区性问题提出实质性的解决之道。

第三，论坛型交流机制可以在议题设计及成果阶段，推出一些具有务实内容的研究成果，将有助于提高论坛型交流机制的实际效果。比如利用其已有的知名度召开媒体发布会，发布当年相关议题年度报告，以此，使得论坛形成一种连续的研究、讨论、反馈机制。

四、城镇化国际合作的建议与展望

开展城镇化国际合作的本质是要充分学习借鉴国外在城镇化过程中积累的先进经验与教训，通过技术引进与成果输出等不同的形式，在总体战略、城市规划、智慧城市、产业发展、基础设施、公共服务、投融资机制、城市治理、城市住房、城市交通、节能减排、绿色可持续、城乡一体化、人员能力建设等城镇化相关的多个方面，与国外政府、机构、企业开展全面深入的合作，促进中国城镇化健康发展，进而为我国经济社会在新常态下的稳步增长寻求新动力。结合城镇化国际合作开展的不同模式，城镇化国际合作中应坚持以实际需求为导向，通过政府引导、企业主导，“引进来”与“走出去”并重方式，推进战略层面与具体领域的务实合作。

1. 城镇化国际合作要以实际需求为导向

城镇化国际合作需要重视国内城市、政府、企业和民间的实际需求。中央政府通过创造有利的宏观环境，根据国际不同地区、国家在城镇化领域具有的不同特点，结合中国城市和企业的需求，通过有利的政策和资金支持等措施，引导特定产业或某个领域的发展。例如欧美国家具有在节能环保、智慧城市、绿色低碳等领域的先进技术，在开展中欧城镇化国际合作时，要着重开展这些领域的技术引进，将欧美的高科技与中国的大市场相结合，促进中国城市产业转型升级。在与拉美及加勒比地区、印度、非洲等地区和国家开展城镇化国际合作时，则要着重借鉴他们城镇化过程中出现的各种教训，寻找适合中国国情的城镇化发展道路，同时，结合“一带一路”战略，促进中国相关企业“走出去”，进一步加大对外投资力度，鼓励优势产业和富余产能向沿线国家转移，支持建设境外经贸合作区，开展能源资源合作与服务业投资。

2. 城镇化国际合作要“引进来”与“走出去”并重

推进以人为核心的新型城镇化建设，需要学习借鉴发达国家城镇化先进理念、技术和管理经验。与发达国家进行城镇化国际合作，应以“引进来”为主。数据显示，我国城镇化率每提高1%，就将拉动1300多亿元的消费需求，而相应增加的投资需求会更多。中国城镇化快速推进，蕴含的巨大发展潜力和市场，但与此同时，也面临着城乡统筹、节能减排、环境保护等诸多挑战。发达国家在该领域经验丰富、技术先进，值得我国认真学习和借鉴，其积极参与中国城镇化进程，也有利于其拓展相关产业和产品市场空间，从而实现发展优势互补、互利共赢。

实现新型城镇化国际合作也势必要改变以往的模式，将传统的引进外资模式改变为招贤引智模式，并积极拓展中国企业海外市场，实行“走出去”战略。经济转型、产业升级、改善基础设施建设是拉美各国应对城镇化挑战，提高竞争力的重要举措。相较于高标准、高成本的欧美高新技术和设备，我国的技术特点和原材料、人力成本更具有竞争优势，这些都为中国开拓拉美市场，实现城镇化国际合作“走出去”创造了有利的条件。

专栏3 2014年我国对外投资增长概况①

2014年中国对发达国家投资同比增长较快，对美国投资增长23.9%，对欧盟投资增长1.7倍，远远高于总体增速。在对外投资中，

① 中国商务部贸易谈判代表兼副部长钟山，国务院例行政策吹风会，2015年1月16日。

地方企业、非国有企业的身影增多，改变了以前主要靠央企、国企“走出去”的局面。2013年地方企业非金融类对外直接投资存量为1649亿美元，占比达到30.3%；在流量上，地方企业非金融类对外直接投资流量达364.15亿美元，占中国非金融类对外直接投资流量的39.3%，其中，广东、山东、北京位列前三。

3. 坚持市场主导、政府引导，开展务实合作

从党的十八届三中全会中明确提出“使市场在资源配置中起决定性作用”，到《国家新型城镇化规划（2014－2020年）》中将“市场主导、政府引导”立为基本原则之一，国内政府角色转型越来越成为中国城镇化科学发展的重要环节。政府逐渐由发挥主要角色变为充分调动市场活力，营造良好的发展环境和制度环境，给予企业作为市场主体的地位，使所有利益相关方都能积极参与并做出贡献。

在开展城镇化国际合作时，必须坚持“市场主导、政府引导”的城镇化发展新模式。由政府搭建框架，鼓励民间开展各种形式的合作，通过共建城镇化相关的样板城市、示范园区、示范项目等形式，吸引国内外具有先进技术与经验的企业与政府合作，共同参与建设与投资，从而最大限度地发挥市场对资源配置的作用，促进城镇化广泛务实国际合作。

总之，不同的国家，城镇化国际合作应有所区别。针对欧美发达国家，中国应学习借鉴其先进的技术、管理经验，同时，中国广阔的市场机遇也有助于推动欧美发达国家的经济复苏。针对城镇化发展水平相对较低的亚、非、拉美等发展中国家，中国应该更多地学习如何避免城镇化过程中遭遇到的发展陷阱，并将中国的城镇化经验带到国外，将国内过剩的产能和外汇储备输出到广大发展中国家，在新常态下推动城镇化国际合作。

（课题组成员：余蓉、王瑾、李赟、李白鹭、张津京、孙慧杰、张博一、刘悦、关婧）